KB191325

공자와 소크라테스

공자와 소크라테스(큰글씨책)

초판 발행일 2021년 1월 15일

지은이 이병훈
펴낸이 강수걸
펴낸곳 산지니
등록 2005년 2월 7일 제333-3370000251002005000001호
주소 부산시 해운대구 수영강변대로140 부산문화콘텐츠콤플렉스 613호
전화 051) 504-7070 팩스 051) 507-7543
홈페이지 www.sanzinibook.com
전자우편 sanzini@sanzinibook.com
블로그 http://sanzinibook.tistory.com

ISBN 978-89-6545-698-8 03340

*책값은 뒤표지에 있습니다.
*이 도서의 국립중앙도서관 출판예정도서목록(CIP)은 서지정보유통지원시스템 홈페이지(http://seoji.nl.go.kr)와 국가자료공동목록시스템(http://www.nl.go.kr/kolisnet)에서 이용하실 수 있습니다. (CIP제어번호: CIP2020055273)

동서 정치사상의 기원

공자와 소크라테스

이병훈 지음

산지니

머리말

한문공부를 시작하고, 유학의 경전을 읽어나가면서 동양사상을 대표한다고 생각되는 공자와 서양 고전철학의 상징처럼 알려진 소크라테스를 비교하는 책을 써보고 싶다는 막연한 생각을 하고 있었다. 그러나 10여 년이 지나도록 단 한 자도 쓰지 못했다. 그러던 중 우선 사서(四書)를 중심으로 공자의 사상에 관한 나의 생각을 정리해보기로 했다. 여기에다 각 항목에 대응하는 그리스 사상을 접목시켰는데, 크세노폰과 플라톤의 대화편 몇 권과 아리스토텔레스의 『정치학』 등을 참고하여 양자의 비슷한 점과 다른 점을 비교해 보았다.

공자와 소크라테스를 정통적으로 연구하는 인문학자들에게 그들을 정치사상가로 바라보는 시각은 좀 생소할지 모른다. 그러나 사회과학도인 나의 안목으로는 그들 사상의 핵심은 오히려 정치적인 것으로 보인다. 그들은 모두 '인간의 길'을 이야기했는데, 그것과는 관계없이 인간의 공동체인 사회와 국가의 이야기를 도외시했을 리가 없다. 그들뿐만 아니라 다른 모든 현인과 사상가들도 인간과 국가의 관계가 어떻게 되어야 할 것인가가 그 사색의 대상이었다. 이 문제를 해결하기 위해서 그들은 '인간은 무엇인가?'를 성찰했고, 사회와 국가가 무엇인가를 규명했으며, 어떻게 인간이 국가 속에서 또는 국가라고 자임하는 권력과 통치 안에서 인간답게 살 것인가를 고민했다. 그 삶이 바르고 정당하게 영위되기 위한 조건 또는 제도가 바로 정의이고 윤리 · 도덕이며 법이라고 할 수 있다. 이 정의와 제도를 창출하기 위한 과정이 곧 정치다. 역사는 바로 이러한 정치의식의 진화과정이라고 할 수 있다.

오늘날 우리가 목도하고 있는 한국의 정치적 변화는 우리들의 이러한 의식 진화의 산물이다. 이러한 변화가 불안하게 동요하지 않고 확고하게 정착하기 위해서도 우리는 공자와 소크라테스 같은 성인들의 정치에 관한 생각을 이해할 필요가 있다.

공자와 소크라테스는 무엇보다도 인간적으로 훌륭하고 매력 넘치는 사람들이었다. 그들의 일생을 조명하기 위해서 제2부에 간단한 평전을 실었는데, 각각 사마천의 「공자세가」 그리고 최근에 나온 폴 존슨의 전기에 많이 의존했음을 밝혀둔다.

끝으로 이 조그만 책자가 상재되기까지 원고를 꼼꼼히 읽어주신 도용락 학형, 탁병모 원장, 부족한 점을 지적해주신 이광주 · 이상백 · 김성환 선생님, 이와 함께 여러 가지 잡다한 일을 도와주신 이용재 씨 그리고 출판을 권고해주신 김효전 교수님과 이를 받아들여 출판을 결정해주신 산지니 강수걸 사장님과 편집자 여러분께 진심으로 감사를 드린다.

2017 정유년 세모에 선은동 우거에서

이병훈

차례

제2부 공자와 소크라테스 평전: 그들은 어떻게 살았나?

1. 공자

2. 소크라테스

제1부

공자와 소크라테스의 사상:

그들은 무엇을 생각했는가?

1. 서론: 인간의 삶과 정치

공자와 소크라테스는 '축의 시대'의 사람이었다. 인류문명의 여명기에 양의 동서에서 인류의 정신적 발전의 중심축이라고 할 만한 찬란한 시기가 있었다. 그러나 그것은 지금으로부터 2500여 년이나 떨어져 있는 옛날의 일이다. 그들의 가르침이나 교훈이 오늘날에도 여전히 의미가 있는 것인가 의문이 생길 수도 있다. 오늘날의 복잡하고 잡다한 문제를 해결하는 데 그들의 이야기는 얼마나 도움을 주는가. 그런데 카렌 암스트롱은 지금까지 사람들은 축의 시대의 통찰을 넘어선 적이 없다고 단언한다.[1] 사람들은 위기의 시기에 그 시대의 현자들에게서 길을 찾으려고 한다. 나도 내 자신의 문제뿐만 아니라 문밖에서 벌어지고 있는 복잡한 문제들을 해결할 수 있는 손쉬운 답안을 찾을 수 있기를 바라지만, 결국 그것을 비추어주고 길을 밝혀주는 훌륭한 안내자를 고전에서 찾을 수밖에 없었다. 그 주인공은 동양 유학의 위대한 스승 공자와 서양 이성주의 철학의 위대한 모범을 보여준 소크라테스다.

그들은 인간적으로 훌륭한 사람이었다. 학식과 능력뿐만 아니라 인간적 매력이 넘치고 사람들로부터 널리 존경을 받는, 인품이 빼어난 사람이었다. 공자는 비록 반대하는 사람이 많아서 나라의 조정에서 있을 수 없었고, 소크라테스는 결국 아테네 시민들에 의하여 사형을 받은 사람이었지만, 당시 사람들의 판단을 뛰어넘어 역사는 그들을 위대한 인간으로 기록하고 있다.

이 두 사람을 비교해보면, 아마도 닮은 점보다는 다른 점이 많을 것이다. 우선 사는 장소가 다르고, 나라가 다르고, 생김새가 다르고, 언어가 달랐기 때문이다. 이른바 다른 문화적 풍토 속에서 살았기 때문에 그들의 풍속과 행태는 다를 수밖에 없었겠지만, 그러나 그들의 사유와 마음의 지향은 본질적으로 유사했다. 그들은 모두 인간은 이성적 존재이고 사랑의 감정을 지니고 타고난 존재로서 '바람직한 삶'을 살고 행복을 누릴 수 있는데, 과연 어떠한 삶이 바람직한 것인가 하는 점은 두 사람에게 있어서 놀라운 일치를 보여준다. 그 대답은 인간은 '도덕적 존재'가 되어야 한다는 것이다. 공자는 인간이 어떻게 도덕적 존재가 될 수 있는가에 대하여 말했고, 소크라테스는 사람이 '좋은 삶'을 살기 위해서 무엇을 알아야 하고 성찰해야 하는가를 이야기했다. 그런데 이 두 분의 사상의 기저에는 사람의 삶이 좋고 행복하기 위해서는 단독자로서의 성찰과 노력으로 성취되는 것은 아니고, 그것은 반드시 사회와 국가와의 관계 속에서만 이루어지는 것이므로, 인간의 삶은 필연적으로 정치와 연관되지 않을 수 없다는 생각이 깔려 있다.

이 책의 주제는 공자와 소크라테스의 삶과 사상 속에 녹아 있는 인간의 삶과 정치의 관계이다. 정치는 인간의 삶을 바람직하게 만들 수 있는 제도적 틀이다. 인간의 개인적 소망은 무엇이며, 그것을 객관적으로 가능하게 만들 수 있는 정치적 조건은 무엇인가. 공자가 실행하고자 했던 정치, 그리고 소크라테스의 좋은 삶을 가능하게 만드는 공공선과 정의에 대한 논의는 결국 인간의 바람직한 삶을 위한 정치와 그 형태 그리고 그 목표에 도달하기 위한 방법의 탐구라고 할 수 있다. 인간이 도덕적 존재가 되기 위해서는 국가가 도덕적 존재, 즉 정의의 국가가 되지 않으면 안 된다.

공자와 소크라테스는 본질적으로 같은 문제를 탐구했지만, 그들의 사고방법은 단 한 가지 점에서 분명한 차이를 보이고 있다. 그것은 공자는 국가를 오직 군주정으로만 생각했으며, 소크라테스는 아테네 민주정의 풍토 속에서 살았다는 것이다. 공자는 어떻게 백성들이 행복한 삶을 누리는 바람직한 군주정 국가를 만들 수 있을까를 고민했고, 소크라테스는 바람직한 민주적 시민국가를 만들기 위하여 개인이 어떻게 사유하고 자신을 성찰해야 하는가에 관심을 가졌다. 군주정과 민주정의 역사적 기원과 그 탄생의 배경은 동서양의 정치사상의 근본적인 차이라고 생각된다. 그리고 그 사상적 차이는 근대세계에 이르기까지도 계속되고 있다.

오늘날 거짓과 위선의 기반 위에 서 있는 것 같은 정치에 의하여 고통받는 국민들을 볼 때, 동서의 대표적인 사상적 거인이고 성인으로 추앙받는 두 분이 모두 똑같이 인간의 삶을 바르게 하는 길은 무엇이며, 좋은 삶을 가능하게 만들 수 있는 정치적 조건은 무엇인가에 대하여 끊임없이 일깨워주고 있다는 점을 우리는 간과해서는 안 된다.

한 정치학자가 정치학을 '인간의 삶과 그 삶을 영위하는 공동체에 대한 성찰'[2]이라고 정의했는데, 좋은 설명이라고 생각한다. 인간과 정치와의 관계에 대한 고전적인 정의는 아마도 '인간은 정치적 동물이다'라고 규정한 아리스토텔레스의 말일 것이다. 이 말 속에는 인간과 정치의 관계가 필연적이고 본질적이라는 의미가 담겨 있다. 좋은 삶을 위한 인간의 모든 활동(학문 · 교육 · 노동 등)은 정치와 관련된다. 이것은 당시 그리스의 문화적 전통을 반영한 것이다.

아리스토텔레스는 모든 존재자는 그 나름의 목적을 가지고 있으며, 모든 기술과 학문은 그 나름의 목표와 선(善; good)을 추구하며, 그 최고의 단계에 국가가 존재한다고 생각했다. 따라서 국가의 목적은 최고선이고 공공선이라고 생각했다.[3] 그는 국가의 목적과 최고선을 연구하는 학문이 곧 정치학이고, 그것은 모든 학문 가운데 가장 중요한 것이라고 생각했다.[4] 얼핏 보기에 국가주의적 한계를 드러내는 것이어서 전적으로 수긍하기 어려운 점도 있지만 공공선, 즉 정의가 무엇인가에 대한 질문에 대한 해답을 구하는 것이 가장 중요한 학문의 대상이라는 점은 부인하기 어려울 것이다.

인간은 무엇을 선으로 추구하는가? 국가는 무엇을 공공선으로 추구하는가? 바람직한 공동체를 만들기 위하여 인간의 삶에 대한 성찰이 필요하다. 바람직한 삶을 위하여 인간에 대한 이해, 학문, 교육에 대한 성찰이 필요하다. 인간의 삶과 국가의 문제는 직결돼 있다. 이 양자의 관계 속에 가로놓여 있는 것이 바로 정치다. 인간의 이해, 인간사회에 질서를 부여하는 방식, 인간의 완성, 이상사회 또는 이상국가의 구현, 이런 것들은 서로 연계되어 있다.

본론에서는 '인간이란 무엇인가?'라는 질문을 던지면서 학문과 교육을 통한 인간의 성장으로부터 정치적 과정을 통하여 인간의 이상을 어떻게 실현해나가는가를 살펴볼 것이다.

2. 인간이란 무엇인가?

사회와 국가의 문제를 논의하는 출발점에 '인간을 어떻게 이해해야 하는가'라는 물음을 던지는 이유는 인간이 사회와 국가의 주체이고 그 형성의 정치적 동인이기 때문이다. 다시 말하면 사회와 국가는 인간이 그 본래의 자연스런 모습과 속성에 따라서 잘살 수 있도록 조직되고 구성되어야 하기 때문이다. 그러나 '인간이란 무엇인가?'라는 문제 제기는 철학적 또는 사회과학적 문제 해결에 있어서 꼭 필요한 질문이기는 하지만, 이러한 문제에 본격적으로 직면하는 것은 곤란하다. 까딱 잘못하면 내가 이야기하고자 하는 내용에 접근하기 위해서 너무나 긴 우회로를 돌아가야 할 것이기 때문이다. 나는 단지 공자와 소크라테스가 인간을 어떻게 바라보았는가, 어떻게 생각했는가를 이야기하려고 한다.

공자와 소크라테스는 인간을 정의하려고 하지 않았다. 사람이 세상을 살아가는 데 있어서 그 의식과 행동에 앞서 인간에 대한 이해가 전제되는 것은 당연한 일이지만, 그러나 인간이 무엇인가를 추상적으로 설명하지 않았다. 공자는 한평생 수많은 대화 중에서 정의를 사용하여 논리를 전개하기보다는 사물의 본질을 직시하는 어법을 썼다. 소크라테스는 대개의 경우 말의 개념과 정의를 중시하고 이것을 논의의 출발점으로 삼았지만, 그러나 인간을 정의하려고 하지 않았다. 그들에게 있어서 인간 중심적 사고는 논의할 필요가 없는 당위였을 것이다.

공자의 인간관

염옹(冉雍)은 『공자가어』의 「제자해」에 보면 변변치 못한 아버지(不肖之父)의 자식이었던 모양이다. 그러나 그는 매우 총명한 사람으로 공자제자 중 사과십철(四科十哲) 가운데 덕행으로 뛰어난 인물로 기록되고 있다. 나아가서 공자는 그를 제후의 반열에서 나라를 다스릴 수 있는 인물로 평가한다.[5] 사람을 평가하는 데 신중했던 공자의 풍모로 볼 때 대단히 파격적인 일이다. 또 다른 장소에서 그를 희생제물로 바치는 황소새끼로 비유하면서 붉고 잘생긴 뿔을 가지고 있다면, 비록 사람들이 몰라준다 하더라도 산천의 신은 버리지 않을 것이라고 말하기도 한다.[6]

공자의 제자들은 대부분이 가난하고 비천한 가문의 출신이었다. 그에게 배우려고 오는 사람들은 지극히 박한 예물을 가지고 온다 하더라도 최소한의 예의를 차려 제자 되기를 청하기만 하면 누구나 받아들였다.[7] 그는 교육을 받는 데 차별이 있어서는 안 된다고 생각했다.[8]

제자 중에 심성이 착한 자를 골라 자기의 딸을 시집보내고, 또 질녀의 사위로 삼기도 했다.[9] 특히 자신이 사위로 삼은 사람은 무고하게 감옥에 갇혀 있는 사람이었는데, 비록 죄가 없다 하나 억울하게 옥살이를 하고 있는 사람에게 딸을 시집보낸다는 것은 어려운 일이다. 이는 공자의 사람 보는 눈을 짐작게 하는 대목이다.

공자는 인간을 평등하게 보았으며, 인간의 타고난 본성을 어떻게 보존하고 함양할 것인가에 삶의 목표를 두었다. 하늘이 인간에게 부여한 천성은 인(仁)이다. 인이란 인간이 태어나면서 가지고 온(하늘로부터 부여받은) 자연스런 감성이다. 학문은 바로 이러한 감성을 보존하고 계발하는 것이다. 인은 인간성의 핵심이다. 인간성을 상실한다는 것은 인간의 변질이고 타락이며, 이것은 곧 인의 감정의 상실이다. 공자는 인간 본연의 성격을 잃지 않도록 사람들을 교육하고 또 그러한 인간들로 구성된, 진정으로 인간다운 사회제도를 건설하려고 했다. 사회제도로서의 예, 사회적 가치지향으로서의 의, 사회적 직분과 신분으로서의 계층적 또는 계급적 위계질서, 이런 것들을 총체적으로 움직여 나가는 정치의 밑바탕에는 자연적 인간의 순수한 감성으로서의 인, 즉 인간성이 전제되어야 하고, 그 위에 세워진 적절한 제도만이 비로소 인간다운 제도일 것이다.

인간의 본질: 성찰과 반성

사람의 '의식과 행위'가 인간성의 바탕 위에서 이루어지고, 그것이 인간다움을 잃지 않기 위해서는 자기 자신의 생각과 행동에 대한 반성과 성찰이 뒤따라야 할 것이다. 공자는 그의 학문과 삶에 있어서 자기 자신을 돌아보는 것, 즉 반성과 성찰을 자기완성의 가장 중요한 덕목으로 삼았다. 그는 말했다. "어진 이를 보면 그와 같이 되기를 생각하고(見賢思齊), 어질지 못한 자를 보면 내 스스로 깊이 반성한다."[10] 그는 제자들에게 허물이 있으면 고치기를 꺼리지 말라고 당부했다. 그리고 "아 절망스럽구나! 자신의 허물을 보고서 내심으로 자책하는 사람을 나는 보지 못하였다."라고 탄식하기도 했다.[11] 그는 스스로 자신의 인간성의 함양을 위하여 부단히 노력하는 사람이었다. "세 사람이 같이 길을 가면 그중에는 반드시 나의 스승 될 만한 사람이 있다. 그중에서 좋은 점을 골라서 내가 따르고, 좋지 못한 점은 거울삼아 고치도록 한다."[12] 그는 자기성찰과 반성을 인간성의 본질적 요소로 파악했다.

'너 자신을 알라!'

인간을, 본질적으로 성찰하는 인간으로 그리고 반성하는 인간으로 바라보는 태도는 '너 자신을 알라!' 또는 '반성하지 않는 삶은 살 만한 가치가 없는 삶이다.'라는 말을 한 것으로 알려진 소크라테스에게 있어서도 동일하다. 소크라테스는 모든 논의를 그 개념의 정의를 내리는 것으로부터 시작했지만, 유독 인간에 대해서는 한마디로 정의하지 않았다. 그 대신 그는 인간을 여러 면에서—그것도 반어적으로—묘사하려고 했다. 그는 고대 서양의 철학사에서 인간의 학문적 관심을 물리적 우주에서 윤리적 인간의 문제로 끌어내린 사람으로 알려져 있다. 공자의 사유도 인간의 문제를 중심으로 맴돌고 있다. 그가 3대(三代)의 문화 중에 주나라의 문화를 모범으로 삼았던 것은 그 이전의 하나라와 은나라의 문화가 비교적 신과 자연 그리고 주술적 문화에 경도되어 있었던 데 반하여 주나라는 비교적 인문적 요소를 가지고 있었기 때문이다.

소크라테스는 아테네를 사랑했지만, 그는 아테네의 자연과 경치를 사랑한 것이 아니라 그곳에 살고 있는 사람들을 사랑했다. 그는 사람들과 대화하기를 원했다. 왜냐하면 인간을 이해하기 위해서는 경험적 관찰과 논리적 분석이 아니라 인간의 '의식과 행동'에 대한 이해와 평가가 중요하기 때문이다. 그러기 위해서는 대화와 변증법적 사고가 필요하다. 인간은 끊임없이 자기 자신을 찾고, 그 생존의 매 순간마다 자신의 행동의 결과를 돌아보고 평가하는 태도가 필요하다. 소크라테스는 공자가 생각한 것(인)과 같은 어떤 본질적인 타고난 품성이 인간에게 내재해 있다고는 주장하지 않았지만, 인간을 자기 자신을 돌아보고, 합리적으로 생각하고, 타인의 비판을 받아들이고, 그에 대하여 책임을 지고, 대답할 수 있는 존재로 바라 보았다. 이것이 바로 인간이 도덕적 존재가 될 수 있는 조건이다.[13]

3. 공자 일생의 목표: 학문과 정치

인생에 있어서 공자가 중시한 것은 학문과 정치였다. 학문은 사람의 본성인 인을 함양하여 덕을 쌓는 것이요, 정치는 모든 사람이 인간다움을 유지하면서 삶을 영위할 수 있는 바람직한 사회질서를 구축하는 것이다. 요즘 말로 하면 인간의 '자기완성'과 '사회적 실천'이라고 할 수 있다.

학문을 통하여 높은 단계에 이른 사람을 '군자' 또는 '성인(成人)'이라고 한다. 정치는 바로 이런 사람들이 높은 지위에 올라 정치권력을 행사하는 것이다. 공자는 "정치는 좋은 신하를 선택하는 데 있으며(政在選臣)", "바른 사람을 바르지 못한 사람 위에 갖다 놓으면 바르지 못한 사람도 바르게 되고", "바르지 못한 사람을 바른 사람 위에 갖다 놓으면 백성은 복종하지 않을 것"이라고 말했다.[14] 공자의 학문을 철저하게 계승했다고 생각되는 맹자(BC 372~289)도 정치의 본질을 "어진 사람을 높이고 능력 있는 사람을 쓰는 것(尊賢使能)"이라고 하면서 그렇게 하여 "준걸한 인재들이 적합한 지위에 있으면, 천하의 선비들이 모두 기뻐하여 그 조정에서 벼슬하기를 원할 것"이라고 했다.[15]

오늘날에도 정치는 인사, 즉 용인이라고 말하는 사람들이 많다. 좋은 사람이 높은 자리에 올라가야 한다는 것이다. 이것은 유학뿐만 아니라 모든 분야에서 동서양을 막론하고 만고에 불변하는 인류의 염원이다. 그런데 문제는 과연 누가 '좋은 사람'이냐는 것이다.

이것은 아직까지 해결되지 못한 철학적 난제다. 그러나 공자는 이 점을 분명히 말한다. 그는 바로 인간의 타고난 자연적인 본성인 인을 간직한 사람이라고. 그가 아무리 언어 · 문학 · 재정 · 군사 · 외교 등 전문분야에 능력을 갖추고 있다고 할지라도 인간의 순수한 자연적 감성인 인을 갖고 있지 않다면 결코 좋은 사람이 아니며, 아무 쓸모도 없다는 것이다.

오늘날의 법과 사회규범이라고 생각되는 예와 학문을 성취하는 수단으로서의 교육의 중심은 모두 인간 본연의 덕성인 인을 함양하는 것, 즉 인간성을 보존하고 확충하는 것이었다. 인간이 알아야 하고 보존해야 할 많은 것 중에서 가장 기본적인 인간성을 상실해 버린다면 모든 사회제도와 교육은 아무 의미도 없게 될 것이다. 공자는 사회질서와 교육(예악)에서 인간성, 인간다움, 즉 인을 상실해 버린다면 무슨 소용이 있겠느냐고 말한다.[16]

4. 인(仁)이란 무엇인가?

인의 여러 가지 표징들 (1)

주자는 인이란 사랑의 이치, 마음의 덕(愛之理, 心之德)이라고 설명했다.[17] 정자는 인이란 천하의 바른 이치이며, 이것을 잃으면 세상은 질서가 없고 화합하지 못한다고 했다. 그러나 이러한 설명은 매우 추상적이고 이론적인 것이어서 보통사람들이 이해하기에 쉽지 않다. 공자는 인을 추상적으로 정의하지는 않았지만, 인이 무엇인가를 구체적으로 암시하는 많은 말을 했다. 우리는 공자의 말 속에 드러나 있는 이러한 표징들을 통하여 인이 무슨 뜻인가를 이해할 수 있다.

어느 날 자공이 공자에게 물었다. "제가 종신토록 행해야 할 것, 한 가지만 말씀해주신다면 그것은 무엇이겠습니까?" 공자가 대답했다. "그것은 아마 서(恕)일 것이다. 자기가 원하지 않는 것을 남에게 하지 말라(己所不慾 勿施於人)."[18]

이 대화와 시기적으로 어느 것이 앞선 것인지는 알 수 없지만, 이 두 사람 사이의 다른 대화에서도 같은 문제가 논의되고 있다. 자공이 "저는 남이 저에게 하기를 원하지 않는 것을 저 또한 남에게 하지 않으려고 합니다"라고 하니까, 공자는 애석하다는 듯이 "사(賜)야! 그것은 네가 미칠 수 있는 바가 아니다."[19]라고 말했다.

주자와 정자는 앞의 대화에서처럼 자기가 원하지 않는 것을 남에게 하지 않도록 인위적으로 노력하는 것은 서요, 뒤의 대화에서처럼 스스로 자연스럽게 자기가 원하지 않는 것을 남에게 하지 않으려는 것은 인이라고 하면서 이를 구별하려고 하지만,—이 두 가지를 논리적으로 구분하는 것이 꼭 필요한 것인지는 의문이다—중요한 것은 자신의 입장에서 다른 것(사람과 사물)을 보고, 다른 것의 측면에서 자신을 돌아보는 것이 사회윤리의 출발이라는 것이다. 그러므로 인이란 모든 인간 개체의 본래의 성격으로부터 사회윤리적 성격으로 확대되는 것이며, 사회윤리의 바탕은 인간의 본질적 성격인 인에 기초해야 한다는 것이다. 동서의 많은 학자들이 인(仁)이라는 글자가 사람(人)과 둘(二)이라는 글자의 합자라는 것에 주의하면서 인의 사회적 성격에 주목한 것은 의미 있는 일이다.

번지라는 제자가 인(仁)에 대하여 묻자, 사람을 사랑하는 것(愛人)이라고 했다. 지(知)에 대하여 묻자 사람을 아는 것(知人)이라고 했다.[20] 인이 개인의 본성으로부터 사회윤리로 확장해가는 것을 암시하는 몇 가지의 대화를 선별할 수 있다.

자장이 인에 대하여 물었다. 공자가 대답했다. "천하에 이 다섯 가지를 실천할 수 있으면, 인하다 할 수 있다. 공손(恭), 관대(寬), 신의(信), 민활(敏), 은혜(惠)다. 공손하면 욕을 당하지 않고, 관대하면 많은 사람이 따르고, 신의가 있으면 남들이 일을 맡기고, 민활하면 일을 성취시킬 수 있고, 은혜를 베풀면 남을 부릴 수 있다."[21]

인이 개인의 본성으로부터 사회윤리적 규범으로 발전되고 더 나아가서 천하 구원으로까지 확대되는 것을 공자는 이상으로 삼았다. 자공이 물었다. "만약 백성들에게 널리 베풀고 많은 사람들을 구제(博施濟衆)해줄 수 있다면 어떻겠습니까? 인하다고 할 수 있겠습니까?" 공자가 대답했다. "어찌 인하다고만 하겠는가? 반드시 성스럽다(聖)고 해야 할 것이다. 그것은 요순도 부족하게 여겼던 일이다. 인이란 자기가 서고자 하면 남도 서게 해주고, 자기가 이루고자 하면 남도 이루게 해주는 것이다. 가까이에서 자기 입장을 헤아려 남을 배려해주는 것(能近取譬)이 곧 인을 행하는 방도라 하겠다."[22] '애인'으로부터 '박시제중'에 이르기까지 휴머니즘에 기초한 인정(仁政)이 바로 공자가 꿈꾼 정치적 이상이었다.

나는 인이라는 것을 '인간이 타고나면서부터 가지고 있는 자연적인 감성' 정도로 막연히 이해하고 있는데, 공자는 아마도 이러한 타고난 본성을 세상을 살아가면서 어떻게 보존하고 유지하며, 이것을 바탕으로 사회적 윤리를 형성하고, 이러한 본성, 즉 천성(天性)을 유지할 수 있도록 어떻게 국가공동체를 구성할 것인가 하는 것에 관심을 가지고, 그의 학문론 · 사회윤리론 · 정치론을 전개하고 있다고 생각한다. 그러므로 그의 학문과 사상을 한 가지로 관통하고 있는 것은 인의 관념이다. 공자는 스스로 나의 도는 하나로 꿰뚫을 수 있다(一以貫之)고 했다. 공자 말년의 제자인 증자는 이를 충서(忠恕)라고 이해했다.[23] 그런데 이 충서란 바로 인을 다른 인간과 사물 가운데로 넓혀나가는 것이다. 정자는 "자신으로써 남에게 미침(以己及物)은 인이요, 자기 마음을 미루어서 남에게 미침(推己及人)은 서"라고 하면서, 충은 천도요 서는 인도며, 충은 체(體)요 서는 용(用)이며, 충은 대본(大本)이며 서는 달도(達道)라고 말한다.[24] 성리학자의 까다로운 분석을 도외시한다면 충서는 인의 체와 용으로서 그것의 다른 표현일 뿐이다.

인의 여러 가지 표징들 (2)

인은 사람이 타고나면서 가지고 나온 자연적인 감성이다. 사람은 숨을 쉬고 느낌이 있는 동물이다. 그래서 천성적으로 7정(七情:

喜怒哀懼愛惡慾)을 가지고 있다. 그러므로 순수한 인간은 감정의 발로가 자연스러워야 한다. 인간은 다른 한편으로 사리를 분별하는 이성능력을 가진 존재이기 때문에 본능적 감정을 억제하고 조절할 수 있으며, 이러한 능력에 의하여 문화적 존재가 될 수 있고 만물의 영장(靈長)이 될 수 있다. 그러나 어디까지나 이러한 문화적 제약은 인간의 순수한 감성이 잘 보존되는 한도 내에서 끝나야 한다. 왜냐하면 하늘로부터 부여받은 본성은 그것 자체가 근원적으로 선한 것이기 때문이다. 여기에서 비록 후대에 맹자에 의하여 확립되었지만 유학의 성선설은 이미 공자의 인의 개념 속에 전제되고 있다.

사람은 먼저 즐거운 일을 보면 즐거워할 줄 알고, 슬픈 일을 당하면 슬퍼할 줄 알아야 한다. 인이란 이러한 감성이 살아 있음을 의미한다. 그것은 다른 사람의 감성에 공감하고 공명할 수 있는 능력이다. 만약 무슨 일이 있어도 아무 느낌이 없다면 그것은 감성의 마비상태이며, 이는 곧 인간성의 상실을 의미한다. 이것을 불인이라고 한다. 정자는 말했다. "의서에 수족이 마비된 것을 불인(不仁)이라고 하니 이 말이 인이 무엇인가를 가장 잘 설명하고 있다. 인이라는 것은 천지만물과 일체가 되어 나의 몸이 아닌 것이 없다(天地萬物爲一體 莫非己也)는 것이다. 천지만물, 세상만사가 자기 자신임을 인식할 수 있다면, 어느 곳인들 이르지 않음이 있으리요? 만약 그것들이 자기와 연결되지 않는다면, 나와 더불어 아무 상관도 없을 것이니, 이는 마치 수족이 마비되어 기가 관통하지 않아 아무것도 느끼지 못하는 것과도 같다."[25]

공자는 사람의 길은 인과 불인 두 가지뿐이라고 했다.[26] 사람은 감성을 가진 인간과 목석같은 인간으로 구별할 수 있다. 인간은 느낌이 없다면 그 본래의 모습에서 멀어지는 것이다. 인간은 이와 같은 본능적인 감성을 가지고 단지 느낀다는 차원을 넘어서 시비선악을 구별한다. 모든 사회적 가치판단에 앞서서 인간의 내면적 감성이 작용한다. 공자는 전자를 문(文: 꾸밈), 후자를 질(質: 바탕)이라고 부르면서 바람직한 사회질서는 이 문과 질이 조화를 이루는 것이지만, 이 두 가지 중에서 더 본질적인 것은 인간성의 바탕이라고 할 수 있는 질, 즉 자연적인 순수한 감성이라고 말했다.[27]

인간의 감성, 즉 느낌 또는 떨림은 무엇인가를 느낄 수 있는 사람만이 그 내용을 파악할 수 있다. 그것은 설명될 수 있는 것이 아닌지 모른다. 공자도 어떤 사람을 인하다거나 불인하다고 단정하지는 않았으며, 다만 '모르겠다(不知 또는 未知)'는 표현을 쓰고 있다.[28] 그러나 "오직 인한 사람만이 능히 사람을 좋아할 수 있고, 능히 사람을 미워할 수 있다."[29]라고 말한다. 이것은 인간의 타고난 순수한 감성이 세속적 이해관계에 의해서 훼손되지 않은 사람만이 제대로 사람을 가려 볼 수 있다는 뜻일 것이다. 세상에서 인간의 사귐이란 유유상종으로 제각기 이해관계에 따라 이합집산하기 마련이다. 그래서 "불인한 사람은 곤궁에도 오래 처하지 못하고, 안락에도 오래 처하지 못한다"고 말한다.[30] 또 순수한 감성은 시비선악과 더불어 호오(好惡)에 대한 감정이 분명하지 않을 수 없다. 좋은 것은 좋고, 싫은 것은 싫은 것이다. 옳은 것은 옳고, 그른 것은 그른 것이다. 산은 산이고 물은 물이다. 이것도 저것도 아닌 것은 없다.

모든 것을 평등하게 바라보는 것은 어떤 초월적 · 종교적 경지에서는 가능할지 몰라도—종교의 세계에서는 선과 악, 현명함과 어리석음을 그렇게 문제 삼지 않는다고 한다—세속적 인간세계에서는 사회질서를 문란케 하는 위험한 요소일 수 있다. 공자는 사람을 평가하는 데 있어서 좋은 사람들이 좋게 생각하는 것을 중요하게 보았다. 자공이 물었다. "(어떤 사람을) 고을 사람들이 모두 좋다고 한다면 어떻습니까?" 공자가 말했다. "바람직하지 않다." "고을 사람들이 모두 싫다고 하면 어떻습니까?" "바람직하지 않다. 고을 사람 중에 선한 자가 좋다고 하고, 불선한 자가 미워하는 것만 같지 못하다."[31]

5. 정신세계에 관한 복잡한 이론들

공자는 인간을 하늘로부터 그 자질을 부여받은 존재로서 어떻게 그 본성을 유지하며, 그 마음을 함양해야 하는가(存性養心)에 관심을 가지고 평생 공부하고 교육하는 것을 일생의 과업으로 삼았다. 그러나 그는 그 마음의 세계, 정신의 세계를 논리적으로 규명하려고 시도하지는 않았다. 보이지 않는 세계가 아니라 현실세계가 일상적으로 문제 되었기 때문이다. 사변이 아니라 실제적인 문제해결이 관심의 대상이었다. 자공이 말했다. "선생님의 문장은 들을 수 있었지만, 선생님께서 인간의 본성과 천도(性與天道)에 대해 말하는 것은 들을 수 없었다."[32] 그러나 후대의 유학자들은 공자의 말을 점점 이론적으로 심화시켜나갔다. 맹자가 말했다.

"사람은 모두 사람으로서 차마 할 수 없는 인간의 마음(不忍人之心)을 가지고 있다. 선왕은 이러한 마음을 가지고 사람으로서 차마 (인간을 해)할 수 없는 인간의 정치(不忍人之政)를 했던 것이다. 사람으로서 차마 할 수 없는 인간의 마음을 가지고 사람으로서 차마 (인간을 해)할 수 없는 인간의 정치를 행한다면 천하를 다스리는 일은 손바닥 위에서 움직이는 것같이 할 수 있을 것이다.…

이로써 보건대, 측은해하는 마음이 없으면 인간이 아니고, 부끄러워하는 마음이 없으면 인간이 아니며, 사양하는 마음이 없으면 인간이 아니며, 시비를 가리는 마음이 없으면 인간이 아니다. 그리하여 측은해하는 마음은 인(仁)의 실마리이고, 부끄러워하는 마음은 의

(義)의 실마리이고, 사양하는 마음은 예(禮)의 실마리이며, 시비를 가리는 마음은 앎(知)의 실마리이다. 이 네 개의 실마리가 나에게 있음을 알아 그것을 확충해나가면, 이는 마치 불이 타기 시작하고 샘물이 나오기 시작하는 것과 같다. 만약 이것을 채우면 족히 사해를 보존할 수 있을 것이며, 이것을 충족하지 못하면 부모를 섬기기에도 부족할 것이다."33

후대의 성리학자들은 측은해하고, 부끄러워하고, 사양하고, 시비를 가리는 것과 같은 것을 인간의 감정(情)이라 하고, 인의예지를 본성(性)이라 하고, 감정과 본성을 통합하여 이를 마음(心)이라고 이해했다. 그리고 그들은 본성은 마음의 본체로서 이성적인 것이고, 감정은 마음의 작용이라고 생각했다. 마음을 인간의 정신과 영혼에 관계되는 것으로 이해하는 것은 대체로 동서고금에 다 수긍되는 사상이다. 다만 마음속에서 이성적인 부분과 감정적인 부분이 어떻게 구분되고 있는가는 어려운 문제이며, 맹자가 인을 사단(四端)의 하나로서 의 · 예 · 지와 동렬의 본성이라고 생각한 것은 공자의 생각과 거리가 있는 것이 아닌가 한다. 혹시 공자는 인의 감정이야말로 인간의 본질적인 속성으로서 그것이 없으면 의도 예도 지도 파악되지 않는다고 생각한 것은 아닐까? 공자는 이렇게 말했다. "사람으로서 인이 없다면 예는 무엇할 것이며, 사람으로서 인이 없다면 음악은 무엇에 쓸 것인가?"34 그러나 맹자는 다만 마음을 말했다. 측은해하는 마음이 곧 인일 뿐이다. 후대의 성리학자들처럼 그것을 본성과 감정으로 나누어 보려고 하지 않았다. 인이 본성이고 측은지심이 감정이라는 생각은 하지 않았다고 본다.

6. 몸과 정신: 소크라테스 윤리사상의 출발

소크라테스도 기본적으로 인간에 대한 긍정적이고 낙관적인 태도를 가지고 있었다. 사람들은 일반적으로 좋은 삶을 살고 싶어 하며, 인간의 비행은 보통 무지나 그릇된 가르침의 결과라고 믿었다. 사람들이 일단 진실을 알게 되면 그의 본능은 옳은 것을 향하여 나아가려 한다고 생각했다. 그러므로 사람들이 진실을 알 수 있도록 돕는 일이야말로 그의 가장 중요한 과업이었다. 뿐만 아니라 보통사람들에게 있어서도 지식과 철학—공자에게 있어서 학문에 해당되는—은 직접적으로 덕으로 나아가는 길이며, 따라서 교육은 올바른 지식을 얻기 위한 가장 중요한 수단이다.

소크라테스는 인간의 정신세계의 복잡한 기능을 분석하려고 하지 않았으며, 그리스의 다신론적인 분위기 속에서 신이 무엇이라고 한 마디로 규정하진 않았지만, 다만 우주에 충만한 압도적인 신의 존재를 믿고 그것이 인간의 영혼 속에 스며들어 있어서 인간이 그 정신을 어떻게 활용하느냐에 따라서 구원받을 수 있다고 믿었다. 그는 단순하게 몸(body)과 정신(soul)을 구별했다. 몸은 욕망과 욕구, 만족과 영화의 근원이다. 그것은 인간의 동물적 성격을 대표한다. 육체적 존재, 야망과 쾌락은 본래적으로 해로운 것이다. 그럼에도 불구하고 몸이 없으면 인간은 아무것도 아니며, 아무것도 할 수 없다. 인간은 무엇인가를 의미 있게 창조하고 목적을 이루기 위해서 몸이 필요하다. 그러나 그 욕망과 그것을 만족시키는 데 필요한 파괴력 때문에 몸은 문제이고 짐이다. 그래서 몸은 덕과 지혜의 원칙을 대표하는 영혼에 의하여 균형이 잡혀져야 한다. 인간은 단순한 살덩어리—육체—가 아니다. 소크라테스는 영혼의 개념을 창안하고 정신과 이성, 개인적 자기성찰과 지적 정직성을 강조했다.[35]

양자는 밀접하게 연결되어 있고 어떤 면에서는 서로 구별되지 않는다. 몸은 인간의 외적 형태고, 영혼은 인간의 내적인 인격이다. 육체의 욕망이 통제되고 억제되면 될수록 영혼은 더욱더 번성하고 풍요로워지며, 인간의 인격은 너그럽고 유익하며 자신과 세계에 편안하게 된다. 몸은 쾌락과 행복을 추구한다. 그러나 행복은 이 세상에서 오직 영혼으로 하여금 몸을 덕과 지혜의 길로 나아가게 함으로써만 발견될 수 있다. 몸은 죽음과 함께 끝난다. 죽음과 함께 그의 문제와 욕구도 끝난다. 그러나 영혼은 이 세상의 삶에서 덕과 지혜에 의해서 인도되고, 신과 다른 잘 성숙된 영혼과 함께할 준비가 되어 있다면 불멸의 존재 속에서 살아남을 것이라고 소크라테스는 생각했다.[36]

그러나 플라톤은 영혼의 내면을 다시 세 부분으로 나누어보았다. 생각하고 추론하고 분별하는 기능을 맡아보는 '이성적인 부분', 쾌락과 욕망을 추구하는 '욕구적인 부분' 그리고 분노와 격정을 가지고 이성을 도와주는 '기개적인 부분'으로 영혼의 내면을 나누어 볼 수 있다는 것이다.[37] 그리하여 이 세 부분이 각기 자기 역할을 훌륭히 수행함으로써, 즉 욕구적 부분이 이성적 부분에 복종하고, 기개적 부분이 이성적 부분을 도와주고 욕구적 부분과도 조화를 이룰 때 올바른 사람이 된다는 것이다.[38] 올바르지 못함은 이들 세 부분 간의 일종의 내분이며, 혼란과 방황이다. 훌륭함(덕)은 영혼의 건강이요 아름다움이며 좋은 상태인 반면, 나쁨(악덕)은 일종의 혼의 질병이요 추함이며 허약함이다. 훌륭한 생활습관은 덕의 획득으로 이끌고 가지만, 부끄러운 생활습관은 악덕의 획득으로 이끌어 간다.

7. 공자와 학문

공자 인생의 특징은 학문이었다. 공자는 학문을 통해서 고대의 성인의 경지에 오를 수 있었다. 그는 다른 성인들과는 달리 스스로 오늘날의 학자와 같이 학문적 저술을 남겼다. 『춘추』를 썼으며, 『시경』과 『서경』을 편찬했고, 『주역』을 연구하여 그 해설을 썼다. 『논어』의 첫머리는 "배우고 때로 익히면 즐겁지 아니한가?(學而時習之 不亦說乎)"로 시작한다. 위편삼절(韋編三絶)이라는 말이 있다시피 공자는 독실한 학자였다. 그는 인간에게 있어서 배우고 공부한다는 것이 인간완성을 위해서 얼마나 중요하며, 또 그것이 얼마나 어려운 일인가를 강조한다. 그는 "내 일찍이 종일 먹지 않고, 밤새 자지 않으면서 생각해보아도 유익함이 없었다. 공부하는 것만 같지 못하였다."라고 했다.[39] 그는 공부한다는 것의 체험적 방식을 고백한다. 공자의 일생을 가장 생생하게 그려놓은 『논어』 제1편 제1장은 공자의 평생의 과업인 '학문과 정치'라는 두 개의 과제 중에서 정치보다도, 아니 정치에 앞서서 학문을 한다는 것이 우선이라는 '개권제1의(開卷第一義)'의 의미를 갖는다.

공자에게 있어서 학문이란 무엇일까? 그에게 있어서 학문이란 '글을 배우는 것(學文)'이었으며, 여기에서 문(文)이란 글로 대표되는 인간의 문화적 축적을 의미하는 것이다. 사람이 태어날 때 하늘로부터 부여받은 천성은 바탕, 즉 질(質)이고, 이 바탕 위에서 인간이 역사적으로 축적한 인위적인 문화적 성과는 넓은 의미에서 꾸밈,

즉 문(文)이다. 공자는 "젊은 사람들이 집에 들어가서는 효도하고, 밖에 나와서는 우애하며 행동을 삼가고 믿음성 있게 하고, 널리 사람들을 사랑하고 인자(仁者)를 가까이하며, 그러면서도 남은 힘이 있으면 글을 배운다."[40]라고 말한 적이 있는데, 여기에서는 글을 배우기 전에도 인간은 타고난 천성을 바탕으로 인간으로서 행해야 할 규범이 있다는 것을 분명히 암시하고 있다. 그러나 그는 인간의 완성과 자기실현을 위해서는, 즉 성인(成人)과 군자와 같은 인격과 덕성을 함양하기 위해서는 문학을 위시한 인류의 문화적 유산을 습득하지 않으면 안 된다는 것을 강조한다. 후대에 맹자는 "사람이 편안히 살면서 공부하지 않으면 금수에 가까워진다"고 말하면서 학문을 하지 않으면 인간성 그 자체까지도 잃어버릴 수 있다는 것을 경고한다. 그리하여 학문은 유학의 가장 중요한 내용으로 자리 잡게 되었다.

공자가 "열 가구의 조그마한 마을이라도 그 성품이 나처럼 충실하고 믿음성 있는 사람은 있을지 모르지만, 나만큼 배우기 좋아하는(好學) 사람은 없을 것"[41]이라고 말한 것은 인간의 천성적 바탕보다도 후천적 노력이 인간완성을 위해서 필요한 일이며 또한 어렵다는 것을 말하는 것이라고 하겠다. 주자는 이 구절에 대하여 다음과 같이 주를 달았다.

"충신(忠信)이란 타고난 바탕의 아름다움이다. 공자는 생지(生知)라고 할 정도로 타고난 천재이고 아름다운 사람이지만, 자기도 이렇게 노력하는 사람이라고 말함으로써 사람들로 하여금 학문하도록 권면한 것이다. 아름다운 바탕은 얻기 쉬운 것이지만, 지극한 도는 터득하기 어렵다. 학문이 지극하면 성인이 될 수 있고, 배우지 않으면 시골사람 티를 벗기 어려울 것이니 어찌 힘쓰지 않을 수 있겠는가?"

공자의 학문: 그 내용과 목표 (1)

공자 시대에 학문의 내용과 목표는 무엇이었는가? 무엇을 배웠으며, 무엇을 지향했는가?

주자의 『대학장구』 서문을 보면 이미 삼대시대(三代時代)부터 '학교'라는 제도가 있었던 것 같다. 그 시대에는 아이들은 8세가 되면 '소학(小學)'에 들어가 집안을 청소하고, 손님을 접대하고, 밖에 나가 예절을 지키는 절차(灑掃應對進退之節)와 육례(六藝)라고 하는 예법·음악·활쏘기·말타기·글쓰기·수(禮樂射御書數之文) 등을 배웠으며, 15세가 되면 천자의 아들이나 공경대부원사(公卿大夫元仕)의 적자와 일반 백성들 중 뛰어난 수재들은 대학에 입학하여 보다 깊은 이치를 탐구하고, 마음을 바르게 하여 몸을 닦고, 백성을 다스리는 방법(窮理正心修己治人之道)을 배웠다고 한다. 주자에 의하면 이와 같은 학교제도는 삼대가 융성할 때는 오히려 번창했지만, 주나라가 망할 무렵에는 학교가 쇠퇴하여 교육도 무너지고, 풍속이 퇴폐하게 되었다고 한다. 아마도 공식적인 학교제도가 쇠퇴할 경우에는 자연히 이름난 스승을 찾아 사학(私學)의 길을 갈 수밖에 없었을 것이다. 공자는 춘추시대에 최초로 사학의 문을 연 사람으로 알려져 있다.

공자는 "시에서 바른 마음을 일으키고(興於詩), 예로써 사회적 인간으로 자립하며(立於禮), 음악으로 인격을 완성한다(成於樂)"고 말했다.[42] 또 "도에 뜻을 두고(志於道), 덕을 굳게 지키며(據於德), 인에 의지하고(依於仁), 예에서 노닌다(游於藝)"라고도 했다.[43] 이러한 말들은 공자가 생각하는 학문의 내용과 그 목표를 시사해준다.

삼대시대로부터 전해 내려오는 예컨대 육례와 같은 학문의 내용을 현대의 교과과목으로 옮겨보면, 문학 · 수학 · 윤리학 · 법학 · 음악 · 체육 · 철학 등이 될 것이다. 거의 3천 명이라고 전해지는 공자의 제자들도 이와 같은 과목을 배웠다. 그리고 그중의 70여 명은 시서와 육례에 통달했다고 전해지고 있다.[44] 그러나 공자는 이런 것에 학문의 최종적 목표를 두지 않았다.

다음의 대화는 공자에게 있어서 학문이 무엇이며, 그 목표는 무엇인가에 대하여 해답의 실마리를 제공해줄 수 있을 것이다.

애공이 물었다. "제자 중에 누가 학문을 좋아합니까(好學)?" 공자가 대답하였다. "안회라는 자가 학문을 좋아하여 노여움을 남에게 옮기지 않고, 잘못을 두 번 다시 저지르지 않았는데, 불행히도 명이 짧아 죽었습니다. 그가 지금은 이 세상에 없으니 그 후로는 아직 학문을 좋아한다고 할 만한 자를 보지 못했습니다."[45]

학문 · 배움 · 공부를 좋아한다는 '호학(好學)'이라는 말은 공자의 학문세계에 있어서는 최고의 찬사라고 할 수 있다. 『논어』 전편을 통하여 공자는 그 수많은 뛰어난 제자들 가운데서 유독 안회에 대해서만 그 말을 사용하고 있다. (물론 공자는 자기 자신을 호학하는 사람이라고 자부하고 있다.) 그리하여 안회는 공자의 수제자로서의 지위를 확고하게 차지할 수 있었다. 안회가 호학한다는 결정적 증표로 제시한 '노여움을 다른 사람에게 옮기지 않으며(不遷怒), 잘못을 두 번 다시 반복하지 않는다(不二過)'는 것은 어떤 지식이나 기능을 이야기하는 것이 아니고, 인간의 심성 · 습관 · 미덕 · 인격 같은 것을 의미한다. 인간의 타고난 본성(仁)을 보존하여 덕을 갖춘 성숙한 인격을 완성시키는 데 학문의 궁극적 목표를 두고 있는 것이다.

이 대화보다 앞서, 공자는 호학에 대하여 보다 일반적인 언급을 한 적이 있다.

"군자가 먹는 데 배부름을 구하지 않으며, 사는 데 편안함을 구하지 않고, 일을 함에 민첩하고 말을 하는 데 신중하며, 도 있는 데 나아가 자신을 바르게 한다면 호학한다고 말할 수 있다."[46]

이 두 장구에서 언급된 호학의 개념적 징표들은 외면적인 사회적 규제가 아닌 인간의 일상적 삶의 금도, 자율적인 인격적 성숙, 정의와 이상에 대한 독실한 탐구 등이라고 할 수 있다. 주자는 뜻이 높은 데 있는 사람은 먹고사는 데 배부름과 편안함을 구할 겨를이 없다는 주를 달았다.

인간은 몸(육체)을 떠받드는 사람과 마음(정신)을 떠받드는 사람으로 구별할 수도 있는데, 호학한다는 것은 잘 먹고 잘 사는 데 신경 쓰는 대신 인간의 정신·마음·영혼을 원래(천성)대로 유지할 뿐만 아니라 최고의 높은 경지로 고양시키기 위해서 노력하는 것을 의미한다. 유학에서는 인간의 본성을 보존하고 함양시키는 것과는 달리 지식과 기능에만 매달리는 기송문사(記誦文辭)에 치중하는 것을 경멸한다. 그리하여 유학을 위기지학(爲己之學), 즉 자기 자신의 정신적 수양을 위한 학문이라고 한다.

공자는 "옛날의 학자들은 자기 자신을 위한 학문(爲己之學)을 하였는데, 지금의 학자들은 남을 위한 학문(爲人之學)을 한다."고 탄식한 적이 있다.[47] 정자는 "위기(爲己)는 (도를) 자기 몸에 얻으려는 것이요, 위인(爲人)은 남에게 인정을 받고자 하는 것이다. 옛날의 학자들은 자신을 위한 학문을 하여, 끝내는 남을 이루어주는 데(成物) 이르렀고, 지금의 학자들은 남을 위한 학문을 하여, 끝내는 자신을 상실하는 데 이른다."라고 주를 달았다.

공자의 학문: 그 내용과 목표 (2)

16세기에 중국을 처음 방문한 마테오 리치는 당시 중국에서 시행되고 있는 과거제도를 보고 로마의 교황청에 보고하기를, 중국에서는 시험을 봐서 인재를 등용한다고 하면서 그 시험과목은 거의 윤리학에 가깝다고 말했다고 한다. 당시 서양인의 눈에 띈 중국의 고전은 서양의 윤리학에 가까운 것이라고 이해했던 것 같다. 우리나라에서도 '유학' 하면 성리학을 떠올리게 된다. 왜냐하면 유학을 국학으로 삼았던 조선조에서는 주로 인간의 심성의 근원을 논했던 성리학의 영향이 절대적이었기 때문이다. 이에 대한 반성으로 '실학'이 등장했던 것도 사실이다.

대학경문(大學經文)의 3강령(三綱領)과 8조목(八條目)을 보면, 학문의 범위는 격물치지(格物致知)로부터 치국평천하(治國平天下)에 이르기까지 그 범위가 실로 다양하며, 명명덕(明明德)과 지어지선(止於至善) 등 그 목표는 참으로 고원하다. 오히려 유학은—동양의 다른 학문도 그 성격은 비슷하지만—그 내용이 포괄적이며 통합적이라고 할 수 있다. 그리고 그 목표는 인간의 타고난 천성을 보존하고 육성하여 그것을 진선진미하게 완성시키는 데 있다. 즉 인간완성과 자기실현의 길, 그것이 도(道)요, 그것을 찾는 것이 학문의 최고의 목표다. 이처럼 동양의 학문은 세부적인 다양한 기예(技藝)와 철학적 · 종교적 구도(求道)의 목표가 종합되었다는 데서 그 특징을 찾을 수 있다.

『논어』에 나오는 다음과 같은 단편들과 몇 개의 주석들은 위와 같은 생각들을 뒷받침해준다. 공교롭게도 「옹야편」 제9장부터 11장까지의 세 단편들은 학문에 관한 어떤 연속적인 사상적 흐름을 공유하고 있다. 9장에서 공자는 안회를 칭찬한다.

“훌륭하구나, 안회는! 한 소쿠리의 밥과 한 모금의 물로 누추한 곳에서 살지만, 다른 사람들 같으면 그 괴로움을 견디지 못할 것인데도 안회는 자기의 도를 버리지 않고 그 즐거움을 바꾸지 않는다. 훌륭하구나, 안회는!”48

여기에서 정자는 이런 주를 달고 있다.

“안회는 단표누항(單瓢陋巷), 즉 가난하고 곤궁하게 사는 것을 즐거워했다는 것이 아니고, 그가 즐거워하는 구도의 길에 가난이 방해가 될 수 없었다는 것이다.”49

이 주석처럼 공자로 하여금 그토록 안회를 사랑하고 찬탄할 수 있도록 만든 것은 안회의 그러한 학문에 대한 고고한 이상과 열정이 아니었나 짐작된다.

바로 다음 장에서는 염구에 대하여 간곡하게 격려하는 말이 이어진다. 염구가 “저는 선생님의 도를 좋아하지 않는 것이 아니라 따라가기에 힘이 달립니다”라고 말하자 공자는 “힘이 달리는 자는 중도에 그만둘 수밖에 없다. 그러나 지금 너는 스스로 못한다고 한계를 긋고 있는 것이다”라고 말하면서 계속 정진할 것을 충고한다. 호씨의 주석을 보면, 염구는 기예에 뛰어난 제자였던 모양이다. 오늘날로 치면 여러 가지 전문적 지식은 갖추고 있었지만, 그것을 통합적으로 고찰하고 종합적으로 성찰하는 능력은 부족해서 자기의 전문분야 또는 활동영역에만 안주하려는 사람이었는지 모른다. 이런 사람에 대하여 공자는 기예와 전문지식으로부터 시야를 넓혀 외부세계와 인간완성의 대로로 나갈 것을 촉구하고 있다. “한계를 긋고 앞으로 나아가지 않으면, 날로 쪼그라들 뿐이다(劃而不進則日退而已矣).”

세 번째의 제11장에서 공자는 자하에게 말한다. "너는 소인유(小人儒)가 되지 말고 군자유(君子儒)가 되어라." 유(儒)라는 것은 학자, 선비, 지식인의 통칭이다. 소인과 군자를 가르는 것은 소인은 이(利)를 추구하고 군자는 의(義)를 추구하며, 소인은 사(私)로써 공(公)을 멸하며(以私滅公), 자기에게 모든 것을 맞추어 자기만 편하려 하고(適己自便), 군자는 비록 자기에게 해가 되는 일이 있더라도 천하의 공변된 이치에 따른다. 그러므로 학문은 군자가 되기 위해서 하는 것이지 소인이 되기 위해서 하는 것이 아니다. 자하는 문학에 뛰어난 제자였다. 오늘날의 학자 그룹에 속하는 인물이다. 이러한 사람은 자기의 학문적 지식을 개인적 이해관계가 아니라 객관적인 진리와 대의를 위하여 사용해야 한다는 근본적인 마음의 지향이 필요하다는 것이다.

어느 날 자공이 물었다. "가난하게 살면서도 비굴하지 않고 부유하게 살면서도 교만하지 않다면 어떠합니까?" 공자가 대답했다. "그것도 훌륭한 일이지만, 가난하면서도 도를 찾는 것을 즐거워하고 부유하면서도 인간으로서의 예를 갖추는 것만은 못하다."[50] 주자는 이렇게 해석했다. "보통사람들은 가난하고 부유한 처지에 빠져 스스로 지켜야 할 바(自守)를 알지 못한다. 그렇기 때문에 비굴하거나 교만한 병통이 있는 것이다. 비굴하거나 교만하지 않으면 스스로 지킬 바를 알고 있는 것이지만, 그럼에도 아직 빈부의 바깥으로 초월할 수 없다."

공자가 안회를 칭찬했던 것은 안회가 빈부를 뛰어넘어 구도의 길을 태연히 가고 있었기 때문이다.

그리스의 교육: 시와 체육 그리고 음악

공자는 시(詩)에서 시작하고 예(禮)로 입신하며 음악(音樂)으로 완성한다고 했는데, 그리스 사람들은 몸을 위한 교육은 체육(gymnastike)을 통하여, 혼(또는 마음: psyche)을 위한 교육은 시가(詩歌: mousike)[51]를 통하여 이루어져야 한다고 생각했다. 시가에는 설화가 포함되는데, 어린이들에게는 체육보다도 시가교육이 먼저 시작된다. 어릴 때의 감성은 가장 유연하면서도 깊은 인상을 받기 때문에, 플라톤은 어린이들에게 아무 이야기나 들려주어서는 안 되며, 아이들의 마음(혼)을 잘 형성해주도록 설화작가들을 감독해야 한다고 생각했다. 플라톤은 인간의 목적은 국가를 수호하고 부강하게 하는 것이므로 어린이들을 정직과 절제, 용기와 명예를 지향하는 전사로 키우기 위해서 나라의 수립자들은 시인들이 설화를 지을 경우에 지켜야 할 규범을 정해야 한다고 주장했다. 그 규범은 어떤 것이어야 하는가?

첫째, 누군가가 신과 관련된 이야기를 지을 때에는 신을 신인 그대로, 즉 신은 선하고 좋은 것의 원인으로 묘사해야 한다. 신은 말과 행동에 있어서 전적으로 단순하며 진실하거니와, 자신을 바꾸지도 남들을 속이지도 않는다. 신들은 자신들을 변모시키는 마법사도 아니며, 언행에 있어서 우리를 오도하지도 않는다. 시인들은 신들이나 영웅들이 나쁜 일이나 불경스런 일을 했다고 써서는 안 된다. 둘째, 비단 신에 관한 이야기뿐 아니라 죽음과 저승에 관한 이야기도, 만약 죽음을 두려워하지 않고 용감하게 싸우는 전사로 젊은이들을 교육시키고자 한다면, 이런 것들을 나쁘게 말할 것이 아니라 오히려 찬양하도록 작가들에게 요구해야 한다. 셋째, 젊은이들에게 정직과 절제를 가르치고, 환락과 쾌락에 대한 극기심을 키우고, 뇌물이나 돈을 좋아하지 않도록 해야 한다. 젊은이들은 보잘것없는 불행 때문에 슬퍼해서도 안 되며, 조그만 행운에 웃음을 터뜨려서도 안 된다. 넷째, 인간들에 관하여 시인과 작가는 부정한 사람들이 대개는 행복하고, 의로운 사람들이 대개는 불행하며 그리고 들키지만 않는다면 부정한 짓을 하는 것이 이로우며, 정의는 남에게는 좋고 자기에게는 손실이라고 말하지 않아야 한다.

체육은 몸을 보살피고 시가는 혼을 보살핀다고 일반적으로 생각된다. 그러나 순전히 체육만 해온 사람들은 필요 이상으로 사나워지게 되는 반면으로, 시만 공부해온 사람들은 너무 유순하게 되는 경향이 있다. 이 양자가 조화를 이루면 절도 있고 용감하며, 조화를 이루지 못하면 비겁하고 사나워진다. 체육은 몸을 단련하는 것이지만, 단지 몸을 건강하게 만드는 것만을 목적으로 삼지 않는다. 몸이 건강하다고 해서 혼이 훌륭하게 되는 것이 아니고 오히려 훌륭한 혼이 몸을 건강하게 만들어준다. 그러므로 시가와 체육은 모두 혼의 격정적인 면과 지혜를 사랑하는 면을 위해서 있는 것이며, 흔히 생각하듯이 혼과 육체를 위해서 있는 것이 아니다.[52] 이 두 가지가 훌륭하게 혼화(混和: krasis)하여 가장 알맞게 성취하는 사람이 완벽한 의미에 있어서 가장 시가적이며 조화로운 사람이다. 이렇게 조화를 이루어내도록 하는 것은 음악의 기능이기도 할 것이다.

나라의 수호자인 전사들에게는 단순하고 훌륭한 체육, 전쟁과 관련된 체육이 필요하다. 체육에서도 음악에 있어서와 마찬가지로 다양성(poikilia)은 무절제와 질병을 낳고, 단순성(haplotes)은 혼에 절제를 낳고 몸에 건강을 낳는다.[53]

이러한 교육의 이론은 소크라테스보다는 플라톤의 것이며, 그것은 폐쇄적이고 자족적인 '국가의 수호'라는 목표에 교육이 부합해야 한다는 생각이 그 밑바탕에 깔려 있다. 어쩌면 이런 교육관은 개방적이고 민주적인 아테네보다는 부족적이고 권위주의적인 스파르타에 더 어울리는 것인지 모른다.

당시의 그리스는 전체적으로 혁신적이고 도전적이고 경쟁적이었다. 많은 도시들이 체육과 문화의 연례경기를 개최하고 있었다. 그리스 말을 사용하는 전체 그리스 세계에 올림픽 · 피티아 · 이스미아 · 네메아의 경기와 같은 대회가 열렸다.[54] 이 중에서 가장 권위 있는 것은 북서 펠로폰네소스의 올림피아에서 4년마다 열렸던 올림픽 경기였다. 이러한 경기들은 소크라테스가 태어나기 300년 전인 BC 776년에 창설되었다가 AD 393년까지 1000년 이상 계속되었다. 이들 경기는 기독교도인 로마 황제 테오도시우스 1세에 의하여 이교도의 축제라고 하여 폐지되었다. 물론 그것들은 다른 모든 그리스 제도와 마찬가지로 그 기원이 종교적 성격을 갖는 이교적 행사였다. 소크라테스는 올림픽 경기에 있어서 중요한 것은 그 승리가 우승자에게 주는 명예와 돈이 아니라 신에 대한 예배라고 생각했다.

당시 올림포스 언덕에는 그의 친구인 피디아스에 의하여 조각된, 금과 상아로 만들어진 거대한 제우스 상이 세워져 있었다. 스터디엄을 걸어가는 경보가 중요한 행사였고, 권투 · 레슬링 · 무장을 하고 달리는 것 · 전차와 말의 경주 등이 추가되었다. 도시마다 경쟁은 치열했고, 돈이 개입되는 경우도 있었다.

체육에서의 경쟁정신은 그리스인들의 생활의 모든 측면—시 · 드라마 · 음악 · 대중연설 또는 수사학에 이르기까지—으로 확대되었다. 처음에 체육에서 스파르타가 두각을 나타냈고, 다른 분야에서는 아테네가 월등한 성적을 냈다.[55]

학문의 방법

언젠가 공자는 자로에게 말한 적이 있다.

"너는 여섯 가지 덕(六言)과 여섯 가지 폐단(六蔽)에 대하여 들어본 적이 있는가?"

들어보지 못했다고 자로가 대답하자, 공자는 이렇게 말했다. "인(仁)을 좋아하면서도 배우지 않으면 그 폐단은 어리석게 되고(愚), 앎(知)을 좋아하면서도 배우지 않으면 그 폐단은 방탕하게 되고(蕩), 믿음(信)을 좋아하면서도 배우지 않으면 그 폐단은 남을 해치게 되고(賊), 정직(直)을 좋아하면서도 배우지 않으면 그 폐단은 각박하게 되고(絞), 용기(勇)를 좋아하면서도 배우지 않으면 그 폐단은 난동에 흐를 수 있으며(亂), 굳세기(剛)를 좋아하면서도 배우지 않으면 그 폐단은 광기에 흐를 수 있다(狂)."[56]

인자하고, 지혜롭고, 믿음성 있고, 정직하고, 용기 있고, 굳센 모습(仁知信直勇剛)은 모든 사람이 바라는 바다. 그러나 배우기를 좋아하지 않으면(不好學), 즉 학문하지 않으면 어리석고, 방탕하고, 사람을 해치며, 성격이 각박해지고, 어지럽고, 경솔하게 된다(愚蕩賊絞亂狂)는 것이다.

이것은 사람이 학문을 통해서 태어난 대로의 본성, 즉 인간성을 보존하고 인간완성의 길로 나아갈 수 있다는 것을 역설적으로 말한 것이다. 사람에게 있어서 배운다는 것, 즉 학문이 얼마나 필요한 것인가를 보다 구체적으로 시사해주고 있다. 그렇다면 공자는 어떻게 이와 같은 배움의 길로 들어서려는 것인가? 즉 공자의 학문방법은 무엇이었는가?

우리는 앞에서 공자의 학문의 내용과 목표에 대하여 살펴보았다. 여기에서 다시 한 번 유학의 목표와 그 방법에 대하여 주목해볼 필요가 있다.

『대학』의 경문(經文)에는 '대학(큰 학문)'의 목표를 세 가지로 규정하고 있다. 천하에 명덕을 밝히는 것(明明德), 백성을 새롭게 하는 것(新民), 그리고 최고의 선에 머무는 것(止於至善)이다. 목표가 정해진 다음에 학문의 내용과 절차, 방법 등이 안출될 수 있다. 대학은 이와 같은 위대한 목표가 앎을 이루는 것(致知), 즉 학문으로부터 시작되며, 학문하는 방법은 사물에 다가가는 것(格物)에 있다고 한다. 격물이라고 하는 것은 오늘날의 용어로 말하면 매우 경험적이고 실증적인 것이다. 단지 사변적인 것이 아니고, 실제적인 경험과 증거를 가지고 사물의 움직임을 파악하는 것이다.

대학은 먼저 학문의 목표를 말하고, 다음에 그 목표에 이르는 방법과 절차를 말하고 있다.

"옛날 천하에 명덕(明德)을 밝히고자 했던 사람들은 먼저 그 나라를 다스리고, 그 나라를 다스리고자 했던 사람들은 먼저 그 가정을 정돈하고, 그 가정을 정돈하고자 했던 사람들은 먼저 그 몸을 닦고, 그 몸을 닦고자 했던 사람들은 먼저 그 마음을 바르게 하고, 그 마음을 바르게 하고자 했던 사람들은 그 뜻을 진실하게 하고, 그 뜻을 진실하게 하고자 했던 사람들은 먼저 그 앎을 이루나니, 앎을 이루는 것은 사물에 다가가는 데 있다."

대학은 이와 같은 학문의 목표와 방법을 맨 아랫단계로부터 다시 반복한다.

"사물에 다가간 다음에 앎을 이루고, 앎을 이룬 이후에 뜻이 진실하게 되고, 뜻이 진실하게 된 다음에 마음이 바르게 되고, 마음이 바르게 된 다음에 몸이 닦이고, 몸이 닦인 이후에 집이 정돈되고, 집이 정돈된 이후에 나라가 다스려지고, 나라가 다스려진 이후에 천하가 태평해진다."

이 문장은 격물(格物), 치지(致知), 성의(誠意), 정심(正心), 수신(修身), 제가(齊家), 치국(治國), 평천하(平天下)의 여덟 가지 조목 중에 치국평천하의 높은 목표를 이루는 길이 격물치지에서 비롯된다는 것을 밝히고 있다는 점에서, 유학에서 학문이 차지하고 있는 비중이 어떠한 것인가를 잘 보여준다고 생각된다. 또한 '대학의 도'라고 하는 '명명덕(明明德)', '신민(新民)', '지어지선(止於至善)'의 이른바 3강령(三綱領) 중에서 결국 앎의 목표는 최고의 선, 즉 정의와 진리를 인식하는 것이다. 대학경문의 결론은 이것이다. "무엇이 최고의 선인가를 안 연후에 생각의 지향(志向)이 있고(知止以後有定), 생각의 지향이 있은 연후에 마음이 고요하고, 마음이 고요한 이후에 몸이 편안하고, 몸이 편안한 이후에 생각할 수 있고, 생각한 이후에 무엇인가를 얻을 수 있다." 학문의 목표는 무엇이 옳은가를 인식하는 것이다. 그것이 정처 없는 마음의 지향을 정해주는 것이다.

공자는 배움 · 학문에 있어서는 사유 · 생각한다는 것이 중요하다는 것을 강조했다. 배운다는 것은 자신의 의식을 외부세계로 확장시키는 것, 또는 새로운 지식을 습득하는 것이다. 그런데 이 외부세계에 대한 이해와 새로운 지식의 유입은 학문의 목표인 인생의 지향 없이는, 다시 말하면 삶에 대한 마음의 지향 없이는 제대로 세계를 이해할 수도 없을 뿐만 아니라 위태롭기까지 하다는 것이다. 배우지 않고 독단적인 자기 생각에만 빠져 있는 자폐적인 인간이 인간성 상실의 구제불능의 길로 떨어져버릴 수 있다는 것도 부정할 수 없다. 공자는 "배우기만 하고 생각하지 않으면 얻음이 없고, 생각하기만 하고 배우지 않으면 위태롭다(學而不思則罔 思而不學則殆)"57

라고 말했다. 배우는 것과 생각하는 것, 학문과 사유는 동시에 이루어지지 않으면 안 된다. 생각은 배움에 의해서 풍부해지고, 배움은 생각에 의하여 바른 길로 인도된다.

이와 같은 관념은 19세기 유럽의 위대한 사상가들에 의하여도 표현되었다. 칸트의 "내용이 없는 사고는 공허하며, 개념이 없는 직관은 맹목적이다(Gedanken ohne Inhalt sind leer, Anschauungen ohne Begriffe sind blind)"라는 말은 유명하다. 괴테는 "이념을 회피하는 자는 결국 개념도 파악할 수 없다"고 말했다. 여기에서 '직관'이나 '이념'은 어떤 생각의 지향이며, '개념'과 '내용'은 학문의 내용을 가리킨다. 이 두 사상가는 모두 일정한 목표를 지향하는 생각이 없이는 학문은 공허하고 맹목적이며, 나아가서는 학문 그 자체도 불가능하다는 것을 말하고 있다. 나는 2천여 년의 긴 시간을 격하여 발하여진 사상의 표현형식이 그처럼 유사하다는 점에서 놀라는 한편, 올바른 생각이 학문의 길잡이가 되며, 학문은 또한 사람의 생각을 풍부하게 한다는 학문과 사유의 관계를 공자가 더 정확하게 선구적으로 말했다고 생각한다.

아테네: 대화와 진리

아테네는 도시국가(폴리스)로서 직접민주주의 또는 참여민주주의의 정치체제를 가지고 있었다. 이것은 동양적 정치제도와 사회 그리고 그 문화, 사상과 결정적인 대조를 이루는 서양적 고대문화의 특성을 이루고 있다. 이 도시국가는 민회(에클레시아)와 그곳에 상정할 안건을 준비하는 500명의 시민으로 구성하는 평의회(불레)를 가지고 있었으며, 여기에서는 모두 대화와 토론을 매우 중요한 의사결정 수단으로 여기고 있었다. 아테네 시민들은 민회가 열리는 아크로폴리스 언덕 근처의 시장과 만남의 장소인 아고라에 모여 세상사와 정치적 현안에 대하여 활기찬 토론을 벌였다.

이런 환경에서 성장한 소크라테스는 아테네의 자유와 민주주의를 누구보다도 사랑했으며, 대화를 진리를 발견하기 위한 가장 중요한 도구라고 생각했다. 그러나 소크라테스가 대화하기를 좋아했던 주제는 자연이나 우주 또는 정치적 문제가 아니라 개인의 올바른 삶에 관한 도덕적 문제였다. 진정한 앎은 진리를 인식하는 것이며, 그런 연후에 선과 악을 구별할 수 있고, 도덕적 삶도 가능해진다고 그는 믿었다.

그는 대화를 통하여 끊임없이 사람들에게 물었다. 그는 질문하고 대답하면서 진실을 탐구하는, 그리스말로 엘렌코스(elenchus)라는 문답법을 개발했다. 그리고 사람들이 스스로 자기의 논리의 모순을 발견하여 자각할 수 있도록 '반대논증 방식'을 통하여 대화를 이끌어나갔다. 그는 이것을 여인이 아이를 낳는데 산파가 도와주는 것처럼 사람들을 정신적으로 성숙시키는데 도와준다는 의미에서 '산파술'이라고 불렀다. 그는 사람을 가르치려고 하지 않았다. 그는 대화를 통하여 상대방의 말이 타당한가를 검증하고자 했을 뿐이다. 그는 스스로 "나는 내가 모른다는 것을 알 뿐"이라고 말했다. 그리고 인간의 올바른 삶은 스스로를 끊임없이 검토하고 성찰함으로써만 달성될 수 있다고 설파했다.

대부분의 학자들은 진리 앞에 단독자로서 대면하면서 치열한 구도의 길을 가는 것처럼 보이는데, 소크라테스는 대화를 통하여 진리의 길에 이를 수 있다고 생각했다는 점에서 진리탐구의 새로운 시각을 보여주었다. 특히 동양의 학문은 유학을 포함하여 자기 자신의 본성을 보존하고 함양하고 천명을 유지하는 것을 본질로 하고 있기 때문에 다른 사람의 생각에 대하여 특별한 관심을 가지고 있지 않았는데, 아테네인들이 인간의 평등을 본질로 삼는 민주정을 정치체제로 받아들이면서 동시에 대화와 토론을 중요한 사회통합의 수단으로 인정하면서 그것을 통하여 진리와 정의에 도달할 수 있다고 생각했다는 것은 놀라운 문화적 · 사상적 차이라고 할 수 있다.

소크라테스는 대화의 수단인 말의 중요성을 깊이 인식하고 있었지만, 글에 대하여는 매우 깊은 불신을 갖고 있었다. "글이란 건 그림과 마찬가지로 별 쓸모가 없다는 걸세. 초상화 앞에서 질문을 해봤자 아무런 대답도 얻지 못하지. 글도 마찬가지야. 글쓴이가 써놓은 것을 되뇌는 것 외에는 어떠한 대답도 얻을 수 없지."[58]

그러나 공자는 말보다는 글을 중시하는 오늘날의 의미에서의 학자였다. 앞에서 인용한 바와 같이 인간이 살면서 마땅히 해야 할 도리를 다한 후에 남은 힘이 있으면 글을 배워야 한다(行有餘力則以學文)고 했다.[59] 즉 그에게 있어서 학문(學問)의 출발은 학문(學文)에 있었다.

인(仁)과 지(知): 본성과 학문

논어에는 인(仁)에 관한 장구가 많고, 또 지(知)에 관한 장구들이 여럿 있다. 그런데 인과 지를 동시에 대비한 장구들은 많지 않다. 인이란 인간의 타고난 천성으로서의 순수한 감성이며, 지란 인간과 사물의 내용과 이치를 알고자 하는 이성적 · 학문적 노력이다. 인과 지, 즉 타고난 본성으로서의 순수한 인간의 모습과 인간과 세계를 알고자 하는 학문적 노력과는 어떠한 관계가 있을까? 이에 관한 논어의 장절들을 찾아보기로 하자.

맨 먼저 나오는 대화는 번지라는 제자의 질문에 대한 공자의 대답이다. 번지가 앎(知)에 관하여 물었다. 공자가 대답했다. “사람이 마땅히 해야 할 바를 힘쓰고, 귀신을 공경하되 멀리하면 안다고 할 수 있다.” 또 인에 관하여 물었다. “인한 사람은 항상 어려운 일을 먼저 하고, 자신을 위하여 얻는 일은 뒤로 한다. 그러면 가히 인하다고 할 수 있다.”[60]

여기에서 공자는 인과 앎에 관하여 구체적인 예시를 들어 설명하고 있다. 사람이 마땅히 해야 할 바(民之義), 즉 인간생활의 대소완급(大小緩急)을 헤아려 중요하고 급한 일을 먼저 하고, 분명히 확신할 수 없는 귀신과 같은 일에 대하여는 적당히 거리를 두고 미혹되지 않는 것이 학문을 하여 아는 자의 태도라는 것이다. 우리는 여기에서 매우 실용적이며, 당시 많은 귀신에 대하여 두려움을 갖고 제사를 드리는 제정일치(祭政一致) 시대에 대단히 개혁적인 공자의 모습을 그려볼 수 있다.

다른 장에서 번지는 똑같은 질문을 한다. 번지가 인에 대하여 묻자, 공자는 “사람을 사랑하는 것(愛人)이다.”라고 하였다. 앎에 대하여 묻자, “사람을 아는 것(知人)이다.”라고 말하였다.[61] 여기에서 공자는 보다 일반화하여 인과 지를 설명하고 있다. 번지는 아직 이 일반화된 설명을 이해하지 못하고 있다. 그러니까 공자는 다시 좀 더 구체화시켜 이렇게 말한다.

“정직한 사람을 들어서 정직하지 못한 자 위에 놓으면, 정직하지 못한 사람을 정직하게 만들 수 있다.”

이것은 ‘사람을 알아보는 일(知人)’, 즉 정치에 있어서 용인과 인사에 관한 공자의 생각을 피력한 것이며, 이미 애공과의 대화에서 거론되었던 내용이다.[62]

이 대화가 있은 지 얼마 후, 번지는 자하를 만나 공자와 나누었던

이 대화의 내용을 이야기한다. 자하는 이 말이 단지 앎의 문제에 그치는 것이 아니라 인(仁)이라는 인간의 순수한 감성이 천하에 확산되어 인(仁)한 세상이 될 수 있는 길을 공자가 제시하고 있음을 깨닫고 탄복해 마지않는다. "훌륭하구나, 그 말씀이여! 순임금이 천하를 소유함에 여러 사람 중에서 고요(皐陶)를 선택해서 들어 쓰시니 불인한 자들이 멀리 사라졌고, 탕임금이 천하를 소유함에 여러 사람들 중에서 이윤(伊尹)을 들어 쓰시니 불인한 자들이 멀리 사라졌다."[63]

이것은 인이란 단지 한 사람의 순수한 인간성에 그치는 것이 아니고, 그것은 객관적인 가치(至善)가 되어 사회와 국가로 확대된다는 것을 의미한다. 이 구절에서 우리는 인과 앎의 유기적 관계에 주목하지 않을 수 없다. 인은 앎을 통하여 도달될 수 있는 목적지요, 앎은 인에 이르는 길이라는 것이다. 보통 사람의 경우 앎에 이르는 학문을 하지 않고서 인한 상태에 도달할 수는 없다.

공자의 제자들은 공자를 나면서부터 아는 사람(生而知之者)이라고 칭송했지만, 아마도 이 말은 공자가 태어나면서부터, 즉 배우지 않았으면서도 모든 것을 안다는 어떤 초월적인 존재라는 말이 아니고, 유학의 궁극적 목표인 순수한 인간본성을 유지한다는 측면에서 태어난 바 그대로의 순수한 모습을 변치 않고 유지하고 있음을 표현한다고 봄이 타당할 것이다. 보통의 인간들은 거친 세파에 시달리면서 땅에 떨어진 낙엽처럼 이리저리 굴러다니다가 결국은 자기 본래의 모습을 잃어버리기 십상이다. 이러한 상황 속에서도 인간의 원래의 모습을 되찾기(人間回復) 위해서는 배우고 알지 않으면 안 된다.

공자는 배우려고 하지 않는 자를 인간으로서 맨 아래 단계에 두었다. "태어나면서부터 아는 자가 상등(上等)이요, 배워서 아는 자가 그다음이며, 알기가 어렵지만 그래도 참고 공부하여 아는 자가 그다음이니, 그것도 힘들어 아예 배우려고 하지 않는 자는 인간으로서 하등(下等)이다."[64]

인은 앎의 목표요, 앎은 인에 이르는 길이다. 앎 그 자체가 목표가 될 수 없다는 것이 유학의 입장이며, 이 점이 동서의 학문적 태도의 다른 점이다. 알지 않고는 인에 이를 수 없다. 이 점을 시사해주는 재미있는 에피소드가 논어의 한 장에 끼어 있다. 제아라는 제자가 공자에게 물었다. "인한 사람이라면, 누군가 '여기 우물에 사람이 빠졌습니다.'라고 외치는 소리를 들으면, 곧바로 우물 속으로 들어가야 합니까?" 공자가 말하였다. "어찌 앞뒤 안 가리고 그런 짓을 하겠는가? 군자라면 당연히 우물가에 가보겠지만, 무작정 우물 속에 뛰어들어 가지는 않을 것이다. 사람을 그럴듯한 말로 속일 수는 있어도 근본적으로 판단력을 흐리게 할 수는 없는 것이다."[65] 만약 누군가 거짓말로 사람이 물에 빠졌다고 말할 때, 무턱대고 물에 뛰어들어 자기 몸을 상하는 사람이 있다면, 그는 인하다고 하기 앞서 지혜롭지 못하다고 해야 할 것이다.

이 에피소드가 시사해주는 것은 결국 인도 앎을 통해서 완성될 수 있다는 것이다. 진실을 알지 못하고 순수한 이상만 강조한다면 결국 어리석은 결말에 이르는 경우가 허다하다. 공자는 인한 사람과 인한 세상을 꿈꾸었지만, 그는 배움을 통해서 그곳에 이르려는 학문의 인간이었다. 우리는 인과 지에 관한 공자의 결론적인 언급에 도달한다.

"지자(知者)는 물을 좋아하고, 인자(仁者)는 산을 좋아한다. 지자는 움직이고 인자는 고요하다. 지자는 즐기고 인자는 장수한다."[66]

지자는 왜 물을 좋아하고 인자는 산을 좋아할까? 우리는 논어에서 이에 관한 공자의 설명을 들을 수 없지만, 그가 물과 산의 이미지를 가지고 양자를 대비시키고 있다는 것을 알 뿐이다. 동(動)과 정(靜)은 곧 수(水)와 산(山)의 속성이며, 아는 자는 세상을 즐길 수 있고, 타고난 본성을 잃지 않고 순수한 모습을 유지하는 사람은 천명을 누릴 수 있을 것이다. 주자는 다음과 같은 주를 달았다.

"지자는 사리에 통달하여 두루 흘러 막힘이 없기 때문에 물과 유사하여 물을 좋아하고, 인자는 의(義)와 이(理)에 편안함을 느끼며 중후하고 이리저리 옮겨 다니지 않으므로 산과 비슷한 점이 있어서 산을 좋아한다고 한 것이다. 동(動)과 정(靜)은 수(水)와 산(山)의 체(體)로써 말한 것이고, 락(樂)과 수(壽)는 그 효과를 가지고 말한 것이다. 움직여서 막히지 않으므로 즐거운 것이요, 고요하여 일정함이 있기 때문에 오래 사는 것이다."

학문의 궁극적 목표로서의 인(仁)

유학에 있어서 배움과 앎, 학(學)과 지(知), 곧 학문의 최고 · 궁극의 목표는 무엇인가?

인간이 태어나면서 하늘로부터 부여받은 순수한 본성(天性)을 유지 · 보존 · 함양하여 그것을 외부세계로 무한히 확충 · 확대해 나가는 것이 바로 학문의 최고의 목표라는 것을 공자와 후대의 유학자들은 강조하고 있다. 맹자가 사람이 편안히 살면서 공부하지 않으면 금수와 가깝게 된다고 말한 것은 사람이 공부하지 않으면 우선 자신의 인간성을 상실할 뿐만 아니라 인간이 함께 어울려 사는 공동체에 유용한 사회적 존재가 될 수 없다는 것을 말한 것이다. 이 말은 학문이 바로 사회적 존재로서의 '인간다움'을 실현시켜주는 길잡이가 된다는 뜻을 담고 있다. 인간이 인간다울 수 있는 본질적 속성은 인(仁)이라는 인간의 타고난 본성을 보존하고 함양하는 것이며, 학문은 이것을 인식하는 것뿐만 아니라 그것을 실천하는 것까지를 포괄한다. 아마 이러한 내용을 단적으로 표현한 장구가 바로 「옹야편」 28장의 자공과의 대화일 것이다. "널리 은혜를 베풀고 많은 사람을 구제하는 사람이 있다면, 인하다고 할 만합니까?"라는 자공의 질문에 대하여 공자는 "그런 사람은 인한 정도가 아니라 성인일 것이다"라고 대답한다.

자공은 사업가였다. 돈을 많이 벌어서 재물을 유용하게 쓰고자 하는 마음이 있었을 것이다. 그는 자기가 하고자 하는 일을 가볍게 물어봤을 뿐인데, 공자는 의외로 자공이 말하는 것은 단지 인한 정도가 아니라 성스러운 것이라고까지 말한다. 사회적 구원이 바로 성스러운 것이며, 성인은 바로 그것을 실행하는 자이다. 종교에서 인간의 구원을 상당히 신비스럽게 이야기하는 것과는 달리, 공자는 '박시제중(博施濟衆)'이라는 간단한 한 마디 말로 매우 실용적으로 이야기하고 있다.

그러나 널리 베풀고 많은 사람을 구제한다는 것은 말은 쉽지만 실행하기 어려운 일이다. 그래서 공자는 인을 실천하는 쉬운 방법을 제자에게 친절하게 가르쳐준다. 그것은 자기에게 가까운 일로부터 깨달아 남을 배려해나가는 일(能近取譬)이며, 예컨대 "자기가 서고자 하면 남도 서게 해주며, 자기가 이루고자 하면 남도 이루게 해준다"는 것이다. 그것이 인자(仁者)의 행실이며, 그것이 인을 실천하는 방법(爲仁之方)이라는 것이다.[67]

버트란드 러셀은 학문은 자아를 확대(enlargement of the self)하는 데에 그 목표와 보람이 있다고 했다. 외부세계에 대한 지식을 확대함으로써 그러한 지식을 통하여 자신을 돌아보고, 그리하여 자신의 세계를 우주적인 무한한 세계로까지 확대해나가는 것이, 즉 자신을 편견에 사로잡힌 좁은 공간으로부터 탈출시켜 넓은 세계에서 자유로운 정신의 소유자로 만드는 것이 바로 학문의 목표라고 말한 바 있다.[68] 정자는 자기 자신을 외부세계로 미쳐나가는 것(以己及物)이 인(仁)이라고 했고[69], 또 인은 천하의 바른 이치라고도 했다.[70] 전자는 객관적인 진리의 탐구라는 서구적인 학문개념을 가지고 자아를 확대시키는 수단으로, 후자는 인이라는 선한 인간 본성이라는 동양적 감성을 수단으로 자아를 확대시킨다는 차이는 있지만, 양자가 다같이 학문의 본질이 자아를 외부세계로 확대하여 자아를 실현하고 완성시키는 것으로 파악하고 있다는 것은 주목할 만한 관점이다.

러셀은 진리에 대한 순수한 욕구는 행위에 있어서는 정의와 공정성이 되고 감정에 있어서는 사랑이 된다고 말했다. 공자도 또한 인이 없는 앎은 무익한 것이며, 앎이 없는 인은 지혜롭지 않다고 말한 바 있다. 앎과 인, 학문과 사랑의 정신은 다른 것(사람과 사물) 속에서 자신을 보고, 자신을 통하여 다른 것을 바라본다는 상호적이고 변증법적인 관계 속에서 발전한다는 것을 말하고 있다.

여기에서 다시 『대학』의 첫머리로 돌아가보자.

"대학의 길은 명덕(明德)을 밝히는 데 있으며, 백성을 새롭게 하는 데 있으며, 지선(至善)에 머무는 데 있다."

학문의 목표는 자신의 내면에 숨어 있는 밝은 덕을 개발하고, 백성을 교화시키며, 최고의 선을 자신의 내면뿐만 아니라 외부세계로 무한히 확대시키는 것이다. 『논어』「옹야편」의 박시제중(博施濟衆) 장(章)에서 정자가 주석에서 말했듯이 요순과 같은 옛날의 성인들은 구주(九州)와 사해(四海)를 넘어서 지구의 끝까지라도 인간구제의 손길을 넓히고 싶었지만, 그렇게 하지 못하여 항상 아쉬워했던 것이다.

오늘날의 세상을 돌아보면 인간들은 모두 돈을 많이 버는 것을 최고의 목적으로 삼는 순전히 경제적인 인간(homo economikus)으로 전락했고, 세계의 정치지도자들은 오직 자국의 경제적 실리만을 좇는 춘추전국시대의 패도적 부국강병을 추구하고 있다. 미국과 중국은 미래 세계의 패권을 놓고 각축을 벌이는 국면으로 들어가고 있다. 세계의 수억에 달하는 인구가 기아와 질병에 시달리는데도 자국의 이해에만 급급할 뿐 목석처럼 연민의 정을 느끼지 못하고 있다.

학문의 심리적 동기

사람은 왜 배우고, 공부하고, 탐구하는가?

지금까지 우리는 학문의 목표 그리고 인간으로서 학문을 해야 할 당위성에 대하여, 즉 목적론적인 학문의 동기에 대하여 이야기했다. 그러나 사람은 무슨 일을 꼭 목적이나 효과가 있어야만 하는 것은 아니다. 인간이기 때문에, 인간의 속성상 어쩔 수 없이 하는 경우도 있다. 사람이 공부하고 탐구하는 이유는 단순한 호기심으로 또는 자기 존재에 대한 참을 수 없는 의심 때문에 또는 모른다는 것에 대한 부끄러움 때문에 비롯되는 수도 있다.

소크라테스는 '무지에 대한 자각'이 인간을 학문과 사색의 길로 이끈다고 생각했다. 그의 말이라고 전해지고 있는 '너 자신을 알라!'라는 명제는 자신이 모른다는 것을 아는 것이야말로 학문의 출발점이라는 것을 의미한다고 한다. 소크라테스는 정의에 대한 진정한 지식이 무엇인가를 탐구했으며, 이에 대한 앎이야말로 인간을 진정으로 선한 길로 이끌며, 행복하게 만든다고 생각했다.

불교에서도 역대 조사들이 입을 모아 강조한 말이 있다고 한다.

다만 아는가, 알지 못하는 줄을
이것이 곧 견성이다.
(但知不會 是卽見性)[71]

『논어』에도 이와 같은 단편이 있다.

공자가 자로에게 말했다. "유야! 내가 너에게 안다는 것이 무엇인지 가르쳐주겠다. 아는 것을 안다고 하고, 모르는 것을 모른다고 하는 것, 이것이 아는 것이다."[72]

공자는 어쩌면 잘 알지도 못하면서 아는 체하고 나서기를 좋아하는 용감한 제자에게 먼저 자기가 안다고 생각하는 것이 진정한 앎인가를 성찰하는 것이 참다운 앎에 이르는 길이라는 것을 친절하게 가르쳐주고 있다. 여기에서는 단지 모른다는 것을 아는 차원이 아니라 아는 것과 모르는 것을 구별하여, 무엇을 알고 무엇을 모르는가를 아는 것이 앎을 더욱 심화시키는 길이라는 것이 암시되고 있다. 뿐만 아니라 공자도 소크라테스처럼 자신을 아는 것이 없는 사람이라고 말한다. 비록 무식한 사람이 의미 없는 것 같은 질문을 하더라도 그 의문의 실마리를 풀어 최선을 다하여 가르치려고 노력하면서 자신도 알아가고 있다는 진솔한 고백을 한다.[73]

동서고금의 학자와 성인들이 '무지의 지'를 학문의 출발점으로 삼고 있는 것은 인간이 '이성적 동물'로서 정신적으로 한 차원 높은 경지로 도약할 수 있는 본질적 속성이기도 하거니와 그와 같은 인간 존재가 학문을 추구하는 심리적 동기이기도 하다.

8. 학문과 교육

학문은 교육의 목표요, 교육은 학문의 방법이다. 학문과 교육은 인간의 정신적 · 육체적 성숙을 위해서, 그 완전한 이상을 추구하면서 끝없는 전진을 계속한다. 우리는 유학이 목표로 하는 학문적 이상에 대하여 살펴보았지만, 여기에서 공자의 교육방법에 대하여 이야기하기 전에 먼저 공자가 추구하는 학문 또는 교육의 이상이 무엇인가를 다시 한 번 생각해보기로 한다.

공자의 학문과 교육의 이상은 성인(成人) 또는 전인(全人), 즉 완성된 또는 완전한 인간이었으며, 그의 학단에서는 그러한 사람을 군자라고 불렀다. 후대의 유학자들은 완전한 인간을 성인(聖人)이라고 하고, 학문의 목표를 성인이 되는 데 두었다. 그러나 오늘날의 언어사용에 비추어보면 '성인(聖人)'이란 유학에서 말하는 완성된 인간이라는 개념과는 달리 보통사람들이 바랄 수 없는 높은 경지에 있는 너무나 먼 곳에 있는 존재처럼 느껴진다.

성인(成人)에 관한 『논어』의 한 구절은 이렇게 되어 있다. 자로가 '완성된 사람(成人)'에 관하여 물었다. 공자가 말하였다. "만일 장무중(臧武仲)의 지혜와 공작(公綽)의 탐욕스럽지 않음과 변장자(卞莊子)의 용기와 염구의 재예(才藝)에다가 예악으로 문(文)을 닦으면 역시 성인(成人)이 될 수 있을 것이다." 또 말씀하시기를 "오늘날의 성인은 어찌 꼭 그러할 것이 있겠는가? 이(利)를 보고 의(義)를 생각하며, 위태로움을 보고 목숨을 바치며, 오랜 약속에 평소의 말을 잊지 않는다면 이 또한 성인이 될 수 있을 것이다."[74]

여기에서 공자는 자로의 질문에 대하여 참으로 비근하게도 평소에 자로가 잘 알고 있는 사람들을 예로 들어 설명한다. 장문중과 공작과 변장자는 모두 당시 노나라의 대부들이다. 염구는 동문수학하는 공자 문하의 동료이다.

첫 문장에서 공자가 강조하는 것은 지(知)·불욕(不欲)·용(勇)·문(文)과 예악(禮樂)이며, 다음 문장에서는 이와 의를 분별하는 지혜(見利思義), 위태로움에 목숨을 던지는 용기(見危授命), 약속을 지켜 평생의 말을 잊지 않는 믿음(久要不忘平生之言)을 부연하고 있다.

정자는 밝게 아는 것(知之明), 독실한 믿음(信之篤), 과감한 행동(行之果)은 천하의 달덕(達德)이요, 공자가 말하는 완성된 인간이라는 것도 이 세 가지를 벗어나지 않는다고 했다. 『중용』(제20장)에서는, 천하의 달덕은 지(知)·인(仁)·용(勇)이라고 못박았다. 불욕(不欲)과 신(信)은 인(仁)의 범주에 속한다.

공자는 『논어』에서 수없이 군자에 대하여 언급했지만, 군자가 무엇이라고 일반적으로 정의하지는 않았다. 군자에 관한 많은 속성을 말한 것 가운데, 어쩌면 다음의 장구가 가장 포괄적인 설명이 되지 않을까 생각한다. "공자가 말하였다. 군자는 아홉 가지 생각함(九思)이 있으니, 봄에는 밝음을 생각하며(視思明), 들음에는 귀 밝음을 생각하며(聽思聰), 얼굴빛은 온화함을 생각하며(色思溫), 몸가짐은 공손함을 생각하며(貌思恭), 말은 진실하고자 생각하며(言思忠), 일할 때는 공경함을 생각하며(事思敬), 의심스러울 때는 묻기를 생각하며(疑思問), 분할 때는 앞에 닥칠 어려움을 생각하며(忿思難), 얻을 때는 의를 생각한다(見得思義)."[75] 이 아홉 가지도

결국 지인용 세 가지에 귀결된다.[76]

군자와 성인은 학문과 교육의 목적이고, 지인용은 군자와 성인의 속성이다. 교육은 인간완성의 수단이다. 학문은 교육에 의하여 이루어질 수 있으며, 바른 학문이야말로 완전한 인간을 예고할 수 있는 것이다. 그리하여 이 지인용의 세 가지 덕을 갖추면[77] 쓸데없는 것에 미혹되지 않고, 쓸데없는 것을 근심하지 않고, 용기를 발해야 할 곳에서 두려워하지 않는다(知者不惑 仁者不憂 勇者不懼).[78]

플라톤의 학문과 교육관

어떤 사람들은 교육이란 마치 맹인의 눈에다 밖으로부터 시력을 넣어주듯이 사람들의 영혼에 지식을 넣어주는 것이라고 주장한다. 플라톤은 사람에게는 사물을 이해하는 힘과 기관이 있어서 이것을 움직여 사람을 어둠에서 빛으로 전향할 수 있도록 이끄는 것이라고 생각한다. 영혼의 덕은 신체의 덕과 마찬가지로 습관과 단련을 거친 후에야 생기게 된다. 그런데 영혼의 덕인 지혜는 인간이 무엇을 지향하는가에 따라서 유용하고 유익하게도 되고, 무용하고 해롭게 되기도 한다.

플라톤의 최고의 이상은 국가의 바람직한 통치와 부강이었기 때문에, 그가 생각하는 학문과 교육의 목표는 우수한 인재들로 하여금 이러한 과업을 수행할 수 있는 능력을 기르는 것이다. 그러므로 나라의 수립자가 우선적으로 해야 할 일은 가장 훌륭한 성향과 자질을 가진 젊은이들을 '가장 좋은 것'에 관한 어떤 관념, 즉 '선(善)의 이데아'에 이르도록 교육하는 것이다. 진정한 학문은 '이데아'라는 실재(實在)로 향한 등정이며, 이것은 인간을 어두운 밤에서 밝은 대낮으로 이끌어내는 '혼의 전환'이다.[79]

동굴의 비유: 교육이 있는 경우와 없는 경우

플라톤은 교육이라는 것을 거짓이 아니라 진실, 가상이 아니라 실재를 볼 수 있는 길이라고 생각했다. 그는 교육받지 못한 사람은 평생을 동굴에 갇혀서 벽면에 비친 그림자를 보고 사는 사람과 같다고 비유했다. 어떤 사람들이 동굴 속에 갇혀 있고, 밖으로 나와 본 일이 없다고 가정한다면 그들은 동굴 벽면에 비치는 그림자를 실재의 사물이라고 믿을 것이다.

만약 그들 중의 한 사람이 밖으로 나와 실재의 사물을 보게 된다면, 어쩌면 그는 자기가 전에 동굴 속에서 보았던 그림자를 오히려 더 진실한 것이라고 생각할지도 모른다. 그는 강력한 햇빛 때문에 한동안 사물을 바라보는 것 자체를 더 고통스러워할 것이다. 시간이 지나서 빛에 익숙해지고, 실물을 접하는 것이 습관이 된 다음에야 비로소 자기가 동굴 속에서 본 것이 거짓이고 허상이라는 것을 알게 되고, 자기와 같이 동굴 속에 묶여 있었던 사람들이 불쌍하게 생각되고, 자기에게 일어난 변화를 스스로 감사하게 여길 것이다. 눈으로 실물을 똑똑하게 바라보는 것도 익숙해짐(synetheia) 또는 습관이 필요하다. 그가 한번 실물을 보고 진실을 이해하게 되면 그는 다시는 동굴로 돌아가서 그 속에 아직도 갇혀 있는 사람들과 경쟁하여 명예나 권세를 다투려고 하지 않을 것이다.

만약 그가 동굴로 다시 돌아가서 바깥 세상에 대하여 말하면서 그들을 밖으로 끌어내려 한다면 그들은 오히려 그가 밖으로 나갔다가 눈을 망치고 정신이 돌아버렸다고 비웃을 것이다. 지식의 세계, 즉 인식할 수 있는 영역에서 최종적으로 도달하게 되는 것이 바로 '선의 이데아'다. 그것은 모든 옳고 아름다운 것의 원인이다. 그것은 보이는 세계에서는 빛의 주재자이고, 이성으로 인식할 수 있는 세계에서는 스스로 주인이 되어 진리와 지성을 제공해준다. 따라서 공사간에 현명하게 행동하려는 사람은 이 선의 이데아[80]를 보지 않으면 안 된다.[81]

우리나라 속담에도 '우물 안 개구리(井底之蛙)' 또는 '우물 속에서 별을 본다(井中視星)'는 등의 말이 있다. 이것은 식견이 좁은 사람을 가리키고, 그런 사람들의 생각은 바뀌지기 어렵다는 말이지만, 이 동굴의 비유는 자신만의 왜곡된 생각에 사로잡혀 진실을 보지 못하는 인간의 습벽과 한계에 대한 보다 철저한 이론적 모형을 제공한다.

학문과 교육의 인간으로서의 공자

공자는 무엇보다도 학문과 교육의 인간이었다. 그렇다고 오늘날의 용어로 전문가로서의 학자 또는 교육자라고 공자를 칭한다면 잘 어울릴 것 같지 않다. 학문과 교육이라는 것이 그의 삶과 하나가 되어버린 어떤 체화된 존재(embodiment)로 느껴진다. 사람이 세상에 나와서 할 만한 일이 무엇인가? 학문, 돈, 지위?

정신적 존재로서의 성숙을 위하여 사람에게는 학문이 필요하다. 육체적 존재로서의 안락한 삶을 위하여 재부가 필요하다. 사회적 존재로서 권력을 갖기 위하여 지위가 필요하다. 권력과 지위를 쟁취하기 위한 일이 정치다.

인류의 위대한 정신적 스승의 한 사람인 공자는 놀랍게도 자기도 돈을 벌 수 있는 길이 있다면 그 길을 가겠다는 것을 솔직하게 고백한다. 공자가 말했다. "만약 부(富)를 구해서 얻을 수 있다면 말채찍을 잡는 천한 자의 일이라도 내 마다하지 않겠지만, 그것이

구하여 될 수 없는 일이라면 내가 좋아하는 일을 따르겠다."[82]

공자의 참으로 인간적인 술회라고 할 것이다.[83] 어쩌면 이 점이 처음부터 초월적인 이상을 꿈꾼 다른 성자들과는 달리 어디까지나 인간으로서의 소박성과 진면목을 보여주는 공자의 매력이 아닐까 생각된다.

공자는 스스로를 학문의 인간, 교육의 인간으로 자부하고 있다. 공자가 말했다. "묵묵히 사물을 인식하고, 끊임없이 공부하면서 싫증을 내지 않고, 사람을 가르치는 데 게을리하지 않는 것, 이것 외에 나에게 무엇이 있겠는가?"[84] 이 장절은 아마도 공자 말년의 술회일 것이다. 오랜 세월 자기의 도를 실현하기 위하여 자기를 알아주는 사람을 찾아 천하를 주류한 후에, 정치적 좌절을 안고 고국에 돌아와 학문과 교육에 전념하기로 마음을 작정하였을 때의 이야기가 아닐까? 이것 이외에 '나에게 무엇이 있겠는가(何有於我哉)'라는 말의 어감이 그렇게 느껴진다.

언젠가 섭공이 자로에게 "당신의 선생님은 어떠한 사람입니까?" 하고 물었다. 자로는 대답을 하지 못했다. 공자가 나중에 이 이야기를 듣고, "유야! 너는 왜 대답을 못했느냐? 이렇게 말하면 되지 않겠느냐. 그 위인은 학문을 하는 데 게으르지 않고 사람을 가르치는 데 싫증을 내지 않으며, 무엇인가를 알기 위하여 발분할 때는 밥 먹는 것을 잊어버리고, 학문적 진리를 깨달으면 즐거워서 모든 근심을 잊어버리며, 장차 늙음이 오리라는 것조차 알지 못하는 그러한 사람이라고."[85] 배우는 데 싫증 내지 않고, 가르치는 데 권태를 느끼지 않는다(學不厭 教不倦)는 말은 공자의 인품을 단적으로 드러내주는 상징적 표현이다.

이어지는 장절에서 공자는 공부하고 가르치는 사람으로서의 자신의 모습을 진솔하게 고백하고 있다. 공자가 말했다. "덕이 닦이지 않는 것과 학문이 잘 강의되지 않는 것 그리고 의를 듣고 실천하지 못하는 것, 불선(不善)을 고치지 못하는 것, 이것이 나의 걱정거리이다."[86]

이 말은 인자불우(仁者不憂), 인이라는 타고난 순수한 감성을 가진 사람은 쓸데없는 일을 근심하지 않는다는 말과 더불어 생각해 보아야 한다. 공자는 세상의 보통사람들처럼 걱정거리가 많은 사람이 아니었다. 그러나 사람은 누구나 그가 지향하는 목적, 그가 좋아하는 일에 만족하지 못하면 그 나름의 걱정거리가 있게 마련이다. 사람은 무엇을 걱정하는가에 의하여 그 인품을 짐작할 수 있다. 공자가 걱정하는 바를 보면 그 인물의 진면목을 알 수 있다. 공부하고 강의하는 사람은 그것이 마음대로 안 될 때 고통을 느끼게 된다.

공자가 제나라에 있을 때, 순임금의 음악인 소(韶)를 듣고 3개월 동안 고기맛을 잊어버릴 정도로 매료되었고, 마침내 말하기를 음악의 아름다움이 여기에 이를 줄은 미처 몰랐다고 감탄했다는 이야기[87]는 공자의 예술적 감성과 심미안이 얼마나 섬세하고 탁월했는가를 보여준다. 이 이야기는 공자의 나이 35세 때의 일이다. 한참 원기왕성한 젊은 시절의 성숙한 정신세계를 엿볼 수 있는 장면이다. 사마천이 전하는 「공자세가」에는 다음과 같은 감동적인 이야기가 있다. 공자가 노나라 악관인 사양자(師襄子)라는 사람으로부터 거문고를 배웠는데, 열흘 동안을 배우고도 앞으로 나아가려고 하지 않았다. 사양자가 더 나아가는 것이 좋지 않겠습니까, 하고 말하였다. 공자가 말했다. "제가 이미 그 곡을 익혔습니다만, 아직 그 기술을 터득하지 못했습니다." 얼마 있다가 공자가 그 기술을 터득한 것을 보고, 사양자가 앞으로 더 나아갈 것을 권했다. 공자가 말했다. "저는 아직 작자의 뜻을 얻지 못했습니다." 얼마 있다가 공자가 작자의 뜻을 터득한 것을 보고 사양자가 다시 더 나아갈 것을 권했다. 공자가 또 말했다. "저는 아직 작자의 인품을 이해하지 못했습니다." 얼마 뒤에 공자는 조용하고 깊이 생각하고, 작자의 높고 원대한 뜻을 바라보게 되었다. 그리고 말했다. "이제야 저는 작자의 인품을 알게 되었습니다. 피부는 검고 키가 훤칠하며, 눈은 마치 바다를 바라보는 듯하고 마음은 사방의 나라를 다스리는 듯하니, 문왕이 아니라면 누가 이러한 음악을 지었겠습니까." 사양자가 자리에서 일어나 재배하고 말하였다. "저의 스승께서도 그것이 '문왕조(文王操)'라고 말씀하셨습니다."

진선미에 대한 거의 동물적인 감각을 가진 사람들이 보는 세상의 모습은 과연 어떤 것일까? 어리석은 보통사람들은 목석처럼 감성이 매말라서 비록 내일 전쟁이 터져 천지가 개벽하는 일이 생긴다고 해도 아랑곳하지 않고 눈앞의 이해관계에만 매달려 일희일비(一喜一悲)할 뿐이다.

9. 공자의 교육관: 교육의 사회 · 경제적, 정치적 배경

누구를 가르쳐야 하는가? 교육은 누구에게 시행되어야 하는가? 이 문제는 인류 문명이 시작된 이래로 중대한 문제였으며, 오늘날에도 여전히 어려운 과제이다. 인간이 추구하는 두 가지 욕망, 즉 부와 귀, 재산과 지위를 차지하기 위해서는 그것을 쟁취하기 위한 수단으로서 교육이 필요하다. 그래서 교육은 옛날부터 이미 그 사회의 자원을 독점하고 있는 지배계층만이 교육을 받을 수 있는 그런 제도로 고착되는 경향을 갖는다. 오늘날 민주국가의 교육이념은 모든 국민에게 평등한 교육기회를 주는 것을 목표로 하지만, 그럼에도 불구하고 교육비용이 서민들이 감당하기에는 불가능할 경우에는 실질적으로 가난한 사람들은 교육을 받을 수 없다. 지금 우리 사회에서 심각하게 논란되고 있는 사교육과 공교육의 문제, 평준화와 경쟁력의 문제 등은 그 밑바탕에 교육의 사회 · 경제적, 정치적 배경에 관한 해묵은 역사적 갈등이 내재되어 있는 것이다.

이미 공자가 살았던 당시의 사회에서도 경 · 대부 · 사(卿大夫士)와 같은 사회적 계급은 확립되어 있었다. 아마도 그 시대에는 일반 백성이 관학에 접근한다는 것은 어려운 일이었을 것이다. 또 그렇게 함으로써 사회적 신분제도는 고착화된다. 그런 시대에 공자의 다음과 같은 발언은 특별한 의미를 갖는다.

"한 다발의 육포라도 가지고 와서 예를 갖추면 나는 누구든지 가르쳐주지 않은 적이 없었다."[88]

이에 대하여 주자는 다음과 같은 주를 달고 있다.

"대저 인간은 태어나면서부터 모두 보편적인 이(理)를 갖추고 있으니, 성인께서는 사람을 대할 때 차별 없이 선(善)으로 들어가기를 바라지 않으신 적이 없었다. 다만 찾아와서 배울 줄을 모른다면, 찾아가서 가르쳐주는 예는 없다(無往教之禮). 그러므로 예를 갖추어 찾아온다면 가르쳐주지 않는다는 일은 없었던 것이다."

이 문장은 공자가 인간을 얼마나 평등하게 바라보고 있는가를 보여준다. 어쩌면 신분적 차별이 당연하게 생각되었을 그 시대에 그러한 인간관을 가졌음을 생각하면 놀라움을 느끼지 않을 수 없다. 누구든지 교육을 통하여 자기계발과 자기실현을 기할 수 있도록 돕고자 하는 순수한 애인(愛人) 정신을 볼 수 있다.

그런데 옛날부터 사람들은 인간의 차별성을 찾고자 하는 경향이 있었다. 송대의 성리학자들은 사람이 받은 기품(氣稟)에는 차이가 있다고 생각했다. "인품의 유를 논한다면 하늘이 사람에게 부여해줄 때에는 모두 한 가지이지만, 사람이 그것을 받은 데 따라서 또한 각기 청탁후박(淸濁厚薄)의 차가 생기게 된다"는 것이다.[89] 그래서 성인과 현인, 보통사람과 어리석은 사람이 구별된다.

플라톤은 사람들은 서로 다르며, 성향이 서로 다르게 태어났기 때문에 저마다 다른 일에 종사해야 하며, 국가가 부강하게 되기 위해서는 시민 각자가 한 가지씩 자기가 잘 하는 일에 종사해야 한다는 일종의 분업과 기능분화의 이론을 주장했다. 신이 사람을 만들 때, 다스릴 수 있는 이들에게는 황금을 섞었고, 보조자들에게는 은을 섞었으며, 농부들이나 장인들에게는 쇠나 구리를 섞었다. 그리고 교육은 각기 사람의 타고난 성향에 따라 그 기능에 맞는 일을 가르쳐야 한다는 것이다. 통치자는 통치자가 될 수 있는 교육을, 제화공은 제화공이 될 수 있는 교육을. 그래서 사람은 각자가 타고난 적성에 맞는 한 가지 일에 일생 동안 종사해야 한다는 것이다.

플라톤의 사상적 목표는 부강한 도시국가를 만드는 것이었다. 그것을 실현하는 길은 도시국가의 시민들이 저마다 타고난 성향에 따라 한 가지 일(기능: ergon)에 배치되어 일생 동안 종사함으로써 한 사람은 전체를 위한 '한 사람'이 되어야 하고, 나라 전체는 강한 나라라고 하는 하나의 목적을 가진 '한 나라'가 되어야 한다는 것이다. 이것은 전체주의 국가의 전형을 보여주는 이론이다.[90]

다만 플라톤에 있어서도 교육은 신분과 계급에 따라서 부여되는 것이 아니라 타고난 성향에 따라 이루어져야 하기 때문에 설사 신분이 다르더라도 성향에 차이가 있다면 그 신분을 옮겨 교육시킴으로써 오늘날의 용어로 표현한다면 신분 또는 계층 이동의 길을 터놓고 있다.

"대개 사람들은 자신을 닮은 자손을 낳지만, 때로는 황금의 자손에서 은의 자손이, 은의 자손에서 황금의 자손이 그리고 그 밖의 자손에게서 다른 성향의 자손들이 태어날 수 있다. 만약 황금의 자손에게서 청동이나 쇠 성분이 혼합된 자손이 태어나면, 어떤 식으로도 결코 동정하지 말고 그 성향에 적합한 지위를 주어서 장인들이나 농부들 사이로 밀어 넣어야 하며, 반대로 이들 중에서 누군가가 황금이나 은의 성분을 가지고 태어난다면 그런 사람을 예우하여 수호자의 지위나 보조자의 지위로 상승시켜야 한다."[91] 플라톤은 여기에서 국가의 부강을 위해서 인간의 개성뿐만 아니라 가정과 재산까지도 해체시켜버리는 극단적인 주장까지 하게 되었던 것이다.

신분이나 계급은 말할 나위 없고, 기질이나 성향을 가지고 인간을 차별한다는 것은 인간 중심적 사고방식은 아니다. 플라톤은 그리스적 도시국가의 부강을 목표로 했고, 유학은 사해를 아우르는 천하국가의 통치를 목표로 삼았다. 그 목표와 상황이 어떠하든 공자와 소크라테스는 인간이 본질적으로 다르다는 생각을 하지 않았다. 천하의 중심에 인간이 있다. 이 인간을 중심으로 가정과 사회, 국가와 천하가 연결되어 있다. 개인이 국가를 위해서 봉사하는 것이 아니라 개인의 완성이 완성된 국가를 만들 수 있다. 그러므로 국가는 개인을 완성할 수 있는 교육제도를 만들지 않으면 안 된다. 그리고 모든 인간에게 열려 있어야 할 평등한 교육기회가 기득계층의 자본이나 권력에 의하여 가로막혀서는 안 된다.

공자는 말했다. "사람을 가르치는 데, 차별하지 않는다(有教無類)."[92]

공자는 사람이 교육을 받아 인격적으로 완성된다면 이제 그는 기질이나 성향 또는 계급이나 신분으로 차별되지 않으며 모두 평등하다고 생각했다.

학문, 교육 그리고 정치

보통사람들에게 있어서 학문 그리고 그것을 획득하기 위한 목표는 돈과 권력, 사회적 신분상승을 성취하기 위한 본능적이고 경제적인 것이지만, 공자에게 있어서 그런 것은 부차적인 것이었다. 공자는 도(道)가 행해지는 바른 사회를 만들기 위해서 학문을 하고, 교육을 하고 정치를 하려고 했지만, 그가 목표로 하는 학문과 교육은 무엇보다도 인간을 '도덕적인 인간'으로 만드는 것이었다. 그의 도덕성의 기준은 인간의 본성 속에 감추어진, 천명으로 부여받은 인이라는 본성을 함양하고 확충하는 것이다. 소크라테스도 사람들이 도덕적 인간이 되기 위하여 지혜를 터득하고 덕을 쌓음으로써 행복하고 바른 삶을 살 수 있도록 촉구하는 것을 자신의 인생의 사명으로 삼았다.

논어에 "벼슬을 하면서 여유가 있으면 학문을 하고 학문을 하면서 여유가 있으면 벼슬을 한다."[93]라는 말이 있다. 그러나 이 말은 공자의 말이 아니라 자하의 말이다. 공자는 그렇게 생각하지 않았다. 학문을 넉넉하게 한 다음에 벼슬에 나아간다는 것이 유학자들의 일관된 생각이었다. 공자는 "3년 동안 공부를 하고서도 벼슬에 뜻을 두지 않는 사람을 쉽게 볼 수 없다"고 아쉬워했다.[94]

사람이 학문을 하고 그것을 위하여 교육을 받고, 나아가서 세상을 바로잡기 위하여 정치를 하는 것은 옛날 유학자들의 꿈이었다. 그러나 삶의 현실은 공부하는 일과 먹고 사는 일을 어떻게 양립시키는가 하는 것도 중요한 문제이다. 많은 사람들은 그런 것을 고민하지 말라고 한다.[95] 공자도 말했다. "군자는 도를 구하지 밥을 구하지 않는다. 농사를 지어도 굶주림은 그 가운데 있을 수 있지만, 학문을 함에는 녹이 그 가운데 분명히 있다. 군자는 도를 걱정하지 가난을 걱정하지 않는다."[96] 그리하여 그는 여러 번 강조했다. "남들이 나를 알아주지 않는 것을 걱정하지 말고 나의 능력이 부족함을 걱정하라."[97] 고대인들은 먹고사는 일보다는 도를 추구하는 일에 더 관심을 가지고 있었던 것 같은데, 그러나 현대인들은 경제가 가장 큰 문제가 되어 있다.

공부에 있어서의 자질과 노력

사람의 자질과 노력 그리고 학문적 성취와는 어떤 관계가 있는가?

공부는 재능이 있는 사람이 잘 하는가? 아니면 노력하는 사람이 잘 하는가? 이것은 어리석은 질문 같기도 하고, 잘못된 질문 같기도 하다. 이 질문은 학문의 목표, 즉 무엇을 공부하려 하는가에 대한 물음이 대답되지 않고는 풀릴 수 없는 문제이다.

『중용』 제20장에 이런 말이 있다.

"어떤 사람은 태어나면서부터 알고, 어떤 사람은 배워서 알고, 어떤 사람은 어렵게 애써서 알아나가지만, 그 아는 데 이르러서는 한 가지이다. 어떤 사람은 편안히 행하고, 어떤 사람은 이롭게 여겨 행하고, 어떤 사람은 억지로 힘써 행하지만 그 성공에 이르러서는 한 가지이다."

공자도 이렇게 말했다.

"태어나면서부터 아는 자가 상등이요, 배워서 아는 자가 다음이요, 어렵게 고생하여 배우는 자가 그다음이니, 어렵다고 생각하여 배우지 않으면 사람으로서는 하등이다."98

사람의 자질로 본다면 나면서부터 아는 생지(生知), 배워서 아는 학지(學知), 어렵게 노력하여 알게 되는 곤지(困知)로 3등분할 수 있고, 머리도 좋지 않은데 배울 생각도 없는 사람은 공부에 대하여는 말할 거리가 되지 않는다는 것이다. 공자의 제자와 후대의 유학자들은 공자를 나면서부터 아는 자(生而知之者)로 생각했다. 그러나 공자 자신은 그렇게 생각하지 않았다. 공자는 이렇게 말했다. "나는 나면서부터 아는 자가 아니다. 옛것을 좋아하여 부지런히 도를 찾아 나아가는 사람이다."99

'나면서부터 안다'라고 하는 것은 무슨 의미인가?

사람이 무슨 일을 하든 알아야 할 지식의 양은 엄청나다. 오늘날과 같은 지식 정보사회가 아니라 할지라도, 공자 당시의 세계에도 필요한 지식의 양은 무한하였을 것이다. 이에 대하여는 윤언명이 적절한 주를 달았다.

"대저 사람이 나면서부터 안다고 하는 것은 추상적인 의리(義理)일 뿐이다. 예악이나 사물의 개념과 고금의 역사적 사건이나 변천 같은 것은 또한 반드시 배움을 기다려 그 내용을 실증해봄으로써 알 수 있는 것이다."[100]

당시의 교육 내용을 이루고 있었던 육례(六禮)에 해당하는 것들, 그리고 학문의 전제를 이루고 있는 문(文), 즉 글을 터득한다는 것만 해도 결코 배우고 학습하지 않고는 알 수 없는 것들이다. 그러나 학습과 경험을 통해서 알 수 없는 것도 있다. 직관과 감성으로 알 수 있는 것이 그것이다. 선악에 대한 감성, 의리나 정의감에 대한 이해, 이런 것은 경험과 지식의 양에 의하여 촉발되는 것이 아니다. 공부 많이 하고 지식이 많은 사람이 반드시 바르고 선한 사람이 아니라는 것은 이에 대한 하나의 반증이기도 하다. 이것은 어떤 점에서 사람의 바탕 · 자질과 관계되는 것이며, 만약 학문의 목표가 선(善)을 추구하는 것이라면 나면서부터 아는 자라고 해서 잘못은 아니다.

공자는 네 가지를 가르쳤다고 하는데, 문(文) · 행(行) · 충(忠) · 신(信)이 그것이었다.[101] 여기에서 문행은 학문과 수행이며, 이는 저절로 알게 되는 것은 아니다. 그러나 충성과 믿음은 어쩌면 학문보다는 인간의 자질 · 심성과 관계되는 면이 크지 않을까 한다. 큰 학문(大學)의 최고 목표는 '최고선'에 머문다는 것이다(止於至善). 단지 앎에 그치는 것이 아니라, 그 앎을 자기 인격에 내면화시켜 일상생활에 실천하는 것이 유학의 목표이기 때문에, 경험적 지식을 넘어 타고난 본성을 잃지 않고 그 순수한 감성을 보존하는 것을 생이지지(生而知之)로서, 배우지 않고도 학문의 최고경지에 도달했다고 찬양했으리라 여겨진다.

공자의 교육방법: 자발성과 깨어 있음

공자는 제자들을 어떻게 가르쳤는가? 공자의 교육방법에 대하여 구체적으로 언급한 단 하나의 장절이 『논어』에 있다.

"나는 분발하지 아니하는 사람에게는 해답의 문을 열어주지 않으며, 의심이 축적되어 고민하는 사람이 아니면 설명해주지 않는다. 사물에 네 귀퉁이가 있을 때, 그 한 귀퉁이를 들어 말해줄 때 나머지 세 귀퉁이로써 대답하지 않으면 다시 반복해서 설명해주지 않는다."[102]

공자는 결코 문제와 해답을 정확하게 짚어주는 족집게 과외교사가 아니었다. 그것이 학문이건 실천이건 공자가 지향하는 교육은 배우는 자의 자발적인 의지를 필요로 한다. 그것은 시험문제를 맞추는 것이 아니라 격물치지로부터 지어지선에 이르기까지 진리와 인간완성의 구도의 길이다. 여기에서는 학문을 성취하고자 하는 학인의 자발성이 중요하다. 정자는 해설했다.

"분노(憤悱)라는 것은 인간의 성의가 안색과 말에 드러나는 것이다. 그 성의가 지극함에 이르는 것을 기다려 말해주는 것이며, 일단 말해주었으면 또한 반드시 스스로 깨닫는 것을 기다려서 다시 말해줄 뿐이다."

훌륭한 선생은 학생에게 정답을 가르쳐주는 사람이 아니라 정답을 스스로 찾을 수 있도록 길을 잘 안내해주는 사람이다. 좋은 학생은 왜 공부를 해야 하는가를 자각하고, 공부하기 위하여 분발하고, 공부를 못하는 자신에 대하여 화를 낼 줄 아는 사람이다. 이 세상에서 공부가 제일이냐? 하고 다른 길로 가겠다는 사람을 말릴 수는 없지만, 아무것도 하지 않고 빈둥빈둥 시간만 보내는 사람은 곤란하다.

분발하고 성낸다는 것은 중요하다. 성낼 줄 안다는 것은 살아 있다는 것이다. 공부에 있어서 중요한 것은 머리가 아니라 감성이다. 알고자 하는 욕망, 진리에 대한 사랑이 있어야 한다.

『선가구감』에는 이러한 말이 있다.

"참선에는 반드시 세 가지 요긴한 것(三要)이 있어야 한다. 첫째는 큰 신심(大信根), 둘째는 큰 분심(大憤志), 셋째는 큰 의심(大疑情)이다. 만약 그중에서 하나라도 빠지면 다리 부러진 솥과 같아서 소용없이 되고 말 것이다."[103]

학문과 공부에는 먼저 뜻을 세우고(立志), 성실하게 밀고 나가야 하는데(誠意), 그 성의 가운데에는 분발하는 마음과 의문을 품고 참다운 진리를 찾아 정진해야 한다는 것을 동서고금의 선인들은 한결같이 말해주고 있다.

공자는 공부를 하는 데 게으르거나 정신을 집중하지 못하는 제자에 대하여는 가혹할 정도로 꾸짖기도 했다. 낮잠을 자고 있는 재여(宰予)라는 제자에게 공자는 말했다. "썩은 나무는 조각할 수 없고, 더러운 담장은 흙손질할 수가 없다. 내가 재여 같은 인간에게 무슨 말을 하겠는가?" 공자가 제자들을 향하여 하는 말 중에서 유례를 찾아볼 수 없는 심한 말이다. 엄한 스승의 준엄한 꾸짖음이다. 그러나 재여는 그렇게 형편없는 사람이 아니었다. 재여는 공자의 뛰어난 제자 10명인 사과십철 중 자공과 함께 언어로 꼽힌 인물이다. 그리고 공자가 열국을 주류할 때 초 소왕이 공자를 초빙하고자 하자 재상 자서가 소왕을 만류하면서, 공자에게는 자공 · 안회 · 자로 · 재여와 같은 유능한 인재들이 있다고 하면서 소왕의 계획을 꺾도록 만드는 데 거명된 인물이기도 하다.[104] 하지만 공자는 재여에 대하여 믿지 못하는 마음을 가지고 있었다. "처음에 나는 다른 사람에 대하여 그의 말을 듣고 그의 행실을 믿었는데, 지금은 다른 사람에 대하여 그의 말을 듣고 그의 행실을 보게 되었다. 재여로 인해서 나는 이와 같이 사람 보는 태도를 고치게 되었다."[105] 『논어』에는 이 밖에도 재여에 관한 대화편이 더 있는데[106], 이 장들은 재여와 경쟁관계에 있는 학파에서 악의적으로 끼워 넣은 말이 아닐까 의심하는 주석가들도 있지만, 문장을 글자 그대로 선의로 받아들인다면 공부에 있어서 각성(覺醒)과 깨어 있음 또한 중요하다는 뜻일 것이다. 그리고 나태함과 게으름은 만악의 근원이 되기 때문에 그처럼 엄한 꾸짖음을 내린 것이 아닐까?

소크라테스의 교육관과 교육방법

소크라테스도 인간의 자질의 차이를 인정했지만, 그에게서 생이지지(生而知之)와 같은 개념을 찾아보기는 어렵다. 그는 그러한 류의 이야기를 하지 않았다. 다만 그는 인간의 능력과 기질에 차이가 있다고 하더라도 학문과 교육의 필요성은 절대적이라고 생각했다. 그리고 그것을 통해서 인간은 정의롭고 행복한 인간이 될 수 있다고 말했다. 그는 자질보다도 교육을 통하여 새로운 인간이 될 수 있다는 것을 강조했다. 마찬가지로 설사 자질이 좋은 인간도 교육받지 않으면 무도한 인간이 될 수 있다.

그는 변설이나 행동과 같은 능력보다는 사려 깊은 마음이 중요하다고 생각했다. 능력 있는 사람이 사려 깊지 않으면 오히려 세상에 해를 끼칠 수 있기 때문이다.[107] 그는 제자들을 신앙심 깊은 도덕적 인간으로 만들고자 했다.

그런데 교육의 방법에 있어서는 공자와 확연히 다른 모습을 볼 수 있다. 공자는 학문을 하는 데 제자의 자발성을 중시하고 그것을 기다리는 듯한 태도를 가지고 있었는데, 소크라테스는 공부하고자 하는 의지도 없는 사람을 붙들고 질문을 퍼부음으로써 다른 사람들의 호기심과 자발성을 촉구하는 듯한 모습을 보여준다. 그는 대화와 토론, 설득을 중요한 교육방법으로 삼았다. 그러므로 그에게 있어서는 설득의 수단인 변론과 토론의 기술이 중요할 수밖에 없다. 공자와 소크라테스의 사상에 있어서 가장 큰 차이는 아마도 말에 대한 생각의 차이일 것이다. 공자는 말 잘 하는 사람을 경멸했는데, 소크라테스는 말을 통하여 다른 사람을 설득했다. 따라서 소크라테스는 다른 사람을 설득하는 토론의 방법으로 말에 대한 정의(定義)를 내리고 '다른 사람들이 승인하는 사실을 토대로 의론을 시작한다'는 등의 방법을 사용하여 상대방의 승복을 이끌어냈다. 호메로스는 오디세우스를 '완전한 논자'라고 인정했는데, 그 이유는 그가 '다른 사람들이 승인하고 있는 사실을 토대로 논의를 진행시키는 능력'을 가지고 있었기 때문이다.[108]

교육의 3요소(3과목 또는 3단계)

공자시대에 이미 육례(六禮)라고 하는 광범한 교육내용이 있었다는 것은 앞에서 말한 바 있다. 그런데 그러한 교육내용 가운데에서 공자는 시와 예와 음악에 대하여 그 중요성을 특히 강조하고 있다. 물론 이 세 가지는 모두 '예악사어서수'라는 육례에 포함되어 있는 것들이다. 공자가 "시에서 시작하며, 예에서 입신하고, 음악에서 완성한다"[109]라고 한 말은 공자가 자기 자신에 대하여 말한 것인지

(나는 그렇게 했다는 뜻으로), 아니면 일반적으로 인간이 학문과 교육을 통하여 인격을 완성할 수 있는 길을 제시한 것인지는 분명하지 않지만, 『논어』에 나오는 공자 어록의 전체적인 내용은 자신의 이야기를 통하여 제자와 후학들을 인도하는 것으로 되어 있기 때문에 이것을 일반적인 교육의 주요한 세 분야 또는 세 단계로 생각해도 괜찮을 것이다. 시와 예와 음악은 피교육자가 반드시 습득해야 할 세 개의 기본적인 교육과목이라는 것이고, 또한 이는 사람이 일생을 통하여 공부할 내용의 세 단계일 수도 있다. 즉 어린 시절에는 시를 통하여 학문을 시작하고, 젊었을 때는 예를 익혀 사회생활을 시작하며, 노년에 이르러서는 최종적으로 음악을 통하여 조화로운 인격을 완성한다는 의미일 수도 있다. 공자는 아들 백어(伯魚)에게 시를 배우지 않으면 말을 할 수 없고, 예를 배우지 않으면 세상에 입신할 수 없다(不學詩 無以言 不學禮 無以立)고 하면서 특히 시와 예 배우기를 당부했다.[110]

시를 통하여 교육을 시작한다는 것은 고대세계에 있어서는 동서가 일치하고 있다. 그리스 사람들은 교육을 인간의 몸과 마음을 단련시키고 완성시키기 위한 수단으로 생각했는데, 체육은 몸을 위한 교육이며, 시가(詩歌: mousikē)는 혼을 위한 교육이라고 생각했다.

시가는 시와 음악이 결합된 것이었다. "리듬과 선법(화음: harmonia)은 혼의 내면으로 가장 깊숙이 젖어들며, 우아함을 대동함으로써 혼을 가장 강력하게 사로잡고, 또한 어떤 사람이 옳게 교육을 받는다면 우아한(고상한) 사람으로 만들 것이나, 그렇지 못할 경우에는 그 반대로 될 것이기 때문에"[111] 시가를 통한 교육은 젊은이의 인격을 형성하는 데 가장 중요한 것이다.

시가를 통한 교육은 어디까지나 습관과 반복을 통해서 인격을 형성하는 것이다. 그렇게 해서 형성된 관념은 자기 나름의 의견과 판단이 된다. 그런데 이 의견과 판단이 객관적인 인식이나 지식이 되기 위해서는 어떤 논리적 근거가 필요하게 된다. 그리하여 플라톤은 객관적인 인식을 획득하기 위한 철학교육이 최종적으로 필요하다고 생각했다.

공자는 시와 음악을 사랑한 문인이요 예술가였다. 여러 나라를 돌아다니면서 시와 음악을 채집하여 시경으로 집대성하였고, 제나라에서는 순임금의 음악인 소(韶)를 듣고 고기맛을 잊을 정도로 심취했다. 공자는 여러 사람과 더불어 노래를 부를 때가 많았다. 그럴 때 어떤 사람이 노래를 잘 부르면 반드시 다시 부르게 한 다음, 뒤에 따라 불렀다고 한다.[112] 공자가 음악에 대하여 어떠한 태도를 가졌는가를 알 수 있다.

시와 음악에 관한 정자의 주석의 일단은 이렇다.

"옛 사람들은 고시(古詩)를 지금 사람들의 가곡처럼 외워 마을의 어린이들까지도 모두 익히 들어서 그 가사를 알 수 있었다. 이 때문에 능히 선한 마음을 일으킬 수 있었다. 그러나 지금은 노사(老師)와 숙유(宿儒)들도 오히려 고시의 뜻을 깨닫지 못하니, 하물며 배우는 자들이야 말할 나위가 있겠는가? 옛 사람의 음악은 소리는 귀를 기르고, 채색은 눈을 기르며, 노래와 읊조림은 성정(性情)을 함양하고, 춤을 추는 것은 혈맥을 기르는 것이었는데, 이제는 모두 없어졌으니 이는 음악에 완성하지 못하는 것이다. 그러므로 옛날에 인재를 기르기는 쉬웠는데, 지금 인재를 양성하기는 어렵게 되었다."[113]

오늘날의 한국 사람들도 음악과 스포츠를 좋아한다. 그런데 일반 사람들의 정서는 그렇지만, 학교 교육에서 양자가 차지하는 비중은 형편없다. 정규 교육으로서의 시가와 체육은 유명무실하기 짝이 없다. 그런 의미에서 거의 천년 전의 송대 유학자인 정자가 지적한 것처럼 제대로 된 인간을 길러내기가 어렵다는 말이 지금 여기에도 (hic et nunc) 타당하지 않겠는가.

10. 군자와 소인

나는 공자의 말을 통하여 인간에게 있어서 학문과 교육이라는 것이 어떤 의미를 가지고 있는가를 설명해보려고 했다. 사람은 인(仁)이라는 인간의 타고난 본성을 보존하고 함양하기 위하여 학문과 교육이 필요하다. 그리하여 그러한 공부를 통하여 도달할 수 있는 목표, 즉 학문과 교육을 통하여 달성할 수 있는 어떤 표준적인 인간상을 설정할 수 있는데, 그러한 사람을 유학에서는 군자(君子)라고 부른다.

『논어』에는 사람을 가리키는 몇 가지 개념이 있다. 보통사람을 가리키는 인(人), 백성이라는 뜻의 민(民), 이런 사람들을 복수로 지칭하는 중인(衆人) 또는 서인(庶人), 그리고 보다 설명을 덧붙여야 할 사(士), 군자(君子), 소인(小人), 용인(庸人), 성인(成人), 현인(賢人), 대인(大人), 성인(聖人) 등의 다양한 개념이 등장한다. 맹자는 여기에다 대장부(大丈夫)[114], 신인(神人)[115]과 같은 개념을 추가한다.

군자 · 소인 · 성인(成人) · 대인(大人) · 성인(聖人) 등은 모두 공부를 하는 선비(士)로서, 군자는 어느 정도의 표준적인 학문의 목표에 도달한 완성된 인간(成人)이며, 소인은 공부를 하기는 하였으되 그 마음의 지향점이 잘못된 실패한 인간이고, 대인(大人)과 성인(聖人)은 표준적인 성인(成人)의 목표를 뛰어넘는 높은 경지의 존경할 만한 사람이다. 그리하여 학문에 의하여 완성될 수 있는 이상적이고 표준적인 인간상은 군자이다. 이에 대하여 공부를 잘 못하여 다른 길을 가는 자는 소인이다. 물론 통치자를 군자, 백성들을 소인이라고 부르는 경우도 있다. 공자는 사람을 군자와 소인으로, 크게 두 가지로 분류해보았다. 이 두 부류의 인간은 자신의 인격형성과 삶의 가치지향 그리고 세상을 살아가는 모습이 판이하게 다르게 나타난다.

군자란 무엇인가?

『논어』에 군자가 무엇이라고 일반적으로 정의한 대목은 없다. 공자는 논어의 여기저기에서 군자의 모습을 그때그때 그려 보여주고 있을 뿐이다. 나는 『논어』의 전편에 흩어져 있는 군자에 관한 글을 비슷한 것끼리 추리고 몇 개의 범주로 묶어 정리함으로써 군자는 과연 어떤 사람을 가리키는가를 이해해보고자 한다.

1) 군자는 자기완성을 목표로 하는 사람이다.

공자에게 있어서 학문의 첫째 목표는 타고난 본성을 유지하는 것, 인간다움을 유지하는 것이다. 물론 부귀, 즉 돈과 사회적 지위·명성도 사람이 원하는 바이지만, 그것은 부차적인 것이요 자기 스스로 학문을 통하여 이루어낼 수 있는 영역이 아니다. 자기가 학문을 통하여 스스로 성취할 수 있는 것은 오직 자기 자신의 인격과 자기충족인 것이다. 남이 자기를 어떻게 생각하느냐에 대하여 크게 신경쓰지 않는다. 『논어』 첫머리에 "사람들이 알아주지 않더라도 서운해하지 않는다면 군자가 아니겠는가!"[116]라는 말을 필두로 공자는 학문의 목표를 자기완성에 둘 것을 강조한다.

"남이 자신을 알아주지 못함을 걱정하지 말고, 내가 남을 알지 못함을 걱정해야 한다."[117]

"군자는 자기의 무능함을 병으로 여기고, 남이 자기를 알아주지 않는 것을 병으로 여기지 않는다."[118] 그래서 유학은 학문을 자기 자신을 위해서 하는 것(爲己之學)이라고 한다. 남에게 보여주고 남이 알아주기를 바라서 하는 것(爲人之學)이 아니다. 왜냐하면 자기를 위해서 하는 공부는 자기가 할 수 있는 일이지만, 남이 알아주고 안 알아주는 것은 자기가 할 수 없는 일이기 때문이다.

군자는 자기에게 있는 것을 구하는 자(求在我者)이다.

"군자는 자신에게서 찾고, 소인은 남에게서 찾는다."[119]

군자와 소인을 구별하는 첫 번째 요인은 모든 문제의 원인을 자기 자신에게서 찾느냐 남에게서 찾느냐, 즉 내 탓이냐 네 탓이냐, 스스로 책임지려고 하느냐 남에게 책임을 떠넘기려고 하느냐 하는 데 있다.

공자는 말했다.

"지위가 없음을 걱정하지 말고, 무엇을 가지고 사회적으로 입신할 것인가를 걱정하며, 사람들이 자기를 알아주지 않음을 걱정하지 말고, 세상에 알려질 수 있는 실력을 갖추어라."[120]

사람은 끝없이 자기완성을 위하여 노력하지만, 비록 자기가 원한다고 되는 일은 아닐지라도, 세상이 알아준다면 행복한 일일 것이다. 공자도 자기의 도를 완성한 다음에는 그것을 세상에 실현하기 위하여 천하를 주류하며 그 길을 찾아보았다. 그러나 끝내 그 꿈을 실현하지는 못했다.

"군자는 종신토록 그 이름이 알려지지 않는 것을 부끄러워한다."[121]

공자는 어떤 심정으로 이런 말을 했을까? 비록 지위를 얻어 포부를 실현할 수는 없다 할지라도 적어도 군자로서의 이름만이라도 알려질 수는 있어야 한다는 말일까? 어쩌면 인간으로서 명성을 얻고자 하는 욕망을 진솔하고 간절하게 표현한 것인지도 모른다. 그러나 학문의 성취는 오직 자기완성, 자기만족에만 있는 것이 아니고, 세상을 변화시키고 바람직한 세상을 만든다는 데도 있기 때문에 그러한 군자로서의 사명에 아무런 보람도 느끼지 못했다는 데 대한 회한의 말일 것이다.

2) 군자는 간난(艱難)을 두려워하지 않는다.

군자는 세상을 살아가는 데 있을 수 있는 어려움을 두려워하지 않는다. 사람이 한 평생을 살아가면서 겪을 수 있는 어려움이란 무엇일까? 무어니 무어니 해도 의식주의 문제, 일이 뜻대로 되어가지 않는 것, 즉 가난 · 실패 · 좌절 등일 것이다.

그런데 유학은 근본적으로 인간의 내면세계에 관심을 갖는 학문이기 때문에, 잘살고 못사는 일과 출세하고 실패하는 일에 대하여 본질적인 가치를 두지 않는다. 학자에게 중요한 일은 자신의 성실성의 문제이다. 그렇다고 부귀와 출세를 도외시하면서 세상을 등지거나 어떤 초월적인 가치를 지향하는 것은 아니다. 유학은 먼저 자기완성의 학문을 이룬 후에는 그러한 바른 인간들이 잘살 수 있도록 세상을 바로잡는 일, 즉 강한 정치적 지향성을 갖는다. 군자는 내적으로는 인간완성이요, 외적으로는 정치를 통하여 세상을 바르게 만드는 것을 삶의 목표로 삼는다. 내성외왕(內聖外王)은 유가의 궁극적 이상이다. 그러나 정치는 자기 마음대로 되지 않는다. 당시의 정치적 상황은 천명을 받은 군주의 인정을 받아야만 정치에 참여할 수 있었다. 그러나 이것 또한 자기가 아니라 군주의 소관사항이기 때문에 그에게 등용되지 못하여 정치를 할 수 없는 처지에 있게 되더라도 그것이 그의 인생의 본질적인 문제 또는 큰일이 되어서는 안 된다.

"부와 귀는 사람들이 모두 바라는 바이지만, 정도로써 얻은 것이 아니라면 누리지 않아야 한다. 그러나 가난과 천함은 사람들이 모두 싫어하는 바이지만 세상이 잘못되어 그런 처지에 떨어지더라도 그것을 떠나서는 안 된다."[122]

공자는 이것이 인을 실천하는 길이라고 생각했다. 논어에는 유난히 가난을 두려워하는 것이 아니라 오히려 가난 속에서 편안한 마음으로 살아가는(安貧樂道) 군자의 모습을 그린 대목이 많다.

공자는 먹고사는 일에 지나치게 관심을 쓰는 사람을 상대하지 않았다.

"선비가 도에 뜻을 두면서 나쁜 옷과 나쁜 음식을 부끄러워한다면, 그런 자와 더불어 이야기할 수 없다."[123]

가난이나 출세에 대한 좌절감을 어떻게 생각하는가에 따라서 군자와 소인이 구별되기도 한다.

"군자는 덕을 생각하고 소인은 사는 곳의 안락함을 생각하며, 군자는 법을 생각하고 소인은 은혜를 생각한다."[124]

덕은 자신의 내면을 수양하여 그 본성의 고유한 선을 지키는 것이다. 군자는 그러한 덕을 함양하여 인간다움을 유지하려고 한다. 그러나 소인이 마음속에 생각하는 것은 대부분 어떻게 하면 보다 많은 이익, 보다 많은 안락함을 얻어 편히 살까 하는 것이다.

유학이 본질적으로 관심을 갖는 것은 자기 자신의 내면세계에 관한 것이다. 물론 사회와 국가에 대한 외부세계에 관심이 없다는 것은 아니지만, 그것은 사느냐 죽느냐 하는 자기 인생의 실존적인 문제는 아니다. 왜냐하면 자신의 인간성을 유지하느냐 상실하느냐 하는 것은 자신이 결정할 수 있는 문제지만, 돈을 벌거나 출세하는 일 같은 것은 상당 부분이 운과 다른 사람의 의지에 달려 있기 때문이다. 군자는 자신의 문제를 다른 사람의 손에 맡겨놓는 일은 하지 않는다.

공자는 사랑하는 제자 안회가 평범한 사람으로서는 견디기 힘든 가난 속에서도 그가 추구하는 세계에서 편안하고 즐겁게 살아가는 모습을 보고 칭찬을 아끼지 않았다.

"어질다. 안회여! 한 그릇의 밥과 한 바가지의 물로 누추한 곳에서 지내면서, 다른 사람들은 그 근심을 견뎌내지 못하는데, 안회는 그 즐거움을 변치 않으니, 어질다. 안회여!"[125]

"거친 밥을 먹고 물 마시며, 팔을 굽혀 베개 삼고 자더라도 즐거움은 또한 그 가운데 있으니, 의롭지 못하면서 부하고 또 귀함은 나에게 있어 뜬구름과 같다."[126] 공자의 이 술회는 위기지학(爲己之學)으로서의 유학을 공부하는 선비들의 영원한 인생의 지표다.

사마우가 군자에 대하여 공자에게 물었다. 공자가 말했다. "군자는 근심하지 않으며 두려워하지 않는다." 사마우가 말했다. "근심하지 않으며 두려워하지 않으면 군자라고 할 수 있습니까?" 공자가 말했다. "안으로 반성하여 부끄러움이 없으니(內省不疚) 무엇을 근심하고 무엇을 두려워하겠는가?"[127]

맹자는 벼슬을 하늘이 준 벼슬(天爵)과 사람이 준 벼슬(人爵)로 구별했다. 인의충신(仁義忠信), 선(善)을 즐거워하고, 게으르지 않는 것은 천작이고, 공경대부(公卿大夫)는 인작이다. 옛날 선비들은 천작을 먼저 닦은 다음에 인작을 받았는데, 지금사람들은 인작을 받기 위해서 천작에 관심을 갖고, 벼슬길에 오른 다음에는 그것을 헌신짝처럼 버려버리니 그 미혹함이 심하다. 끝내는 반드시 망하고야 말 것이라고 한탄했다.[128] 천작은 자신의 덕으로서 영구히 남지만, 사람이 준 벼슬은 그 사람이 도로 가져갈 수 있으니 얼마나 덧없는 일인가![129]

3) 군자는 의(義)를 추구하고 소인은 이(利)를 추구한다.

공자는 말했다. "군자가 천하에 처함에 있어서 무슨 일을 반드시 해야 한다는 법도 없으며, 반드시 해서는 안 된다는 법도 없고, 다만 의를 따를 뿐이다."[130]

이 말은 사람이 한평생을 살아가면서 자신의 본능과 감성, 야망 때문에 어떤 일에 대하여 불타는 열정을 갖거나 또는 극도의 혐오감을 갖는 수가 있지만, 그것 때문에 자신의 인격 전부를 걸어서는 안 된다는 의미로 풀이된다. 군자가 최종적으로 고려해야 할 것은 자신의 열망과 혐오가 의로운가 아닌가 하는 것이다. 참으로 어려운 일이긴 하지만 아무리 하고 싶은 일이라도 의롭지 않다면 그러한 소망을 단념해야 할 것이며, 아무리 하기 싫은 일이라도 그것이 의로운 일이라면 생각을 바꾸어 바른 길을 선택해야 할 것이다. 여기에서 우리는 유학의 윤리적이며 합리적인 정신을 발견할 수 있다. 도가(道家)나 불교(佛敎)에서는 어떠한 것에도 마음에 집착함이 없고 변화하는 사태에 자유롭게 응할 수 있어야 한다고 하는데, 공자의 이 말에는 어떠한 것에도 마음이 집착해서는 안 되지만, 마지막으로 의지해야 할 하나의 기준, 즉 '올바름' '의로움'이 있다는 점에서 다르다고 할 수 있다.

공자는 또 말했다. "군자는 의에 밝고(喩於義), 소인은 이에 밝다(喩於利)."[131]

군자와 소인은 아마도 천성적으로 그리고 후천적인 학문과 교육을 통하여 의와 이에 대하여 민감하게 반응한다는 말일 것이다. 주자는 해설했다. 의라는 것은 사물의 마땅함, 천리의 마땅한 바요, 이라는 것은 인정의 바라는 바다. 사물의 마땅함은 곧 공의(公義)이며, 인정의 바라는 바는 곧 사욕(私慾)이다.

과연 옳은 것, 즉 정의란 무엇인가에 관한 서양철학의 복잡한 이론 대신에 유학은 의와 이, 공과 사와 같은 간단한 심리적 이분법을 대비시키고 있다. 『사원(辭源)』은 유자(喩字)의 뜻을 '명백하게 아는 것'이라고 해설하면서 바로 『논어』의 이 구절을 예문으로 들고 있다. 무엇이 공의이며, 무엇이 사리인지는 인간의 전인적 판단으로서, 오래 생각한 나머지의 결론이 아니라 감각적이며, 직관적이라고 할 수 있다.

군자는 의를 위해서는 일신의 안위를 무릅쓰고 귀중한 목숨까지도 버리는 수가 있지만, 소인은 사욕을 위해서 남을 해치는 일은 말할 것도 없고 가정을 망치고 나라까지도 팔아먹는 수가 있다.

공자는 또 말했다. "(사람이) 이익에 끌려 행동하면 원망이 많아진다."[132] 정자가 해설한 것처럼 "자기에게 이로움을 추구하면 반드시 타인을 해치게 된다. 그러므로 원망이 많게 되는 것이다."

어떤 사람이 공자에게 물었다.

"비루한 소인과 함께 임금을 섬길 수 있습니까?"

공자가 대답했다. "(소인은 부귀를) 얻기 전에는 얻을 것을 걱정하고, 얻은 다음에는 잃을 것을 걱정한다. 만일 잃을 것을 걱정하면 못 할 짓이 없게 된다."[133]

공자의 이 말을 가혹하다고 해야 할 것인가? 아니면 인심을 통찰한 탁견이라고 해야 할 것인가? 세상을 한번 돌아보자. 과연 인간에게 못 할 짓이 있는가.

인간에게는 여러 가지 덕성이 있다. 용기, 절제, 신용, 관용 등등. 공자는 이러한 덕성도 의롭지 않다면 결국 올바른 덕성이 될 수 없다는 것을 지적한다.

자로가 물었다. "군자는 용기를 숭상합니까?" 공자가 말했다. "군자는 의를 으뜸으로 삼는다. 군자가 용만 있고 의가 없으면 난(亂)을 일으키고, 소인이 용만 있고 의가 없으면 도둑이 될 것이다."[134]

공자는 인간의 여러 가지 덕성 중 의로움을 으뜸으로 삼았다. 그래서 "사람이 무리를 지어 다니면서 종일토록 말이 의리에 미치지 못하고, 작은 지혜를 행하기를 좋아하면 환란이 있을 것이다."라고 말했다.[135]

공자는 계속해서 말했다. "군자는 의로써 바탕을 삼고, 예로써 행하며, 겸손하게 말하고, 믿음으로써 이루나니, 이것이 곧 군자다."[136]

후대에 이르러 맹자는 이 의를 인과 더불어 개인적 덕성을 넘어 정치의 최고원리로까지 끌어올렸다. 이른바 왕도정치(王道政治) 사상이다.

어느 날 맹자가 위나라의 양혜왕을 찾아왔다.

양혜왕이 맹자에게 말했다. "노인께서 불원천리하고 오셨으니 또한 장차 내 나라를 이롭게 함이 있겠습니까?"

맹자가 대답했다. "왕께서는 하필 이를 말씀하십니까? 오직 인의가 있을 뿐입니다. 왕께서 어떻게 하면 내 나라를 이롭게 할까 하시면, 대부들은 어떻게 하면 내 집안을 이롭게 할까 하며, 사 · 서인들은 어떻게 하면 내 몸을 이롭게 할까 하여, 윗사람과 아랫사람이 서로 이를 취한다면 나라가 위태로울 것입니다. 만승의 나라에서 그 군주를 시해하는 자는 반드시 천승을 가진 공경의 집안이요,

천승의 나라에서 그 군주를 시해하는 자는 반드시 백승을 가진 대부의 집안이니, 만이 천을 취하고 천이 백을 취함이 많지 않은 것은 아니지만, 만일 의를 뒤로하고 이를 먼저 하면, 모두 빼앗지 않으면 만족하지 않을 것입니다. 인하고서 그 어버이를 버리는 자는 있지 않으며, 의롭고서 그 군주를 뒤로하는 자는 있지 않습니다. 왕은 역시 인의를 말할 뿐입니다. 어찌 반드시 이를 말할 필요가 있겠습니까?"[137]

이것은 『맹자』의 첫머리에 나오는 말이다.

『사기』의 저자 사마천이 이렇게 말했다.

"내가 『맹자』를 읽다가 양혜왕이 '어떻게 하면 내 나라를 이롭게 할 수 있겠습니까?' 하고 묻는 대목에 이르러서는 일찍이 책을 덮고 탄식하지 않은 적이 없었다. 아! 이는 진실로 난의 시초이다(利誠亂之始也). 공자께서는 이를 드물게 말씀하셨으며, 항상 그 난의 근원을 막으셨다. 그리하여 말씀하시기를 '이에 따라 행동하면 원망이 많다' 하셨으니, 천자로부터 서인에 이르기까지 이를 좋아하는 폐단이 어찌 다르겠는가."[138]

오늘날 모든 국가는 국익을 그 외교정책과 대외전략의 최우선으로 삼는다. 그래서 유사 이래로 천하는 대란이고 세계평화는 요원한 것이다. 오직 망하지 않는 나라만이 국가의 이익을 보전할 수 있다. 국가적 측면에서 볼 때 그래도 국익은 공익이다. 국가권력을 잡은 위정자들이 오히려 국익을 해치고 사익과 사당의 이익을 도모한다면, 국가는 위태로워지고 나라는 망할 것이다. 우리는 역사에서 이와 같은 수없는 사례를 보아왔으며, 지금도 보고 있다.

4) 군자는 교양인이다.

군자의 학문적 목표는 자기를 완성하고, 가정을 정돈하며, 나라를 다스리고, 천하에 밝은 덕을 밝히는 것이다. 군자는 그러한 학문의 근본을 자신의 내면적 덕성을 기르는 데서 구한다. 공자는 "군자는 불기(不器)"라고 말했다.[139] 이 말은 옛날부터 그 해석이 다양하게 전개되었는데, 아마 이런 말이 아닐까 생각한다.

군자는 그릇이 아니다. 군자는 정해진 기능을 수행하는 도구가 아니다.

서양의 어떤 공자 해설가는 이 말을 인간을 수단이나 도구로 보아서는 안 되고, 목적 그 자체로 보아야 한다는 칸트적 개념으로 이해하기도 한다.[140] 그러나 주자와 같은 중국의 전통적 해설가들은 '한 가지 재주, 한 가지 기예로서 어떤 쓰임에만 적합한 것' 또는 '쓰임이 있는 완성된 재질'이라고 설명한다.[141] 군자는 정해진 용도에만 적합하도록 되어 있는 인간이 아니라, 그것을 뛰어넘어 천리를 관통하고 고명한 경지로 인식의 지평을 넓혀나가는 사람을 말한다.

오늘날의 개념으로 말하면 군자는 전문가(specialist)가 아니라 교양인(generalist)이라고 해야 할 것이다. 그런데 전문가와 교양인은 물론 그 기능 면에서 구별되는 것이지만, 진정으로 전문가와 교양인이 되기 위해서는 어느 정도 양자를 겸하지 않을 수 없을 것이다. 다방면에 걸친 교양을 쌓지 않은 훌륭한 전문가를 생각할 수 없고, 어떤 한 분야에 대한 깊이 있는 지식을 갖추지 못한 교양인을 상상할 수 없다. 자기 하는 일에 대해서는 어느 정도 알고 있는 것이 있지만, 다른 분야에 대하여는 아무것도 아는 것이 없다면 그런 사람을 제대로 된 전문가라고 할 수 없을 것이다. 또 이것저것 아는 것이 많지만, 어느 분야에도 똑 부러지게 아는 것이 없는 사람을 우리는 참다운 교양인이라고 할 수 없다. 그러기에 예로부터 학문의 이상은 넓고도 정밀한 것(博而精)을 이상으로 추구했다. 그러나 군자는 이 둘 중에서 아무래도 스페셜리스트보다는 제너럴리스트를 지향한다.

공자는 다재다능한 것을 자랑으로 여기지 않았다.

오나라 태재(大宰)와 자공 간에 이런 대화가 있었다. 태재가 자공에게 말했다. "선생님께서는 참으로 성인이십니다. 어찌 그리 재능이 많으신지요." 자공이 말했다. "선생님은 참으로 하늘이 내신 성인이시며, 또한 재능이 많으십니다."

공자가 이 말을 전해 듣고 말했다. "태재는 나를 알았다고 할 수 있을까? 내가 어렸을 때 천하게 살았으므로 비속한 잡일에 능하게 되었다. 군자는 다능해야 할까? 그렇지 않다." 자장도 공자로부터 이런 말을 들었다고 했다. "나는 등용되지 못했기 때문에 여러 가지 재주를 익혔다."[142]

인간과 사물, 자신과 세계를 전체적으로 바라보는 안목을 기르는 것, 일반적이고 객관적으로 사물을 성찰하는 것이 학문의 본질이다. '군자불기'라고 할 때의 그 '기(器)'는 모든 사람이 결국은 어쩔 수 없이 일정한 한계를 가진 하나의 그릇 · 도구 · 기국(器局)을 가질 수밖에 없는 것이지만, 그럼에도 불구하고 군자는 자신의 학문적 좁은 울타리를 벗어나 넓은 세계를 바라볼 수 있는 시각을 가져야 한다는 군자의 세계관적 태도에 대한 공자의 간절한 바람의 표현이라고 생각된다. 그리하여 그릇도 훌륭한 그릇이라면 '불기'의 경지에 들어간 것이 아닐까? 공자가 자천을 군자다운 사람이라고 칭찬하는 것을 듣고 있었던 자공이 공자에게 물었다. "저는 어떻습니까?"

공자가 말했다. "너는 그릇이니라." 자공이 실망하고 다시 묻는다. "어떤 그릇입니까?" 공자가 말했다. "호련(瑚璉)이니라." 호와 련은 각각 하나라와 은나라에서 종묘의 제기로 썼던 귀한 그릇이라고 한다. 공자는 "너도 군자다." 이렇게 말하는 대신 그릇으로서 완성되고 아름다운 존재로 사랑하는 제자를 표현함으로써 그 나름의 해학적인 표현을 한 것이 아닐까?

자기가 알고 있는 것이 대단한 것인 양 다른 사람의 의견을 받아들이지 않고 아집에 빠져 있는 전문가를 우리는 많이 본다. 그런 유의 행정전문가, 법률전문가도 많다. 이런 사람들은 자신을 포함하여 무한한 외부세계에 대하여 인식의 문을 걸어 잠그고 있다. 과학자가 그런 태도를 갖는다면 과학의 진보는 한 걸음도 앞으로 나아가지 못할 것이다. 정치지도자가 그런 태도를 갖는다면 독선과 아집에 빠져 다른 사람들과의 소통을 무시한 채 세상은 숨이 막히고 말 것이다. 그러기에 군자는 끊임없이 넓은 세계를 향하여 인식의 지평을 넓혀나간다.

"군자는 상달(上達)하고 소인은 하달(下達)한다"[143]는 말은 학문하는 태도에 있어서 군자와 소인의 한 특징을 지적한 것으로 보인다. 학문이란 아래로 인간사(人事)의 구체적인 일로부터 위로 천리에 관한 철학적인 원리에까지 전체적이고 종합적으로 해야 하는 것이지만, 군자는 항상 그 관심이 넓고 고원한 데로 향하고 소인은 늘 눈에 보이는 이해관계를 벗어나지 못한다.

오늘날 우리의 교육현실은 '맞춤교육', '실용교육'이란 이름으로 수요자가 원하는 요구에 맞추는 것이 좋은 것이라는 주장이 힘을 얻고 있다. 그러면서 교육의 기본 목표인 인간교육은 없어지고 말았다. 인간뿐만 아니라 세상을 바라보는 일반적이고 종합적인 시각도 없어졌다. 불기(不器)가 아니라 본에 맞추어진 그릇이 되었다. 이런 교육환경에서는 능력 있는 전문가는 양산될지 몰라도 세상을 제대로 볼 줄 아는 현인은 나타나지 않을 것이다. 지도자는 전문가보다는 교양인으로서의 자질을 갖추어야 한다. 지도자는 사물을 전체적으로, 종합적으로, 일반적으로 바라볼 수 있는 '통관(統觀)'의 능력, '전관(全觀)'의 능력이 필요하다.

군자와 소인은 그 인생의 목표, 공부의 방향, 사는 방법 등 매사가 다르다. 좋아하는 것도, 사람을 부리는 것도 다르다.

공자는 이렇게 말했다.

"군자는 섬기기는 쉽지만, 기쁘게 하기는 어렵다. 도로써 기쁘게 하지 않으면 기뻐하지 않으며, 사람을 부림에 있어서는 그 그릇의 역량에 따라 한다. 소인은 섬기기는 어렵지만 기쁘게 하기는 쉽다. 도로써 기쁘게 하지 않아도 기뻐하기 때문이다. 소인이 사람을 부릴 때는 모든 것을 구비하기를 원한다."[144]

전문가를 적재적소에 배치하여 조직 전체를 살도록 하기 위해서는 전체를 통관할 수 있는 교양인의 균형감각과 통찰력을 가진 지도자를 필요로 한다.

5) 군자와 소인에 대한 공자의 소묘

군자는 이상에서 말한 바와 같이, 첫째 자기 자신의 심성과 덕성을 함양하는 데 목표를 두고 있으며, 둘째 군자의 학문과 공부의 목표는 자기 자신의 인간다움을 완성하여 자족적인 삶을 이루는 것이므로 외부세계에 자신의 모습이 어떻게 비치는가에 대하여 그렇게 큰 관심을 갖지 않는다. 그러므로 흔히 사람들이 생각하는 간난과 좌절을 잘 견딜 수 있다. 셋째 군자는 삶의 지표로서 인의를 추구한다.

사욕을 취하기 위하여 대의를 저버리기보다는 인의를 위하여 어려움과 고통을 감내하고 세속을 초극할 수 있는 특별한 감성을 가질 수 있다. 넷째 군자의 학문은 어떤 한 가지만에 국한되는 전문가적 기능보다는 모든 문제에 넓은 시각을 가질 수 있는 철학적 교양인이라고 정리해볼 수 있다.

공자는 군자를 한 마디로 정의하지 않았지만, 군자의 여러 특성과 모습을 소인과 대비하여 여러 곳에서 묘사해놓았다. 여러 가지 묘사 가운데서도 가장 뛰어난 것은 이런 것들이 아닐까 한다.

"군자는 마음이 편안하고 여유가 있으며(坦蕩蕩), 소인은 늘 걱정에 사로잡혀 있다(長戚戚)."[145]

나는 이 대목이 군자와 소인을 구별하는 가장 중요한 갈림길이라고 생각한다. 물론 위에 말한 군자의 속성을 잘 기른 결과로서의 인품을 이야기하고 있음은 말할 것도 없다. 군자는 자기 자신을 성찰하여 어떠한 것에도 구애받지 않고 구차하게 살려고 하지 않기 때문에, 자기 마음을 돌아보아 거리낄 것이 없다면, 마음이 불안할 일은 없을 것이다. 그러나 소인은 남과 외부세계를 향하여 항상 자기의 이익을 도모해야 하기 때문에 늘 바쁘고, 또 세상일이란 자기 욕심대로 되어가는 법이 없기 때문에 항상 불안하지 않을 수 없을 것이다. 잘 되어 봤자 일희일비(一喜一悲)일 뿐이다. 맹자도 군자는 (인을 마음에 두고 예를 따르는 것과 같은) 고원한 이상을 추구하기 때문에, 그에게는 종신토록 가지는 근심(終身之憂)은 있어도 하루아침의 걱정거리(一朝之患)는 없다고 말했다.[146]

사람이 명랑한 기질을 가졌다면, 그것은 그의 타고난 행복이다. 노력을 해서라기보다는 타고난 성품으로 자기 자신과 사물의 밝은 면을 보고 즐거워할 수 있다면, 선천적으로 군자적 성품을 타고났다고 할 수 있다. 비록 그렇게 태어나지는 못했다 하더라도 끊임없이 반성하고 노력하여 인생의 만년이나마 모든 근심을 훌훌 털어버리고 즐거운 마음으로 살 수 있다면 얼마나 다행한 일이겠는가. 그러나 마지막 날까지 아쉬움과 한을 떨쳐버릴 수 없다면 얼마나 안타까운 일인가. 좌우간 사람은 항상 '탄탕탕', 근심 없이 마음 편하게 살아야 하겠다.

"군자는 태연하지만 교만하지 않고(泰而不驕), 소인은 교만하지만 태연하지 못하다(驕而不泰)."147

태연함이란 마음이 편안하고 여유가 있음을 말한다. 그것은 자기 자신에 대한 내면적 자족감이다. 부끄러움이 없고 자기 행동에 대한 확신과 책임을 질 각오가 되어 있는 사람만이 태연할 수 있다. 교만은 자기 자신에 대한 감정이 아니라 남에 대한 태도이다. 남의 눈에 자기가 어떻게 비치고 있는가에 관심이 쏠려 있다. 태연한 사람은 다른 사람을 자연스럽게 그 본래의 인간으로 바라본다. 그러나 교만한 사람은 남을 의도적인 목적을 가지고 바라본다. 인간을 그 자체의 순수한 대상으로 바라보지 않고, 자기의 이해관계 속에 있는 수단으로 본다. 자기가 원하는 것이 무엇인가에 따라 필요 이상으로 비굴하기도 하고, 말도 안되는 우월감에 도취되기도 한다. 심한 경우에는 가학적인 심술이 발동되기도 한다. 요즘 흔히 문제되는 '갑질'이라는 것이 전형적인 소인의 모습이다. 이런 것이 군자와 소인의 대인관계에 나타날 수 있는 현저한 특징이라고 할 수 있다.

"군자는 다른 사람과 화합하지만 뇌동하지는 않으며(和而不同),

소인은 다른 사람과 부화뇌동하면서도 화합하지 못한다(同而不和)."[148]

공자의 이 말은 인간의 본질을 꿰뚫는 천고의 명언이라 할 수 있다. 군자는 인의를 추구하는 사람이기에, 아름다운 인간성을 갖고 있거나 의로운 사람을 보면 동지애를 느끼고 친구처럼 다정한 감정을 가질 수 있을 것이다. 그러나 그것은 어떤 우연한 경우나 특별한 일을 할 때의 특수한 경우고, 그 일이 끝나고 나면 각기 자기 자신의 모습으로 돌아갈 뿐이다. 소인은 사리(私利)를 추구하는 사람이므로 이해가 일치하면 화합하는 차원이 아니라 생사를 같이할 정도의 일체감을 갖고 부화뇌동하기를 원한다.

다음과 같은 윤씨의 주석이 정곡을 찌른다고 할 수 있다.

"군자는 의를 숭상하기 때문에 어떠한 경우에도 타자와 같게 된다는 일은 있을 수 없다. 소인은 이를 숭상하므로 어떻게 다른 사람과 화합할 수 있겠는가."

공자의 이 말은 군자와 소인의 심성을 갈파한 명언이지만, '화이부동(和而不同)'이라는 이 개념은 다원적 민주국가라는 근대적 정치형태의 인간상을 잘 표현하고 있다.

근대성의 징표는 인간의 '자유와 평등'이다. 우리는 모든 사람이 자유롭고 평등해야 한다고 생각한다. 그러므로 누구든지 자유롭게 생각하고 행동할 수 있다. 그렇다면 사람들은 모두 한 가지로 생각하고 한 가지로 행동할 수 없다. 사상과 양심의 자유는 이와 같은 근대적 인간상의 전제 위에 서 있다. 모든 사람은 각기 나름대로의 정체성과 독자성을 가진다. 다원적 민주주의 국가는 이와 같은 인간의 다양성 가운데서 설득과 합의를 통하여 통일성을 형성해나가는 것을 국가형성의 과제로 생각한다.

반면에 전체주의적 독재국가는 모든 사람이 같이 생각하고 같이 행동해야 한다고 생각하며, 전체적으로 '동일화'되어야 한다고 주장한다. 여기에서는 동일하지 않으면 반동이다. 공자가 근대적 전체주의 국가의 정치적 실상을 보았다면 '동이불화(同而不和)'의 소인들의 국가라고 생각했을 것이다. '화이부동(和而不同)'의 인간을 공자는 군자라고 생각했지만, 오늘날의 정치이론에 비추어 본다면, 그것은 인간의 자유와 평등을 실현하기 위한 다원적 민주국가의 정체성과 독자성을 가진 인간이다. 공자는 오늘날의 안목으로 봐도 진정한 민주적 인간이었다.

"군자는 사람을 두루 사귀지만 편당을 짓지 않으며(周而不比), 소인은 편당을 짓되 두루 사귀지 못한다(比而不周)."[149]

군자는 인의를 추구하므로 누구든지 인의의 인간을 만나면 친구가 될 수 있다. 그러나 소인은 자기와 이해를 같이하는 사람이 아니면 사귀지 못하며, 사귀었다 하면 항상 편당이 된다. 주(周)는 보편적이고 공적인 것이며, 비(比)는 사사로운 것이고 편파적인 것이다. 공자는 이 말을 다른 편에서 다시 부연하고 있다.

"군자는 자긍심이 강하지만 남과 다투지 않으며(矜而不爭), 다른 사람들과 잘 지내면서도 편당을 만들지 않는다(群而不黨)."[150]

이상의 몇 가지 징표들을 종합해보면, 군자는 두루 사람을 사귀며(周), 다른 사람과 화합하며(和), 자부심이 강하며(矜), 태연하게 행동하며(泰), 여유롭고 밝은 모습이다(坦蕩蕩). 소인은 사람들과 편당을 만들고(黨), 사람들과 부화뇌동하며(同), 교만하고(驕), 다투기를 좋아하고(爭), 늘 불안한 모습이다(長戚戚).

주자가 주석한 바와 같이 군자와 소인은 음양과 주야와 같이 매양 상반된다. 그런데 양자의 본질적 차이는 그들의 추구하는 바가 공의냐 사욕이냐에 따라 수미일관되게 그들의 생각과 행동을 지배한다는 데 있다.

구별과 차별과 평등

인간의 역사가 시작된 이래로 사람들은 끊임없이 사람들을 구별하고 차별해왔다. 평등을 지향하는 근대국가의 탄생 이후에도 사람들은 꾸준히 인간을 구별하고 차별한다. 그래서 평등이란 '합리적 차별'이라고 정의되게 되었다.

사람들은 우선 쉽게 겉모습을 보고 사람을 구별하고 차별한다. 그가 어떤 집에 사는가, 어떤 차를 타고 다니는가, 어떤 옷을 입는가를 보고, 더 나아가서는 족벌 · 학벌 · 재산 · 출신지역 등을 보고 사람을 구별하며, 오늘날과 같이 국제교류가 빈번해지는 시대에는 내국인인가 외국인인가, 백인인가 흑인인가가 구별의 기준이 되기도 한다.

공자가 사람을 군자와 소인으로 구별하는 것은 어떤 의미를 갖는가?

아리스토텔레스 같은 현인도 사람을 주인과 노예, 그리스인과 이방인으로 구별하는 그 시대적 한계를 벗어나지 못했다.

알렉산더 대왕이 페르시아와 그 이동지역을 정벌했을 때, 그는 그리스와 페르시아 등을 아우르는 대제국을 건설하고자 했으며, 종래의 그리스 세계에서는 인간을 그리스인과 야만인으로 구별했는데, 알렉산더는 다원적 종족과 지역을 초월하는, 인간의 이성에 의해서 선악을 구별하는 합리적 질서의 보편적 법칙이 지배하는 국가를 구축하고자 했다. 아리스토텔레스는 알렉산더 대왕에게 그리스인을 지도자로 하고 페르시아인을 주인으로서 취급하라고 충고했지만, 알렉산더는 그의 충고를 거절하고, 모든 인간을 단순히 선인과 악인으로 나누는 정책을 채택했던 것이다.[151]

선악을 구별하는 것은 오직 인간의 이성능력일 뿐이다. 알렉산더는 사람을 외면적 우연적 여건이 아니라, 내면적 본질적 속성에 의하여 구별했다는 점에서 아리스토텔레스보다 훨씬 위대하다고 할 수 있다. 그런데 이보다 앞서 동양세계에서 사람을 타고난 심성과 학문적 성취, 인격적 수양에 의하여, 그리고 그가 추구하는 것이 무엇이냐에 따라 사람을 군자와 소인으로 구별하고자 했다는 점에서 우리는 동양의 예지적 정신을 발견하게 된다.

그러면 사람들은 왜 사람을 구별하여 차별하는 것인가?

그 이면에는 정치적 동기가 깔려 있다.

인간은 정치적 동물이며, 세상에는 어디에나 정치가 있다. 정치는 권력과 부를 배분하는 일이다. 누가 지배하고 누가 지배를 받아야 하는가? 누구에게 지위를 주고 권력을 주어야 하는가? 누가 상을 받고 벌을 받아야 하는가? 평등은 합리적 차별이며, 정의는 각자에게 그의 몫(그가 차지할 수 있는 정당한 대가)을 주는 것이다. 정의론, 즉 정치철학의 과제는 지배자, 권력자, 부자는 과연 누가 되는 것이 정의의 관념에 합당한가 하는 것이다.

공자는 군자가 권력을 잡는 것이 세상에 도가 실현되는 길이라고 역설한다. 그리하여 그는 도를 실현하기 위하여 자기에게 지위와 권력을 맡길 수 있는 군왕을 찾아 천하를 주류했던 것이다.

군자와 철학자

공자가 군자를 이상적 인간의 모범으로 상정했다면, 플라톤이 소크라테스의 입을 빌려 전개한 정치적 인간의 전형은 철학자이다. 철학자는 '지혜를 사랑하는 사람'이라고 정의된다. 그들은 학문을 사랑하고, 경험이 풍부하며, 덕에 있어서도 남에게 뒤지지 않는 사람들이다. 그들의 학문은 '참으로 있는 것', '실재'에 대한 앎(인식), 즉 시간과 함께 생성과 소멸을 반복하는 것에 미혹되지 않고, 존재의 본질을 탐구하는 것이다. 군자가 하늘로부터 부여받은 천성을 보존하고 확충하여 인간성을 완성하는 것에 학문의 목표를 두는 것과는 달리, 철학자는 인간의 영혼 속에 깃들어 있는 이성능력을 발휘하여 진리와 진실을 드러내려는 욕구를 가진다.

철학자들은 거짓을 받아들이지 않고 진리를 사랑한다. 그리하여 진실과 멀어지고 진리를 외면하면서 변화무쌍한 잡다한 현상 속에서 갈팡질팡하는 보통사람들과는 다른 삶을 살게 된다. 사람의 욕망이란 물이 아래로 흐르듯이 뭔가 한 가지를 향하여 흐르게 되어 있어서 철학자는 지혜와 진리를 향한 영혼의 즐거움 속에 빠져 있기 때문에, 육신을 통한 즐거움에는 무관심하게 된다. 그들은 절제심이 있어서 재물이나 돈에 열의를 보이지 않는다. 그들은 신적이고 인간적인 모든 것에 언제나 전체적으로 접근하려는 성향을 가지고 있어서 저속함이나 좀스러운 마음(협량: smikrologia)을 갖지 않는다. 그들은 고매한 정신의 소유자들이며, 시간과 실재 전체를 통관할 수 있는 정신을 가지고 있으며, 인간의 일생을 대단한 것이라고 생각하지 않으며, 죽음도 두려워하지 않는다. 그들은 선천적으로 기억력이 좋고, 쉽게 배우며, 법률과 관습을 존중하고, 진리와 정의 · 용기 · 절제와 친한 사람들이다.

플라톤의 학문적 탐구의 목표는 '누가 통치자가 되어야 하는가?' 하는 것이었다. 국민들 중에서 누가 다스려야 하고, 다스림을 받아야 하는가? 그는 이렇게 생각했다.

통치자들은 연장자들이어야 하고, 그중에서도 가장 훌륭한 사람들(最善者: hoi aristoi)이어야 한다. 그리하여 수호자(또는 방위자)들 가운데서 평생을 통하여 나라에 도움이 된다고 생각하는 일을 열심히 하고, 나라에 도움이 되지 않는 일은 결코 하지 않는 사람들을 골라내야 한다. 즉 그들을 그 일생의 모든 단계에서 관찰하여, 그들이 신념을 지키는 사람이며, 결코 속거나 강제당해서 나라를 위해서 가장 좋은 일을 해야 한다는 소신을 잊거나 내팽개치는 일이 없는지를 살펴보아야 한다.

신념을 잊어버리거나, 다른 의견을 갖도록 설복당하거나, 무슨 괴로움이나 아픔으로 인해 의견을 바꾸거나, 쾌락에 넋이 나가거나, 무서움에 질리거나 해서 신념을 바꾸는 사람들은 제외하고, 황금을 불 속에서 시험하는 것보다 훨씬 심하게 시험해서 모든 일에서 확고한 신념을 고수하고, 단정하고 조화로운 사람으로 드러난다면, 그들은 통치자 또는 수호자로 선택될 수 있다. 그리하여 어려서도 젊어서도, 어른이 돼서도 늘 시험되어 티 없이 거기서 통과된 사람을 나라의 통치자나 방위자로 세워야 하고, 그리고 살아서는 그에게 상을 주고, 죽어서는 장례식과 기념비에서 최고의 영예를 부여해야 한다.[152]

여기에서 최선자란 곧 '선의 이데아'를 이성적으로 인식할 수 있는 철학자를 가리킴은 말할 나위도 없다. 그러나 최선자는 발견하기 힘들며, 철학한다고 오랜 시간을 보내는 사람은 대부분이 괴팍하고 쓸모없는 사람이라고 평가받기 쉽다. 그런데 나라에 아무 쓸모도 없는 사람이라고 생각되는 철학자가 나라의 지배자가 된다는 것이 가능한 일인가? 이것은 동양적 군주제 하에서 군자가 종정(從政)하는 것이 가능한가라고 묻는 것과 똑같은 질문이다. 플라톤은 다음과 같은 비유를 들어 말한다.

여기 배가 한 척 있는데, 선주는 배의 조종과 항해에 대하여 알지 못한다. 선원들은 모두 조타술을 배운 적이 없음에도 불구하고 저마다 배를 조종하겠다고 나선다. 그들은 모두 선주에게 자기에게 키를 맡겨달라고 요구한다. 선주가 누군가에게 키의 조종을 맡기려고 하면, 나머지 사람들이 달려들어 그를 죽여버리거나 배 밖으로 던져버린다. 그들은 선주에게 최면제나 술을 먹이고 배를 장악하여 항해를 해나간다. 그러면서 자신들을 조타술에 능한 사람이라고 선전한다. 그러나 참다운 조타수는 해와 계절, 하늘과 별들, 바람들 그리고 그 기술에 관하여 모든 것을 배우고 익히지 않으면 안 된다. 그런데 오히려 정작 조타술에 능한 사람은 배를 타고 있는 선원들에 의하여 천체관측자나 수다꾼으로, 쓸모없는 인간들로 불린다.

여기에서 배는 나라(polis)를, 선주는 민주정체의 주인인 민중(demos)을, 그리고 선원들은 민중 선동가(demagōgoi)인 현실 정치가들을 가리키고, 키의 조종은 나라의 경영, 즉 통치를, 조타술은 치술(治術: politikē[technē])을 상징한다.[153]

동서 정치사상의 최대의 난제는 '누가 군자이며, 철학자인가?' 하는 것과, 그를 어떻게 발견하여 권력의 자리에 앉혀놓을 수 있는가 하는 것이다.

11. 공자와 정치

공자시대의 선비들은 학문과 교육을 통하여 이룩한 지식과 인격을 세상을 바로잡고 다스리는 데 쓰고자 했다. 그것이 바로 정치다. 정치라는 말의 문자적 의미는 바로잡고 다스린다는 뜻이다.

선비는 내면적으로는 자기완성을 추구하고, 외부적으로는 사회구제에 뜻을 둔다. 사회구제를 위하여 벼슬을 한다는 것은 당시의 선비로서는 출세를 위하여 다른 대안이 없는 불가피한 선택이었을 수도 있다. 오늘날에는 문화의 폭이 넓어져 꼭 환로에 들어서지 않는다 해도 자기의 학문적 능력을 활용할 수 있는 영역이 많이 넓어졌다. (물론 오늘날에도 일정한 직업이 없이 오로지 학문만을 전업으로 하는 지식인이 살아가기는 어렵다.) 그러나 공자시대에는 바로 공자가 그랬던 것처럼 밖으로 나가 벼슬하지 않으면, 안으로 들어와 공부하고 제자들을 가르치는 일이 전부가 아니었을까 생각된다.

옛날 동양세계에서는 나라를 다스릴 수 있는 자는 오직 천명을 받았다고 여겨지는 군주뿐이었다. 군주는 천명을 받아 법을 세운다(繼天立極). 그러므로 선비가 정치에 관여한다는 것은 주권자인 군주의 인정을 받아 그를 대신해서 권력을 행사하는 것이다.

동서양을 막론하고 인류 역사의 대부분을 군주제가 지배해왔지만, (지금 중동지역의 일부에서 간간이 일어나고 있는 민주화 운동은 그 지역에서는 유사 이래 처음 있는 일이다.) 일찍이 서양문명의 발상지라고 할 수 있는 그리스에서는 국가형태가 군주제 이외에 과두제나 민주제 같은 것이 있을 수 있다는 것을 이론적으로 분명히 인식하고 있었다. 그러나 동양의 고전에서는 군주 이외의 다른 계층들, 즉 부자나 지식인 또는 일반 민중들이 주권자가 될 수 있다는 생각을 해보지 못했다. 이 점은 동서 사상의 큰 차이이면서 동시에 서양사상의 획기적 발견이라고 생각된다.

고대 동양의 정치이론은 어떻게 하면 주권자인 군주를 도와 세상에 도를 세우고, 인민을 행복하게 만들 수 있는가에 집중되어 있다. 공자도 그러한 군주를 만나 자신의 정치적 이상을 실현해볼 수 있는 기회를 얻기를 간절하게 바랐다.

공자가 낙백의 시절을 보내고 있을 때, 자공이 말했다. "여기에 아름다운 옥이 있다고 합시다. 선생님께서는 이것을 궤 속에 넣어 감추어두시겠습니까? 아니면 좋은 값을 주는 사람을 찾아 파시겠습니까?" 공자가 말했다. "아무렴 팔아야지, 나는 좋은 값을 주는 사람을 기다리고 있다."[154]

유교 정치이론의 핵심은 군주의 조력자로서의 신하의 역할을 군자가 맡아야 한다는 것이다. 나라가 다스려지느냐 어지러워지느냐의 치란(治亂)의 갈림길은 이 자리에 누가 앉느냐에 달려 있다. 노애공이 정치에 대하여 물었다. 공자가 대답했다. "정치는 신하를 선택하는 데 달려 있습니다(政在選臣)." 또 애공이 물었다. "어떻게 하면 백성이 복종하겠습니까?" 공자가 대답했다. "바른 사람을 들어서 굽은 자 위에 놓으면 백성이 복종할 것이고, 굽은 자를 들어서 바른 사람 위에 놓으면 백성은 복종하지 않을 것입니다."[155]

계강자가 공자에게 정치에 대하여 물었다. 공자가 대답했다. "정치란 바로잡는다는 뜻입니다(政者正也). 그대가 바름으로써 솔선수범한다면 누가 감히 바르지 않겠습니까?"[156] 또 계강자가 도둑을 걱정하여 공자에게 대책을 묻자, 공자는 이렇게 대답했다. "만일 그대가 탐욕을 부리지 않는다면, 비록 백성들에게 상을 주면서 도둑질하라고 하더라도 백성들은 하지 않을 것이다."[157] 참으로 위정자의 간담을 서늘하게 하는 직언이요, 또 보통사람들은 감히 할 수 없는 말이기도 하다.

권력을 가진 자는 권력을 쓰기를 좋아한다. 힘을 사용하여 자기의 뜻을 관철하려고 한다. 이렇게 권력이 공의를 위해서가 아니라 사욕을 위해서 자의적으로 쓰이는 데 정치의 비극이 있다. 정치는 권력을 장악하려는 욕구의 표현이고, 권력을 잡은 자가 얼마나 그 권력을 정당하게 사용하도록 만들 수 있는가 하는 것이 정치이론의 영원한 난제이다.

계강자가 또 물었다. "만일 무도한 자를 죽여서 도가 있는 데로 나아가게 한다면 어떻겠습니까?" 공자가 말했다. "그대가 정치를 함에 어찌 사람 죽이는 일을 하려는가? 그대가 선(善)하고자 하면 백성들이 선해질 것이니, 군자의 덕은 바람이요, 백성의 덕은 풀이다. 풀 위에 바람이 불면, 풀은 반드시 눕게 되어 있다."[158]

권력은 군자가 잡아야 하고, 소인이 득세하면 안 된다는 것은 만고의 진리라고 할 수 있지만, 문제는 과연 누가 군자인가 하는 것이다. 사람들은 군자를 알아볼 수 있는가? 오히려 역사가 가르쳐주고, 우리가 현실적으로 경험하는 바는 위정자는 소인과 아첨꾼을 좋아하고, 군자와 진인(眞人)은 오히려 세상에서 배척당하는 일이 많다는 것이다. 참다운 군자는 혹시 자기가 진정으로 군자가 아닌가 하고 의심하기도 하지만, 진짜 소인은 자기가 군자라고 자처하고 스스로 군자임을 의심치 않는다. 군자를 가장하는 위선적 소인배보다 더 지독하다고 할 수 있다.

정치가 바로 되기 위해서는 사람과 지위[人과 位]가 격에 맞게 균형을 이루는 일, 즉 적재적소의 인사가 이루어져야 하는 것이다. '인사(人事)가 만사(萬事)'라는 말이 있는데, 그것이 이루어지기 어렵다는 것이 유교적 정치이론의 영원한 딜레마다.

맹자는 군자가 높은 지위에 있어야 한다는 말을 '어진 자가 그 자리에 있고, 능력 있는 자가 그 직에 있어야 한다(賢者在位, 能者在職)'라는 말로 요약했다. 그리고 그러기 위해서는 인의와 법도가 그 준거가 되어야 한다는 것을 강조했다.

"오직 인자(仁者)만이 높은 지위에 있어야 한다. 불인(不仁)하면서 높은 지위에 있으면, 그 폐해가 여러 사람에게 퍼진다. 위에서는 도(道)로 헤아림이 없으며, 아래에서는 법을 지킴이 없고, 조정에서는 도를 믿지 않으며, 관리들은 법도를 믿지 아니하여 위정자가 의를 범하고 백성이 법을 범한다면, 그러고도 나라가 보존된다는 것은 요행이다."159

공자가 『논어』에서 정치 그 자체보다도 학문과 교육, 군자와 소인의 특성, 인심의 통찰, 인간의 심성, 언어와 예의 등에 대하여 더 많은 말을 한 것은 결국 그것들이 인간을 바르게 키우고, 인간을 정확하게 이해하고 알아보기 위한 방편이기 때문이었을 것이다. 공자가 그 제자들에게 일관되게 가르치고자 했던 것은 바른 인격의 소유자가 되어 세상을 바르게 만드는 사람이 되라는 것이었다.

그런데 인재를 어떻게 알아보고 쓰는가?

중궁이 계씨의 가신이 되어 어떻게 정치를 해야 하는가 물었다.

"유사(有司)를 정하여 먼저 각자의 직분에 맞게 일을 맡기고, 작은 허물은 용서해주며, 어진 이와 유능한 이를 등용해야 한다."고 공자는 말했다. 중궁이 다시 물었다. "어떻게 어진 이와 유능한 이를 알아 등용합니까?" 공자가 말했다. "네가 아는 현재(賢才)를 등용하면, 네가 모르는 현재들을 남들이 가만히 놓아두겠느냐?"160

현재를 쓴다는 소문이 나면 현재들이 몰려온다는 이야기다. 반면에 아첨꾼을 좋아한다는 소문이 나면 아첨꾼들이 몰려올 것이다. 위정자의 이념과 사상과 기호에 맞게 사람들은 몰려오고 몰려갈 것이다. 그러므로 최고의 위정자(그 당시에는 군주)가 누구냐에 따라 국가의 존망이 달려 있을 수밖에 없다.

공자의 덕치사상

제 경공(景公)이 공자에게 정치에 대하여 물었다. 공자가 대답했다. "임금은 임금다워야 하고, 신하는 신하다워야 하며, 아버지는 아버지다워야 하고, 아들은 아들다워야 합니다."161 이 말은 옛날의 군주국가에서는 집안을 잘 다스리는 것이 왕권을 공고히 하고 나라를 안정시키는 길이었음을 의미한다. 여기에서 이어지는 대화를 보면, 경공은 공자의 말이 참으로 좋은 말이라고 찬탄하면서도 그 말의 진의를 이해하지 못하고 간과해버림으로써 후계자를 정하지도 못하고, 군주가 시해되고 왕권이 찬탈되는 화를 자초했다는 것이다.

공자는 법과 형벌로써 나라를 다스리는 것보다는 덕과 예로써 다스리는 이른바 덕치(德治)를 주장했다.

"법으로써 인도하고 형벌로써 다스리면 백성들은 그것을 모면하려고만 하고 부끄러움을 느끼지 못할 것이다. 그러나 덕으로써 인도

하고 예로써 질서를 세우면 부끄러움을 알고 인간다운 데로 나아갈 것이다."[162]

덕이란 도를 행하여 마음에 얻음이 있는 것, 즉 학문과 수행을 통하여 인격적으로 내면화되어 있는 덕성을 말한다. 그것은 원래 하늘로부터 주어진 것(天德)이기에 아름답고(懿德), 밝고(明德), 모든 사람이 다 가질 수 있는 것(達德)이다. 그것을 실제로 나의 마음속에 얻는다면 나의 덕이 될 것이다. 예는 인간의 내면적 덕성이 밖으로 표출되어 사회생활에 과불급이 없이 알맞게 적용되는 행위 규범이다.

오늘날의 법 이론에 의하면 덕과 예는 도덕과 법과의 관계에 있어서 법보다는 더 넓은 도덕적 영역을 포함하는 것처럼 보인다. 법은 '도덕의 최소한'이라는 서양의 법 개념이 있지만, 유학에서 말하는 덕과 예는 법의 영역을 훨씬 뛰어넘는 도덕적인 내용을 포함한다. 이것은 마치 예수가 바리사이들을 향하여 자신이 율법을 무시하는 것이 아니라, 율법에서 그치지 않고 그 이상의 마음가짐과 실천, 즉 사랑이 있어야 한다고 주장하는 것과 같다.

공자는 자로의 성격이 과단성이 있어서 법을 집행하는 데 있어서 유능함을 칭찬했다.

"한 마디 말로써 옥사를 판결할 수 있는 자는 아마도 유(由)일 것이다. 자로는 마음먹은 일을 미루는 법이 없었다."[163] 그렇지만 공자의 목표는 다른 데 있었다. 공자는 이어서 이렇게 말한다. "재판을 하는 것은 나도 남들만큼 할 수 있지만, 나는 반드시 사람들로 하여금 송사를 일으키지 않도록 할 것이다."[164] 그의 목표는 법을 잘 집행하는 것이 아니라, 백성들을 도덕적으로 교화하여 분쟁을 미리 예방하는 것이었다. 이 점에서 공자 정치사상의 이상주의적 경향을 인지할 수 있다.

근대 이후 서양문화의 우위 속에서 법치주의 이론은 문명국가의 보편적인 통치원리로서 자리 잡았다. 반면에 유교의 덕치주의는 시대착오적인 것으로서 역사의 무대에서 사라졌다. 그러나 옛날의 동양세계에서는 항상 덕치를 실현하느냐, 못 하느냐가 치란의 중심 문제로 되어왔다는 점을 주목하여야 할 것이다. 이것은 결국 덕의 소유자인 군자가 정치를 해야 한다는 군자 지배의 원리와 함께 그 장점과 더불어 약점을 내포하고 있다.

공자는 덕치를 이렇게 찬양한다.

"덕으로써 정치를 한다는 것은 비유하자면 마치 북극성이 제 자리에 있고, 뭇 별들이 그 주위를 도는 것과 같다."[165]

덕을 갖춘 지도자는 그 자리만 지키고 있다고 해도 모든 것이 잘 되어간다는 이야기다. 범씨는 이렇게 주석했다. "정치를 덕으로 하면 움직이지 않아도 교화되고, 말하지 않아도 믿고, 행함이 없어도 이루어지며, 지키는 것이 지극히 간략하면서도 번거로움을 제어할 수 있으며, 처하는 것이 지극히 고요하면서도 능히 움직이는 것을 제어할 수 있고, 힘쓰는 것이 지극히 적으면서도 여러 사람을 복종시킬 수 있는 것이다."

옛날의 성스러운 군주였던 순임금은 몸을 공손히 하고, 다만 남쪽을 향하여 앉아 있음으로써 세상을 다스렸다고 한다. 공자는 그를 '무위이치(無爲而治)'의 전형으로 생각했다.[166] 요즘 지도자들은 자기가 아닌 다른 사람이 공을 차지할까 두려워한다.

서구의 '덕' 개념: 플라톤의 경우

동양 정치에서 '덕치주의'란 말은 그 통치이론의 중요한 역사적 의미를 갖는 말이지만, 서양에서는 일찍부터 '법치주의'란 말이 그 정치사상의 주류를 이루었다. 그러나 동양적 덕치의 정치형태가 서양에 없었던 것은 아니다. 오히려 그 나름의 덕을 갖춘 다양한 인간들의 인치적(人治的) 정치형태를 그리스인들은 분명히 인식하고 있었다.

그들은 덕(aretē)이라는 말을 넓은 의미에서 사물의 '훌륭한 상태' 또는 '좋음'이라는 뜻으로 사용했다. 이는 어떤 사물의 기능(ergon) 또는 상태를 설명하는 말이다. '좋은 눈'이라거나 '좋은 칼'이라는 말은 각기 그것의 기능이나 상태를 나타낸다.[167] 그러나 인간의 덕은 주로 인간의 정신적인 측면, 즉 인간의 의지나 행위와 관련되는 어떤 상태를 말한다.

아리스토텔레스는 덕을 '칭찬받을 만한 정신상태' 또는 '도덕적 탁월성'이라고 정의했다.[168] 덕은 지적인 덕과 도덕적인 덕으로 나눌 수 있는데, 전자는 교육에 의하여 후자는 습관에 의하여 형성된다. 덕은 실천함으로써 얻게 되는 능력이고 활동이다. 사람은 '옳은 규칙'에 따라서 행동해야 한다. 그리고 행동은 사람의 성품을 결정한다. 덕은 인간의 성품, 어떤 성격의 상태, 지식과 행위선택의 결과이다. 그것은 행동과 정의(情意: πάθος), 쾌락과 고통과 관련된다. 덕은 쾌락과 고통에 관하여 최선의 선택을 하기 마련이고, 악덕은 이와 반대되는 행위를 한다. 무릇 좋은 것은 보다 더 힘든 선택을 요구한다.

그리스인들은 그러한 개념을 개인적인 것과 국가적인 것으로 구별하지 않았다. 개인적인 덕은 국가로 확대된다. 그리하여 플라톤은 지혜 · 용기 · 절제 · 정의를 이 양자에 다 같이 적용되는 네 가지 근원적인 덕(四元德)이라고 규정했다. 그리하여 개인적인 차원에서

뿐만 아니라, 국가적인 차원에서도 지혜와 용기와 절제와 정의를 갖추고 있을 경우에는 그 나라는 훌륭한(좋은) 나라가 된다.

그에 의하면, 지혜란 일종의 지식이며, 그것은 목수나 농사꾼의 지식이 아니라 나라 전체에 관하여, 국가 간의 관계에 관하여, 무엇이 좋은 방책인가를 인식하는 지식이며, 그러한 지혜는 성질상 나라의 최소집단인 지도자와 통치자 계급에 속하는 것이다. 이러한 본성에 맞추어서 세워진 국가는 가장 적은 계급이나 부분, 즉 지도적이며 지배적인 부분 안에 있는 지식으로 인하여 전체적으로 지혜롭게 된다.

용기란 일종의 고수[169] 또는 보전(sōtēria)[170]이다. 법에 의한 교육을 통해, 두려워해야 할 것들이 무엇이며 또 어떠한 것들인지에 대한 소신(판단)의 고수 또는 보전이다. 그 소신의 한결같은 고수란 고통에서나, 쾌락에서나, 욕망에서나, 공포에서나 한결같이 그 의견을 고수하여 원래의 정신을 잃어버리지 않는다는 것이다. 쾌락 · 고통 · 공포 · 욕망으로도 결코 좌절시킬 수 없는 옳고 합법적인 의견을 고수하는 힘. 이것은 나라를 위해 전쟁을 하고 군인으로 복무하는 부류에게 요구되는 덕이다.

절제는 일종의 질서이며, 또 어떤 쾌락이나 욕망의 극복이며, 흔히 '자기 자신을 이기는 것'이라는 말로 표현된다. 인간의 내면, 즉 영혼 안에는 더 좋은 부분과 더 나쁜 부분이 있다는 것으로서 더 좋은 것이 더 나쁜 것을 지배할 때 자기 자신을 이기는 것이라고 말하고, 반면에 나쁜 교육이나 교제의 결과로 한결 못한 다수의 부분에 의하여 한결 나은 작은 부분이 제압될 경우 이를 자기 자신에게 지고 무절제하다고 말한다.

이 개념을 한 인간에게서 한 나라로 옮겨본다면, 아이들이나 여인들과 노예들, 자유인들 중 비천한 사람들은 수많은 갖가지 욕망이나 쾌락과 고통을 가지고 있다. 이에 반하여 이성과 올바른 의견의 도움으로 바른 판단력을 갖추고 훌륭한 바탕과 좋은 교육을 받은 소수의 사람들은 단순하고 절도 있는 욕구를 가지고 있다. 나라가 절제 있고 자기 자신을 이기고 있다고 말하려면 다수의 미천한 사람들의 욕구가 소수의 한결 더 공정한 사람들의 욕구와 슬기에 의하여 제압되어야 한다.

더 나아가 누가 나라를 다스려야 할 것인지에 대하여 다스리는 자들과 다스림을 받는 자들 간에 '같은 판단(의견)'이 이루어져 있는 나라가 있다면, 이 경우에도 '절제 있는 나라'라고 불러야 할 것이다. 이 경우에는 용기나 지혜처럼 그 나라의 어느 한 부분만 용기나 지혜를 가지고 있어도 '용기 있는 나라' 또는 '지혜 있는 나라'라고 부를 수 있지만, '절제 있는 나라'는 나라 전체에 걸쳐 성향상 한결 나은 쪽과 못한 쪽 사이에 어느 쪽이 지배할 것인지에 대하여 합의를 보아야 한다는 점에서 국가 전체의 조화와 합창이라고 할 수 있다.[171]

정의는 개인적인 차원에서는 '각자가 남의 것을 취하지도 않고, 또 제 것을 빼앗기지도 않는 것', 자기 자신의 것을 갖거나 자기 일을 행하는 것, 즉 '제 것의 소유'와 '제 일을 함'이다.[172] 국가적 차원의 정의는 각 사람마다 나라 안에서 자기의 천성에 가장 어울리는 일 한 가지를 해야 한다는 것이며, 자기 자신의 일을 하고 남의 일에 참견하지 않는 것을 말한다.

개인이 각기 나라에서 자기 자신의 일을 하는 힘은 지혜 · 용기 · 절제와 더불어 나라의 덕을 향상시킨다. 장사꾼 · 보조자 · 방위자의 각 계급이 각각 제 구실을 한다는 것, 각 계급이 나라 안에서 자기 일을 한다는 것이 정의이고, 그와 반대되는 것은 불의다. 장인이나 장사꾼이 전사의 부류로 이행하려 들거나 혹은 전사들 중의 어떤 이가, 그럴 자격도 없으면서, 숙의 결정하며 수호하는 부류로 이행하려 든다면, 그것은 나라의 최대의 불행이 될 것이며, 불의가 될 것이다. 정의는 국가의 세 부류(계급)가 저마다 다른 부류의 일에 참견하지 않고, 자신에게 맞는 일을 하는 것이다.

공자가 개인의 덕성을 국가질서의 기본으로 삼으려는 데 대하여 플라톤은 국가질서를 위하여 개인적 덕성을 제약하려는 의도를 가지는 것처럼 보인다.

정치와 신뢰

공자의 정치사상을 고찰할 때, 사람을 숙연하게 만드는 유명한 장구가 있다.

자공이 정치에 대하여 물었다. 공자가 말했다. "식량을 풍족하게 하고(足食), 군사를 풍족하게 하고(足兵), 백성들로 하여금 신뢰하게 만드는 것(民信)이다." 자공이 물었다. "부득이하여 이 세 가지 중에 하나를 버려야 한다면 무엇을 먼저 버려야 합니까?" 공자가 말했다. "병(兵)을 버려야 한다." 자공이 또 물었다. "부득이하여 이 두 가지 중에서 또 하나를 버려야 한다면 무엇을 버려야 합니까?" 공자가 대답했다. "식(食)을 버려야 한다. 자고로 인간 세상에 죽음은 있게 마련이다. 그러나 백성의 믿음이 없이는 나라가 설 수 없는 것이다."173

먹고 싸우는 것, 식(食)과 병(兵), 요즘 말로 하면 경제와 안보는 국가-정치의 두 가지 요소다. 그런데 이 두 요소는 사실 국민들의 믿음과 신뢰가 없으면 달성하기 어려운 것이다. 국민의 신뢰는 부국

강병의 전제조건이다. 그러므로 국민의 신뢰가 없으면 경제도 안보도 하루아침에 무너질 수 있는 것이다. 자로는 깊은 정치적 안목을 가지고 정치현상의 본질적인 질문을 던졌고, 공자는 이에 대하여 참으로 정곡을 찌르는 답을 했다고 생각한다. 정자가 주에서 "공문의 제자가 묻기를 잘하여 곧바로 문제의 밑바닥에까지 이르렀으니, 이 장과 같은 것은 자공이 아니면 묻지 못했을 것이요, 공자가 아니면 답하지 못했을 것"이라고 평한 것은 자신의 감동을 적절히 표현한 것이다.

맹자도 이와 비슷한 말을 하고 있다.

그는 "산 사람을 봉양하고 죽은 자를 장사지내는 데 유감이 없게 하는 것이 왕도의 시작이다(養生喪死無憾 王道之始也)"[174]라고 했다. 정치에서 경제가 중요하다는 것은 통상적인 진실이다. 그러나 먹고사는 문제의 밑바탕에는, 그리고 군사에 관한 일에 있어서도 그 근본에는 인간의 믿음이 자리하고 있다는 것을 강조하고 있다. 그는 다른 장에서 이렇게 말했다.

"천시(天時)는 지리(地利)만 못하고, 지리는 인화(人和)만 못하다. (…) 그러므로 옛말에 이르기를 '백성을 한계 짓되 국경의 경계로써 하지 않으며, 국토를 견고히 하되 산과 강의 험고함으로써 하지 않으며, 천하를 두렵게 하되 병혁(兵革)의 예리함으로써 하지 않는다' 한 것이다. 도를 얻은 자는 도와주는 이가 많고, 도를 잃은 자는 도와주는 이가 적다. 도와주는 이가 적음의 극단적인 것은 친척이 배반하는 것이고, 도와주는 이가 많음의 최고는 천하가 순종하는 것이다. 천하가 순종하는 것으로써 친척이 배반하는 것을 공격한다. 그러므로 군자는 싸우지 않음이 있을지언정 싸우면 반드시 승리한다."[175]

공맹의 말이 참으로 맞다고 생각한다. 그러나 어떻게 사람의 믿음을 얻을 수 있으며, 인화(人和)를 도모할 수 있는가. 간난은 같이 누릴 수 있어도 부귀는 함께할 수 없다는 말도 있지 않은가. 사람은 잘 살고 강하게 되면 오히려 신뢰가 깨어지는 일이 많다. 신뢰를 얻기 위해서 정치인에게 요구되는 덕성은 무엇인가.

사람의 마음(믿음)을 얻는 방법

섭공이 정치에 대하여 물었을 때, 공자는 "정치란 가까이 있는 사람들의 마음을 얻고, 먼 데 있는 사람들이 찾아오게 만드는 것"이라고 말했다.[176]

주자는 "그 은택을 입으면 기뻐하고, 그 소문을 들으면 오게 된다. 그러나 반드시 가까이 있는 자들이 기뻐한 뒤에야 먼 곳에 있는 자들이 오는 것"이라고 해설했다. 이 짧고 평범한 듯 보이는 말은 정치의 이상과 본질을 잘 드러내고 있다. 공자는 정치에 있어서 믿음(信)을 가장 중요하게 생각했고, 믿음을 얻는 길은 가까이 있는 사람들로부터 시작된다. 유학이 정치를 하기 전에 먼저 수신하고 제가할 것을 강조하고 있는 것과 맥을 같이한다. 그러나 이것은 이치로는 맞는 말이지만, 실제로는 매우 어려운 일이다. 예수와 같은 분도 자기 고을 사람들은 알아보지 못했다. 사람들은 대개 밖에서 명성을 얻은 다음에 고향에서 알려지게 되는 일이 흔하다. 그러나 형제 처자로부터도 믿음을 얻지 못하면서 정치를 하겠다고 나서는 것은 너무나도 자신을 돌아보는 능력이 없다고 할 것이다.

공자의 정치이론의 핵심은 결국 바르고 현명한 사람을 윗자리에 앉히고, 가까이 있는 사람들의 신뢰를 얻어야 한다는 것으로 요약할 수 있다. 제자들이 간혹 공자에게 벼슬길에 나아가 어떻게 정치를 해야 할 것인가를 물었을 때, 그의 대답은 한결같이 모두 평범한 것이었는데, 어쩌면 이것은 모두 사람들의 신뢰를 얻기 위한 것이었는지 모른다.

자장이 정치에 대하여 물었을 때, "마음속에 게으름을 없이하고, 일을 행함에 충심으로써 하라"고 말했다.[177] 자로가 정치에 대하여 물었을 때도 "솔선수범할 것이며, 부지런히 해야 한다"고 말했다.[178] 공자는 말로 하는 정치가 아니라 몸으로 보여주는 정치를 하기를 바랐다. 오늘날에도 국민들은 정치인들의 말은 믿지 않고 행동을 보고 판단한다. 자로가 뭔가 더 자세한 말씀이 있을까 하여 한 말씀 더 해주기를 청했을 때, "게으르지 말아야 한다(無倦)"라는 말을 보탰을 뿐이다. 그러나 여기에서 '게으르지 말라'는 말은 정치를 하거나 공무를 보면서 (예컨대 사사로운 욕망을 채우기 위하여) 다른 데 신경을 쓰거나 애먼 짓을 하지 말라는 것이요, 또 결코 숨이 넘어가는 것처럼 바쁘게 돌아가지는 말라는 말로 이해해야 할 것이다. 설사 애먼 짓은 않는다 하더라도 멍청하면서 부지런하거나, 잘못된 길을 열심히 가는 것처럼 위험한 일은 없기 때문이다.

자하가 거보의 읍재가 되어 정치에 대하여 물었을 때, 공자는 이렇게 말했다. "일을 빨리 하려고 서두르지 말며, 조그만 이익을 보지 말아야 한다. 빨리 하려고 하면 제대로 되지 못하며, 조그만 이익을 보면 큰일을 이루지 못한다."[179]

12. 정체의 종류: 플라톤의 경우

고대 그리스인들은 그리스를 중심으로 한 세계의 수많은 국가에서 각기 그 나라의 고유한 조건에 따라서 그들 국가의 정치적 형태, 즉 정체(政體: politeia)를 가진다고 생각했다. 이것은 고대 동양세계 역사의 대부분이 군주정적 정치제도만으로 점철되어왔던 것과 매우 다른 현상이다. 아마도 이것이 동서양의 정치사상의 가장 독특한 차이이며, 주목해야 할 관점이라고 생각된다.

플라톤은 국가의 정체는 그것을 만드는(또는 그 속에서 사는) 인간의 성격과 기질로부터 생성된다고 생각했다. 따라서 각 정체는 그것에 맞는 인간의 유형이 있다. 이 유형이란 많은 인간들의 성격적 쏠림, 어떤 기질적 경향성을 가리킨다. 그는 다섯 개 형태의 정체와 그에 상응하는 다섯 개의 인간 유형을 구별했다. 이들 중에서 왕도정체 또는 최선자정체는 이상적이고 최선의 것이며, 그 나머지는 이상적 형태에서 벗어난 현실적이며 저급한 것이다.

① 왕도정체 또는 최선자들의 정체

② 크레테와 라코니아(스파르타)식 정체: 명예지상(至上)정체 또는 명예지배정체

③ 과두정체 또는 소수지배체제

④ 민주정체

⑤ 참주정체 또는 독재체제

이상적 국가형태로서의 왕도정체 또는 최선자들의 정체

통치자들 가운데서 특출한 한 사람이 생기게 될 경우에는 왕도정체(basileia)라 하고, 여러 사람이 있을 경우에는 최선자[들의] 정체(aristokratia)라고 부른다.[180] 여기에서 최선자는 철학자를 가리킨다. 플라톤은 국가의 통치권은 철학자에게 있어야 한다고 주장했다. 이른바 철인치자(哲人治者)의 사상이다. 동양적 군주정에서 '성인적 군주'를 이상으로 삼는 것과 같이 고대 그리스는 '철인적 통치자'를 이상으로 삼았다. 이 정체에서는 어떻게 '최선자'를 길러낼 것인가가 가장 중요한 문제이다. 플라톤은 최선자의 교육과 양육에 대하여 처자의 공유와 공동식사, 공동교육과 같은 참으로 상상하기 어려운 방법을 제시했다. 그는 국가의 안정을 도모하는 것이 최선의 정의라고 하면서 지배계급의 양육과 교육에 있어서 처자와 재산의 공유와 같은 원시 공산사회의 종족주의적인 주장에까지 나아갔다. 그러나 이러한 주장은 당시에 이미 아리스토텔레스 같은 사람에 의하여 도저히 이해할 수 없는 것으로 비판받았으며[181], 아마도 소크라테스는 (만약 그가 이러한 주장을 알았더라면) 전체주의적인 정치강령이나 반인도주의적인 발상으로서 단호하게 물리쳤을 것이다.

플라톤은 국가의 부패와 타락이 인간의 이성과 도덕적 의지에 의하여 저지될 수 있다고 믿었으며, 변화하지 않고 부패가 없는 완전한 국가, 이상국가를 창조하려는 구상을 가졌다. 그는 국가의 모형을 어떤 '이상'이나 '형상'에 고정시키고 그 이상에 인간을 복종시킴으로써 칼 포퍼가 말한 바와 같이 전체주의적 국가이론의 고전적인 원형을 만들어냈다.[182] 그러나 그의 가설은 어디까지나 하나의 이상적 형상(모범)이지, 현실적 발현형태로서의 정체는 이런 것과는 거리가 멀어지는데, 그 이유는 사회적 존재로서의 인간의 이해관계와 성격이 달라지기 때문이다. 인간은 변화하며, 다르게 생각하고 다르게 행동할 수 있다. 그에 따라서 정체도 변화한다. 국가의 정체는 그곳에 살고 있는 사람, 즉 '그 나라와 그런 인간'에 대응한다.[183]

현실적이고 저급한 정체들

명예지상정체(timokratia) 또는 명예지배정체(timarchia)는 인간의 명예욕이 지배하는 정체다. 그것은 크레테와 라코니아(스파르타) 사람들처럼 승리와 명예를 추구하는 사람들의 정체다. 이 정체는 최선자정체와 과두정체의 중간에 있다. 그러므로 어떤 면에서는 최선자정체와 닮은 점이 있고, 또 어떤 점에서는 과두정체와 닮고 있다. 지배자들에 대한 존경심, 나라를 위하여 싸우려는 기개와 애국심 등은 전자를 닮았으며, 재물에 대한 탐욕, 사치와 낭비, 지혜로운 사람들에 대한 경원, 평화보다는 전쟁을 선호하는 것 등은 후자를 닮았다고 할 수 있다. 이와 같은 나라의 체제는 악한 것과 선한 것이 섞여 있으며, 인간의 기개적이고 격정적인 부분이 지배하기 때문에, 사람들은 승리와 명예를 사랑한다.

과두정체 또는 소수지배체제(oligarchia)는 재산을 평가하여 부자가 지배하고 가난한 사람들은 지배에 참여할 수 없는 정치체제이다. 명예지배정체에서 사람들이 명예와 덕보다는 돈과 재산을 더 존중하게 되어, 돈 많은 사람들이 무리를 이루어 돈벌이에 치중하고, 덕을 갖춘 훌륭한 사람들을 배제하고 가난한 사람들을 천대하고 법을 악용하거나 무시하면서 과두정체로 이행한다. 이런 나라는 필연적으로 하나가 아닌 두 개의 나라, 즉 가난한 사람들의 나라와 부자들의 나라로 분열되는데, 같은 곳에 살고 있으면서도 늘 적대하고 서로 음모를 꾸민다. 가령 선박의 조타수를 뽑으려 하면서 재산의 평가에 따라서 한다면, 그리하여 비록 가난한 사람이 훨씬 더 키잡이에 능숙하다 할지라도 그 일을 맡기지 않는다면 그들의 항해는 어떻게 될 것인가?

이 정체는 부자의 숫자는 점점 적어지고 가난한 사람들은 점점 더 많아진다. 마치 벌집의 구멍 속에 수펄이 생겨서 벌집 전체의 병이 되듯이, 가난한 사람으로 전락한 부자들은 수펄로서 어느 집안에 태어나 나라의 병이 된다.

과두정체적 인간은 어떤 사람인가? 과두정체에 맞는 인간은 재물을 가장 귀하게 여기고, 인색하며 부지런히 일하는 사람이다. 자기의 영혼 안에 있는 명예라든가 기개적인 부분은 내동댕이치고, 돈을 좋아하는 욕망적인 부분을 영혼의 용상에 앉혀놓고 사치와 호사를 일삼는다. 장님을 자기 가무단의 단장으로 세워놓고서 가장 존경한다.[184] 과두정체는 그 지배자들이 최대한으로 부유해져야 한다는 '만족할 줄 모르는 욕망(aplēstīa)'을 무절제하게 사용함으로써 민주정체로 이행한다.

민주정체(dēmokratīa)는 다수의 가난한 사람들이 부유한 사람들과 싸워 이기고, 나머지 시민들에게 시민권과 관직을 평등하게 배분함으로써 성립한다. 이 정체에서 관직은 대체로 추첨에 의하여 할당된다.

과두정체의 통치자들은 많은 재산을 가지고 있는데, 그들이 방탕하고 무절제하게 재산을 낭비하면 그것을 사들이는 사람이 있어, 부자였던 사람들이 가난한 사람으로 전락하게 된다. 가난한 사람들이 많아져서 소수의 부자들을 제압하게 되면 민주정체로 이행한다.

민주정체는 자유로 가득 차 있다. 여기에서는 무엇이든 하고 싶은 대로 할 수 있는, '멋대로 할 수 있는 자유'가 있다. 민주정체는 유쾌하고 무정부적이고 다채롭고, 동등한 사람에게도 동등치 않은 사람에게도 똑같이 차별 없이 일종의 평등을 나누어주는 나라의 체제이다.

젊은이가 교육을 잘못 받고, 잘못 키워져서 필요 없는 욕망, 다채로운 갖가지 종류의 쾌락을 추구할 때 과두정적 인간은 민주정적 인간으로 변화되며, 이런 인간의 성격 변화는 결국 정체 그 자체의 전환을 가져온다. 결국 젊은이의 '영혼의 성채'를 무엇이 차지하는가에 따라 과두정과 민주정은 갈라지게 된다. 젊었을 때 필요한 욕망 속에 자라난 사람이 변해서 필요 없고 쓸모없는 쾌락을 쫓아갈 때 과두정체는 민주정체로 옮겨간다.

민주정적 인간의 특징은 '오만무례함(hybris)', 무정부상태(무질서: anarchia), 낭비성 및 '부끄러움을 모르는 상태(無恥: anaideia)'를 자랑하여, 오만무례함을 교양 있음(eupaideusia), 무정부 상태를 자유, 낭비성을 도량(megaloprepeia), 부끄러움을 모르는 상태를 용기라고 부르며, 또 공경(aidōs)을 어리석음, 절제를 비겁, 절도와 적정한 지출을 촌스럽고 비굴한 것이라고 부른다.[185] 그들은 날마다 마주치는 욕구에 영합하면서 살아가며, 자기가 하고 싶은 일을 하고, 그의 삶에는 아무런 질서도 필연성도 없으나, 그는 이 삶을 즐겁고 자유롭고 축복받은 것이라 생각한다.

참주정체(tyrannis) 또는 독재체제는 한 사람이 다른 사람들을 노예처럼 지배하는 정치체제를 말한다. 참주정체는 어떻게 생기는가? 과두정체에서 민주정체가 생기는 것과 같이, 민주정체에서 참주정체가 생긴다. 과두정체는 부(富)를 목표로, 그것을 선으로 내세우는 체제다. 그러나 부에 대한 '만족할 줄 모르는 욕망'과 돈벌이 때문에 다른 모든 것을 소홀히 하는 것이 이 정체를 파멸시킨다.

민주정체는 자유를 선으로 규정한다. 민주정체는 자유에 대한 만족할 줄 모르는 욕망과 그 밖의 다른 것에 대한 무관심이 이 체제를 변화시켜 참주정체를 만들어낸다. 개인에게 있어서도 나라에 있어서도 지나친 자유는 지나친 예속(굴종: douleia) 이외의 다른 어떤 것으로도 바뀌지 않는다. 극단적인 자유에서 가장 야만스런 예속이 조성된다. 따라서 독재체제는 민주정체의 바탕 위에서 생성된다.

게으르고 가난하고 무지한 인간들은 그들의 비위를 맞추는 한 사람을 뽑아서 그를 앞장세우고 그를 강하게 만드는 습성이 있다. 이때 가장 사납고 말 잘하는 선동가들이 나타난다. 가난한 자들은 그들의 연단 주위에 몰려들어 박수를 치고, 돈 많은 사람들은 이러한 자들에게 꿀을 제공하는 수펄들의 목초장이 된다. 독재자는 언제나 그런 민중의 지도자를 뿌리로 해서 싹튼다. 민중의 앞장을 선 사람은 군중을 거느리고 사람을 고발하고, 죽이고, 추방하기도 하고, 채무의 무효화와 토지의 재분배를 약속하기도 한다. 그는 적들에 의하여 살해되거나 참주가 되는 길밖에 없다.

참주는 다른 사람들에게는 친절하고 다정한 것 같지만, 자기에게 반대하는 자들에게는 가혹하며, 민중으로 하여금 지도자가 필요한 상태에 있도록 하기 위하여 전쟁을 일으키고, 민중이 가난해서 그날 그날의 일에 쫓기지 않을 수 없게 하기 위하여 세금을 많이 부과한다.

또 어떤 사람들이 자유로운 사상을 갖고 있어서 자기에게 통치를 맡겨놓지 않으려 한다는 것을 알게 되면 이들을 파멸시키기 위해서 모든 수단을 동원한다. 그와 함께 권력을 갖게 된 사람들 중에서도 자기를 비판하는 사람이 있다면 숙청하지 않으면 안 된다. 또한 참주는 자기의 친구들을 파멸시키지만, 자기를 '거룩한 것'으로서 찬양하는 시인과 현자들을 찾는다. 그들은 세상을 돌아다니면서 참주를 칭송하고 보수를 받는다.

민주정에서 참주정으로 변하는 것은 마치 아비가 장성한 아들을 부양하는 것처럼, '연기를 피해서 불 속에 뛰어들었다'는 속담처럼, '자유민들의 구속'이라는 연기를 피하려다가 노예들의 전제적 지배라는 불 속으로 떨어지는 것과 같다. 저 '철 이른 자유(akairos eleutheria)' 대신에 가장 힘들고 가장 가혹한 노예들의 종살이라는 새 옷으로 갈아입는 격이다.[186]

아리스토텔레스의 정체이론

아리스토텔레스는 정체를 주권자의 수에 따라서 군주정(왕정), 귀족정 그리고 단지 정체 일반을 가리키는 '정체'라는 것으로 분류했다. 그에 의하면 정체는 공직이 어떻게 배분되며, 국가의 최고권력은 누가 가지며, 각각의 공동체가 추구하는 목표가 무엇인가를 결정하는 국가의 제도다. 인간은 국가 속에서 살아야 할 본성을 가진 동물이다. 국가는 인간의 '좋은 삶(good life)'을 목표로 존재하는 것이며, 좋은 삶은 '공동의 이익(common interest)'을 추구하는 가운데 있다. 국가권력은 공동의 이익을 위하여 행사되어야 한다. 이와 같은 목표에 맞느냐, 맞지 않느냐에 따라서 정체의 올바른 것과 그릇된(왜곡된) 것이 구별된다.

군주정, 귀족정, 그리고 '정체'라는 이름의 제도는 군주정이 1인의, 귀족정이 소수의, 그리고 '정체'가 다수의 지배자에 의하여 통치되며, 이들은 모두 국가의 공동의 이익을 추구한다. 그리고 이들이 국가 공동의 이익을 추구하는 한, 이들 정체는 '올바른 정체' 이며, 반면에 주권자가 개인적 이익에만 사로잡히고 그 정체의 본질을 잃어버리는 것은 '그릇된 정체'이다.

군주정에서 주권자인 왕이 사익을 추구한다면 그것은 참주정으로, 소수의 주권자가 지배하는 귀족정이 타락하여 사욕만을 좇는다면 과두정으로, 다수가 공동의 이익을 무시하고 각기 사익 속으로 빠져들면 그것은 민주정이 된다. 아리스토텔레스는 탁월한 능력을 가진 왕이 변하여 사익의 추구에 혈안이 된 참주정이 최악의 정체이고, 귀족정체가 타락한 과두정이 그다음으로 나쁘며, 민주정체가 가장 견딜 만하다고 평가했다.[187]

아리스토텔레스가 정상적인 정체로서 인민의 다수가 주권적 권력을 가진 것을 특별히 명명하지 않고 단지 일반명칭으로 '정체'라고 이름 붙인 이유는 무엇일까?[188] 그것은 분명하지 않지만 한 사람이나 소수자가 어떤 탁월함을 가질 수는 있어도 다수가 온갖 종류의 탁월함을 갖기는 어렵기 때문에, 어쩌면 이것을 현실세계에는 존재하지 않고 머릿속에서만 상상하는 하나의 이상형으로 구상했기 때문에 현실적인 정체로 인정하기가 어려웠는지 모른다. 그는 다수의 탁월함은 오로지 군대에서만 있을 수 있으며, 이런 정체에서는 군대가 주권적 집단이고 그들이 시민권을 가진다고 생각했다.

13. 언어: 말과 글

공자는 음악을 좋아하는 예인이기도 했지만, 그는 무엇보다도 학자로서 언어의 달인이었다. 그는 언어에 대한 깊은 통찰력을 가졌으며, 논어에는 언어에 대하여 말한 장구가 많다. 언어는 인간의 내심을 가장 잘 나타내주는 일반적인 도구이기 때문에, 언어를 통하여 인간의 내면을 꿰뚫어보고 언어가 인간관계에 미치는 영향 등을 통찰했다.

인간의 내심을 표현하는 도구 또는 수단으로는 언어 이외에도 소리와 그림 같은 다른 매체들이 있지만, 그것들은 언어만큼 직접적이고 명확하지 않다. 언어만큼 인간 사이의 소통과 이해를 가능하게 하고 세계를 적나라하게 묘사할 수 있는 도구는 없다. 그것은 어떤 점에서는(다른 매체들도 어느 정도는 마찬가지겠지만) 표의자의 주관과 내심에 관계되기 때문에, 언어는 인격 그 자체라고도 할 수 있다.

공자의 학문의 목표가 성인(成人)과 군자이고, 그의 정치이론의 핵심이 바른 인격을 갖춘 군자가 지배자의 지위에 앉는 것이라면, 언어를 통하여 인간을 알아보고, 언어를 통하여 정치적 인간의 인격적 지향을 가늠할 수 있을 것이다. 그러므로 언어는 보통사람들의 인품을 판단하는 지표일 뿐만 아니라 위정자의 성향을 판단하는 자료이기도 하다.

공자는 『논어』의 첫 부분에서 "말을 좋게 하고 얼굴빛을 곱게 꾸미는 사람 중에는 인(仁)한 사람이 드물다."[189]고 했다. 그는 교묘한 언사와 얼굴빛을 잘 꾸미는(巧言令色) 사람을 싫어했다. 이러한 사람들은 외부로 나타나는 말이나 표정이 타고난 대로의 순수한 감성과 멀어져 진실성을 갖기 어렵기 때문이다. 공자는 내면의 모습이(이왕이면 타고난 대로의 순수한 감성이) 과불급 없이 자연스럽게 외부에 표출되는 것을 좋아했다. 그래서 말이건 표정이건 꾸미고 가장하는 것을 싫어했다.

공자가 말했다. "말을 잘하고 얼굴빛을 꾸미고 지나치게 공손한 것을 옛날에 좌구명(左丘明)이 부끄럽게 여겼는데, 나 또한 이를 부끄럽게 여긴다. 속으로 원망을 감추고 그 사람과 사귐을 좌구명이 부끄럽게 여겼는데, 나 또한 이를 부끄럽게 여긴다."[190] 여기에서는 교언영색에다가 주공(足恭: 지나치게 공손함)을 첨가하고 있다. 주공은 아첨으로 보이기 쉽다. 아첨은 자기 자신뿐만 아니라 상대방의 인격을 왜곡시키는 행위이다. 자기를 속이면서 상대방을 속인다. 진심으로는 그렇게 생각하지 않으면서 상대방으로 하여금 거짓을 진실로 믿게 만든다. 남을 원망하면서 오히려 그와 사귀는 것은 자신을 속이면서 상대방을 속이거나, 아니면 구밀복검(口蜜腹劍)의 비수를 감추고 해칠 때를 기다리고 있는 것이다. 공자는 자신의 진심(내심)이 원하는 대로 행동하기를 바란다. 인간의 행동은 진심의 바탕 위에서 이루어져야 한다고 생각한다.

그는 진실하지 않은 말을 번지르르하게 잘하는 것보다는 오히려 말이 서툰 것을 좋게 여겼다. "군자는 말은 어눌하지만 행하기를 민첩하게 하고자 한다."[191]고 공자는 말했다. 군자는 말을 앞세우지 않는다. 실행한 다음에 말해도 늦지 않다. "옛날에 말을 함부로 하지 않은 것은 몸소 실행함이 미치지 못할까를 부끄러워했기 때문"

이라고 그는 말했다.[192] 어떤 사람이 공자의 제자인 중궁(仲弓)이 "인(仁)하기는 하나 말재주가 없습니다."라고 말했다. 공자가 말했다. "말재주를 어디에다 쓰겠는가? 약삭빠른 구변으로 남의 말을 막아서 자주 남의 미움만 받을 뿐이니, 그가 인한 사람인지는 모르겠으나 말재주를 어디에다 쓰겠는가?"[193] 공자는 진심은 아니면서 겉으로 교묘한 언사를 농하는 말재주를 싫어했을 뿐만 아니라, 그것을 공적 생활에 해로운 것으로서 극히 경계했다.

다음의 대화는 말이라는 것이 사사로운 개인들의 사회생활을 넘어 국가의 흥망에까지 관계되는, 공인의 중차대한 말의 효과를 지적하고 있다.

정공이 물었다. "한 마디의 말로써 가히 나라를 흥하게 할 수 있다고 하니, 그러한 일이 있을 수 있습니까?" 공자가 대답했다. "말이란 것이 그렇게까지 효력이 있을 것이라고 기대할 수는 없지만, 사람들이 말하기를 '임금 노릇 하기가 어렵고 신하 노릇 하기가 쉽지 않다'고 했으니, 만약 (임금이) 임금 노릇 하기가 참으로 어려움을 안다면, 그것은 한 마디 말로써 나라를 흥하게 함을 기약할 수 있는 것이 아니겠습니까?" 정공이 다시 물었다. "한 마디의 말로써 나라를 잃을 수 있다고 하였으니, 그러한 일이 있을 수 있습니까?" 공자가 대답했다. "말의 효력을 이와 같이 기대할 수는 없지만, 사람들이 전해오는 말에, '나는 임금된 것은 즐거울 것이 없고, 오직 내가 말을 하면 아무도 나를 거스를 수 없다는 것이 즐겁다'라는 말이 있는데, 만약 임금의 말이 선한데, 아무도 거스르지 않는다면 또한 좋은 일이겠으나, 만약 임금의 말이 선하지 않는데도 아무도 이의를 말하지 않는다면, 이것은 한 마디 말로써 나라를 잃는 데 가깝다고 할 수 있지 않겠습니까?"[194]

집주는 이러한 해설을 달고 있다. 임금 노릇 하기 어렵다는 것은 반드시 두려워하고 조심하여, 마치 깊은 못에 임하고 엷은 얼음 위를 걷는 듯이 매사에 소홀함이 없다면, 그것은 나라를 일으킬 수 있는 기틀이 될 것이며, 자신의 잘못을 지적하여 충언하는 자가 없다면, 간신배와 아첨꾼들만 모여들어 나라의 망함의 발단이 되리라는 것이다. 이런 일은 옛날 이야기가 아니라 오늘날에도 생생하게 목도하는 일이다.

말을 이해함(知言)

어떤 사람이 맹자에게 물었다. "선생은 무엇을 잘하십니까?"

맹자는 "나는 말을 알며(知言), 호연지기를 잘 기른다."라고 말했다. 그 사람이 다시 물었다. "무엇을 지언이라고 합니까?" 맹자가 말했다.

"편벽된 말(詖辭)에 그 가리운 바를 알고, 음탕한 말(淫辭)에 그 빠져 있는 바를 알고, 부정한 말(邪辭)에 그 괴리된 바를 알고, 도피하는 말(遁辭)에 그 궁함을 안다. 말은 마음에서 나와서 그 정치를 해치고, 정치에서 나와서 그 일을 해치게 된다. 내 말은 공자께서 다시 나오셔도 수긍하실 것이다."195

맹자는 말의 이면에 숨어 있는 진실을 파악하는 데 능력이 있음을 자처하고 있다. 사실 언어로 위장하고 있는 진실을 백일하에 드러내는 것은 어려운 일이지만, 언어 이면의 진실을 보지 못하는 것은 지식인으로서의 자격이 부족하다고 할 것이다. 참다운 지식인은 피사 · 음사 · 사사 · 둔사 등, 언어와 진실을 정확하게 꿰뚫어 볼 수 있어야 한다. 학문은 무엇보다도 진실과 진리에 도달하기 위한 방법이다.

명분을 바로 세우기 위한 도구로서의 언어: 정명(正名)

언어는 사람의 마음속 생각을 표현하는 도구다. 마음이 지향하는 바가 객관적인 진실에 부합할 때 그것은 이념이고 명분이 된다. 『논어』에 나오는 다음의 대화는 명분과 언어(名과 言)에 관한 공자의 생각을 잘 보여주고 있다. 자로가 물었다.

"위나라 군주가 선생님께 정사를 맡기고자 하는데, 맡으신다면 선생님께서는 장차 무슨 일을 제일 먼저 하시겠습니까?" 공자가 말했다.

"반드시 명분을 바르게 하겠다(必也正名乎)."

자로는 이 말에 너무 실망했다. 당시 위나라 사정은 정치적 현실과 명분 사이에서 극도의 혼란 속에 처해 있었다. 영공이 죽고 그 아들 괴외가 부모에게 죄를 짓고 이웃 나라에 망명해 있는 사이 괴외의 아들 첩(출공)이 왕위에 올라 부자간에 후계다툼으로 내란 상태에 있었기 때문이다. 따라서 출공에게 등용되어 그의 왕권의 명분을 논한다면, 그것은 너무나도 현실과 동떨어진 일이었을 것이다. 자로는 급한 성질을 이기지 못하고 돌직구를 날린다.

"세상 사람들이 선생님을 시세에 밝지 못하고 오활(迂濶)하다고 하더니 정말 그렇습니다. 도대체 무슨 명분을 바르게 하신다는 말씀입니까?"

공자도 이런 말은 듣기 거북하고 참기 힘들었을 것이다.

"거칠구나, 유(由)야! 군자는 자기가 알지 못하는 일에는 입을 다물고 있어야 한다. 대저 명분이 바르지 않으면 말이 순조롭지 못하고, 말이 순조롭지 못하면 일이 성취되지 않으며, 일이 성취되지 않으면 예악이 일어나지 않는다. 예악이 일어나지 않으면 형벌이 적중하지 않고, 형벌이 적중하지 않으면 백성들이 어찌할 바를 모르고 당황한다. 그래서 군자는 무슨 일을 하든 반드시 명분에 부합되어야 하고, 말을 했으면 반드시 실행해야 한다. 그리고 군자의 말에는 구차함이 없어야 한다."[196]

여기에서 '이름을 바르게 한다(正名)'는 것은 이념과 명분에 맞게 언어를 바르게 사용한다는 것이다. 언어는 정확한 개념과 올바른 정의에 입각해서 어법에 맞게 사용되어야 한다. 생각은 엉뚱한 데 있으면서 교묘한 말로 진실을 위장하는 것처럼 정치에 해로운 것은 없다. 공자의 말을 오늘날의 개념으로 풀이하자면, 말이 바르게 사용되지 않으면 교육도 제대로 되지 않으며, 사법적 정의(형벌)도 제대로 이루어지지 않으며, 국가적 과제도 제대로 성취할 수 없다는 것이다.

말과 진실, 그리고 진실성

공자는 교언영색을 진실성이 없다고 보았다. 그래서 그것을 싫어했고 부끄럽게 여겼다. "간교한 말은 큰 덕을 어지럽히고, 작은 것을 참지 못하면 큰 계책을 흐트러뜨린다."[197]

말이 진실성이 없고, 사리에 맞지 않으며, 그른 것을 옳다고 강변한다면 크게는 나라를 망하게 만드는 데 이른다고 생각했다. "나는 자주색이 붉은색을 빼앗는 것을 미워하며, 정나라의 음악이 아악을 어지럽히는 것을 미워하며, 말 잘하는 입(利口)이 나라를 전복시키는 것을 미워한다"[198]라고 말했다.

말이란 인간의 내심(본심)을 밖으로 드러내는 것이다. 진실한 말(표시)은 마음속(내심) 상태의 가식 없는 표출이어야 한다. 공자는 아마도 경험을 통하여, 아니면 학문적 통찰력을 가지고 말과 진심의 관계를 인식했는지 모른다. 공자는 말했다.

"덕이 있는 자는 반드시 훌륭한 말을 하지만, 훌륭한 말을 하는 자가 반드시 덕이 있는 것은 아니다. 인자(仁者)는 반드시 용기가 있지만, 용기가 있는 자가 반드시 인한 것은 아니다."[199]

공자는 듣기 좋게 말을 하는 것보다는 진실하게 하는 쪽을 택했다. 당대의 실력자인 계강자가 약을 보내오자 공자는 절하고 받으면서 이렇게 말했다고 한다.

"나는 이 약에 대해서 잘 알지 못하기 때문에 먹지는 못합니다."[200] 이 같은 사정하에서 이런 말을 한다는 것은 참으로 어려운 일이다. 어쩌면 바보같이 정직하다고 해야 할 것이다. 사슴을 가리키면서 말이라고 우긴다는 일화도 있지만(指鹿爲馬), 모가 난 술그릇(觚)을 놓고, 모가 나지 않았다고 말하는 곡학아세의 무리들을 질타하기도 했다.[201]

말은 인간 내심의 진실한 표현일 뿐만 아니라 또한 그것은 다른 사람에게 분명하게 전달되어야 한다. "언사(言辭)는 다만 뜻을 통하게 할 따름이다(辭達而已矣)."[202]라는 공자의 이 한 마디는 참으로 언어의 정곡을 찌르는 말이다. 꾸미기에 앞서 무엇보다도 정확하고 쉽게 사실 또는 진실을 전달하는 것이 언어의 참다운 기능이다. 참으로 말과 글의 전범이 될 만한 말이다.

공자는 말을 잘하는 사람이었을까? 아니면 눌변이었을까? 그처럼 박식하고 순수하고 총명한 사람이 말을 잘하지 못할 리가 없다. 그의 말대로 덕이 있는 사람은 반드시 말을 잘하게 되어 있다(有德者必有言).[203] 그는 향당(고향)에 있을 때는 겸손하여 마치 말을 못하는 것처럼 하였고, 종묘와 조정에서는 명확하게 말을 잘하였지만 조심스럽게 처신하였다고 제자들은 기록했다.[204]

현명한 사람은 말할 때와 장소를 안다. 그리고 누구에게, 무엇을 말할 것인가를 생각한다. 공자가 말했다. "더불어 말할 만한데도 말하지 않으면 사람을 잃는 것(失人)이요, 더불어 말할 만하지 못한데도 말하면 말을 잃는 것(失言)이다. 지혜로운 자는 사람을 잃지 않으며 또한 말을 잃지 않는다."[205] 또 이렇게 말했다.

"군자를 모심에 세 가지 잘못이 있는데, 말을 들으려 하지 않는데도 말하는 것을 조(躁: 조급함)라고 하고, 말을 들을 수 있는데 말하지 않는 것을 은(隱: 숨김)이라 하고, 안색을 보지 않고 말하는 것을 고(瞽: 눈멂)라 한다."[206]

맹자는 이런 경우를 더욱 심하게 표현했다. "선비가 말해서는 안 될 때에 말한다면 이는 말을 함으로써 남의 물건을 탐내는 것이요, 말을 해야 할 때에 하지 않는다면 이는 말을 하지 않음으로써 남의 물건을 탐하는 것이니, 이는 모두 담을 뚫고 문을 넘어가는 도둑의 유이다."[207] 적절한 때에, 적절한 장소에서, 적절한 사람을 향하여, 적절한 말을 한다는 것은 참으로 어려운 일이다.

공자는 말이 진심에서 우러나오고 또 밖으로 표출된 말은 실천되어야 한다고 주장한다. 그래서 말을 하기가 어려운 것이다. "말하는 것을 부끄러워하지 않으면 실천하기 어렵다."[208]

맹자도 말했다. "사람이 말을 쉽게 하는 것은 책임이 없기 때문이다."[209]

공자가 한심하게 생각하는 것은 어떤 말을 좋은 말이라 인정하면서도 자기 자신에 대하여 전혀 변화가 없는 사람이다. 고개를 끄덕이면서 수긍하고 탄복하지만 실천할 생각은 하지 않는다. 이런 사람은 나로서도 어찌할 수가 없다고 탄식한다.[210]

공자는 사람을 말이나 외모로 판단하는 것은 어렵다고 말한다.

"말하는 것이 돈독하게 보인다고 그런 사람과 더불어 함께하는 사람을 군자라고 해야 할 것인가? 외모만 그럴싸하게 꾸미는 자라고 해야 할 것인가?"[211]

"군자는 말을 잘한다고 하여 그 사람을 들어 쓰지 않으며, 사람이 나쁘다고 하여 그의 옳은 말을 버리지 않는다."[212]

언어와 사물의 세계는 눈에 보이는 현상계이고, 그 현상의 이면에는 보이지 않는 본원적 실체가 있다. 인간의 궁극적 인식은 이 본원적 실체를 직관하는 일인지 모른다. 공자는 말년에 "나는 말을 하지 않으려고 한다."고 술회했다. 자공이 물었다. "선생님께서 말씀을 하지 않으신다면 저희들은 무엇을 후세에 전할 수 있겠습니까?" 공자가 말했다. "하늘이 무슨 말을 하는가? 사시(四時)가 운행되고 만물이 생장하는데 하늘이 무슨 말을 하는가?"[213]

부처가 연꽃 한 가지를 대중들에게 들어 보였을 때, 가섭만이 그 의미를 알 수 있었다는 것처럼 결국 궁극적 진리는 자연과의 직접적 대면으로 파악할 수 있다는 것일까?

인심의 통찰, 그리고 입지(立地)와 중용

공자는 인심의 기미를 통찰하는 데 뛰어난 형안을 가지고 있었다. 『논어』에는 사람의 성격과 기질을 파악하는 탁월한 능력을 보여주는 구절이 많다. 다음 문장은 특히 인간에 대한 그의 뛰어난 심리적 통찰력을 보여준다. 자장(子張)이 밝음(明)에 대하여 물었다. 공자는 사람을 알아보는 밝음(분별력)에 대하여 말한다.

"물에 젖듯이 서서히 스며드는 참언(沈潤之譖)과 피부로 느끼듯이 절박하게 다가오는 호소(膚受之愬)가 먹혀들지 않는 사람이라면 밝다고 일컬을 만하다. 물에 젖듯이 서서히 스며드는 참언과 피부로 느끼듯이 절박하게 다가오는 호소가 먹혀들지 않는다면 밝을 뿐만 아니라 고원하다고 할 수 있다."[214]

여기에서는 참언과 거짓 하소연의 심리학이 간결하면서도 심오하게 묘사되어 있다. 양씨는 이러한 주석을 달았다.

"갑자기 남을 훼방하여 말함과 이해가 몸에 간절하지 못한 하소연은 굳이 밝은 자를 기다리지 않고도 먹혀들어 가지 않을 수 있다."

참언과 하소연은 무엇보다도 듣는 자가 그것이 참언이고 하소연이라고 느끼지 못하도록 하는 것이 중요하다. 이렇게 하는 것이야말로 진정한 참언이며, 또 이런 것이 참언임을 알아차리는 것이야말로 진정한 밝음이다. 공자는 이것은 밝음을 뛰어넘는 고원한 인격과 능력을 가진 사람만이 가능하다고 말한다.

참언과 하소연은 그것을 구사하는 방법이 다르다. 남을 참소하는 방법은 가랑비에 옷이 젖듯이 서서히 참소하지 않는 것처럼 해야 하고, 자기의 억울함을 거짓으로 하소연하는 것은 앞뒤를 돌아볼 여유도 없이 급박하고 간절하게 해야 한다.

공자는 겉과 속이 다른 위선적인 인간을 미워했다. 인간의 내면을 꿰뚫어 볼 수 있는 통찰력이 있었다.

"얼굴빛은 위엄 있고 의젓하게 보이지만 내면은 유약하고 비겁한 인간은 그를 소인에 비유하면 벽을 뚫고 담장을 넘는 도둑이라고 해야 할 것이다."[215]

인간에 대한 환멸과 배신감을 느끼는 것은 바로 그 외면과 내면이 다르다는 것을 안 때이다. 속으로 생각하는 것이 밖으로 정직하게 나타나는 경우는 적어도 거짓과 속임은 없다고 보아야 한다. 고매한 인격은 갖추지 못하더라도 위선이 없는 인간은 사람을 실망시키지는 않지만, 겉과 속이 다른 인간은 사람을 한없이 실망시킨다. 그런 사람은 '내실이 없으면서 이름을 도둑질(無實盜名)하여 항상 남이 알까 두려워한다'고 주자는 해설했다. 공자는 이런 인간의 전형을 향원, 즉 '시골 양반' 또는 스스로를 '주류사회의 지배계층'이라고 자부하는 사람들에게서 보았다. 그래서 공자는 "향원은 덕의 적(賊)이다"라고 말했다.[216]

맹자는 이 말을 다음과 같이 해설했다.

"비난하려 해도 꼭 거론할 만한 것이 없으며, 찌르려 해도 찌를 틈이 없어 완벽하게 보인다. 흐르는 세속과 함께하고, 더러운 세상과 영합하며, 평상시에 사는 모습을 보면 충직하고 믿음이 있는 것처럼 보이며, 행동은 청렴하고 결백한 것처럼 보여, 중인이 모두 그를 좋아한다. 자기 스스로 옳다고 생각하지만, 이런 사람들은 도무지 요순의 도에 함께 들어갈 수 없다. 그래서 공자께서 '덕의 적'이라고 말씀하신 것이다."[217]

겉으로 올바른 척하면서 속으로 그릇된 생각을 하는 사람은 진정한 덕을 쌓을 수 없다. 그래서 공자는 말했다. "대중이 어떤 사람을 미워한다 해도 반드시 신중히 살필 것이며, 대중이 어떤 사람을 좋아한다고 해도 반드시 그 사람을 신중히 살펴보아야 할 것이다."[218]

사람을 평가함에 있어서 대중과 여론에 의하여 좌우되지 않는 신중함이 요구된다.

공자는 사람을 아는 것이 지혜라고 말했다.[219] 그런데 사람을 아는 첫걸음은 그의 말을 이해하는 것이다. 사람은 그 사상과 신념에 의하여 구별되고 차별화되지 않을 수 없다. 세상은 다른 사람과 함께 살아가는 것이며, 서로 협력하고 또 경쟁하는 것이지만 그 추구하는 이상과 목표가 같지 않다면 함께 일을 도모할 수 없다. 공자는 말했다. "길이 같지 않으면, 서로 일을 도모하지 않는다."[220]

여기서 길(道)이란 사람들의 가치관, 선과 정의에 대한 관념, 그 이상과 목표, 그 마음의 지향 등을 말한다. 그것은 바로 그가 서 있는 입장, 처지 그리고 그의 사상적 결단과 관계된다.

그럼에도 불구하고 인간은 자기와 길이 다른 사람들을 백안시할 수만은 없다. 어느 정도의 타협과 중용의 도가 필요한 것은 공동사회의 속성상 어쩔 수 없는 일인지 모른다. 공자는 말했다. "용맹을 좋아하고 가난을 싫어함은 난(亂)을 일으키고, 사람으로서 불인함을 너무 심하게 미워함도 난을 일으킨다."[221] 같은 가치와 목표를 공유하면서 사람들과 협동하고, 또 가난과 미움으로 난을 일으키지 못하도록 그들을 포용하는 것이 중용적 정치의 기술이라고 할 것이다.

공자가 대화하는 방법(話法)

『논어』는 공자의 어록이다. 그런데 독백보다는 주로 대화의 형태를 띠고 있다. 논어에 나오는 공자의 대화를 보면 그 내용의 다양함이나 깊이를 떠나서 그 화법의 특이함에 관심이 갈 때가 있다. 위나라 대부 왕손가(王孫賈)라는 사람이 공자에게 물었다.

"아랫목 신에게 잘 보이기보다는 차라리 부뚜막 신에게 잘 보이라는 말이 있는데, 이것은 무슨 뜻입니까?"

주석에 의하면 이 말의 함의는 당시 명목만의 주군인 임금을 비유하는 안방의 신보다는 비록 지위는 낮지만 실권을 쥐고 있는 권신(權臣)을 의미하는 부엌 신을 가까이 하는 것이 좋지 않겠느냐면서 공자의 의중을 떠보는 이야기라는 것이다. 이에 대하여 공자는 다음과 같이 말한다.

"그렇지 않다. 하늘에 죄를 얻으면 빌 곳이 없다."[222]

천리를 거스르지 않고 정도를 가겠다는 말일까?

대화에 있어서 질문에 대하여 직접적으로 대답하는 것처럼 위험한 일은 없다. 대개 질문이란 어느 것을 선택해도 난처한 것일 때가 많기 때문이다. 이른바 딜레마가 되는 경우이다. 이런 때에는 질문이 위치하고 있는 수준을 뛰어넘어 한 차원 높이 올라가지 않으면 그 상황을 잘 모면하기 어렵다. 아랫목 신 또는 부뚜막 신, 임금 또는 권신의 차원을 넘어서 하늘이라는 보편적인 어떤 '이치' 또는 '원칙'에 돌아감으로써 오히려 질문자에게 스스로 답을 찾도록 예봉을 돌려놓는 것이다. 정치적 야심이나 개인적 이해관계가 걸려 있는 문제에 있어서는 더군다나 직접적인 언급을 피하고 원칙만을 이야기해야 한다.

노나라의 대부로서 권력자인 맹의자란 사람이 효에 대하여 묻자, 공자는 무위(無違)라고 간단히 말했다. 같이 가는 번지라는 제자가 이 말이 무슨 뜻이냐고 묻자, 공자는 이렇게 설명했다. "살아 있을 때에는 예로써 섬기고, 돌아가시면 예로써 장사지내고 예로써 제사 지내는 것이다."[223]

공자가 얘기하고 싶었던 것은 자식이 부모의 말을 어기지 않고, 맹목적으로 따라야 한다는 것이 아니라 오히려 예에 어긋나지 않도록 부모를 잘 모셔야 한다는 것으로, 당시 참람하게 행동했던 권력자를 잘 보필해야 한다는 것이었다.

이러한 화법은 예수에게서 아주 드라마틱하게 나타난다.

한 여인이 간통의 혐의로 예수 앞에 잡혀왔다. 당시 유태의 법은 간통한 여인은 돌로 쳐 죽일 수 있었다. 율법을 잘 지키는 바리사이들이 예수에게 물었다. 이 여인을 돌로 쳐도 되겠습니까? 만약 쳐 죽이라고 한다면 불쌍한 한 여인을 죽이는 것이요, 살려주라고 하면

전통적인 율법을 어기는 일이 된다. 예수는 이렇게 말했다.

"죄 없다고 생각하는 사람은 돌을 던져라!"

상황을 뛰어넘는다는 것은 어려운 일이지만, 중요한 일이다. 비단 대화뿐만 아니라 인생에 성공하기 위해서도 경쟁자들과 맞대결하는 것으로는 좋은 결과를 얻기 어렵다. 대결국면을 뛰어넘어 다른 차원으로 진입하지 않으면 안 된다. 보다 넓고 높은 세계로!

빌라도가 예수에게 물었다. "당신이 유대인의 왕이오?"

왕이라고 하면 반역죄에 걸리고, 아니라고 하면 구원자로서의 임무를 포기하게 될 것이다. 예수는 말했다. "나는 진리를 증언하려고 이 땅에 왔다."

자공이 이미 명맥이 끊어져버린 곡삭(告朔)의 제사에 쓰는 희생 제물인 양을 바치는 일을 없애려 하자, 공자는 말했다.

"사야! 너는 그 양을 아까워하느냐? 나는 그 예를 아까워한다."[224]

양(羊)이 아니라 예(禮)가 없어지는 것에 대한 안타까움이 절절히 느껴지는 말이다. 한 마리 양과 인간사회의 영원한 규범인 예는 그 지향하는 목표의 차원이 다르다.

직접적인 언급을 피하는 공자도 제자들에게는 가혹할 정도로 심한 말을 하기도 하고, 또 한없이 칭찬을 아끼지 않기도 한다. 재여(宰予)라는 제자가 낮잠을 자고 있었다. 공자의 입에서 거침없는 말이 나왔다.

"썩은 나무는 조각할 수 없고, 썩은 흙으로 쌓은 담장은 흙손질할 수 없다. 내 재여에 대해서 꾸짖을 것이 있겠는가?"[225]

그러나 제자들에 대하여 칭찬을 아끼지 않는 말도 많다. 그 대표적인 표현은 "사(자공)와는 비로소 더불어 시를 말할 만하구나! 지나간 일을 말하니 앞으로 올 일을 아는구나"[226], "나를 흥기시키는 자는 상(자하)이로구나! 비로소 함께 시를 말할 만하다."[227] 등이다.

"안회는 나를 도와주는 자가 아니다."[228]라는 말은 자공처럼 자기에게 자극을 주는 것은 아니지만, 안회는 그 나름으로 뛰어나다는 것을 반어적으로 표현한 것이다.

공자가 자공에게 물었다.

"너와 안회는 누가 더 나으냐?"

냉정하고 가슴 아픈 질문이다. 자공은 솔직하게 자기가 안회보다 못하다는 것을 고백한다.

"제가 어떻게 감히 안회를 바라보겠습니까? 안회는 하나를 들으면 열을 알고, 저는 하나를 들으면 둘을 압니다."

공자는 자공이 솔직하게 자기를 시인하는 것을 보고 그의 마음을 달랜다.

"그렇다. 나와 너는 다같이 그만 못하다."[229]

제자의 마음을 위로하는 방법이 특이하지 않은가? 당신 자신의 위치를 제자와 함께 놓고서 진실을 받아들이도록 한다.

어떤 사람을 칭찬하는데, "나는 왜 빼놓습니까?" 하고 대드는 사람을 공자는 인정하지 않는다. 공자가 안회를 칭찬하고 있었다.

"써주면 행하고 버리면 은둔하는 일(用行舍藏)은 오직 나와 너만이 할 수 있을 것이다."

자로가 옆에서 듣고 있다가 샘이 나서, 자기가 안회보다 낫다고 생각하는 일을 들어서 공자에게 물었다.

"선생님께서 삼군을 거느리신다면 누구와 함께하시겠습니까?"

공자는 '누구'라고 대답하는 대신 일반론을 펴서 자로 스스로 판단하도록 만든다.

"맨손으로 범을 잡으려 하고, 맨몸으로 강하를 건너려다가 죽어도 후회함이 없는 자와 나는 함께하지 않을 것이다. 나는 반드시 일에 임하여 두려워하고, 도모하기를 좋아하여 성공하는 자와 함께할 것이다."[230]

이 장면은 마치 '용기'에 대하여 논의한 플라톤의 대화편 『라케스』에서 소크라테스가 '용기란 두려워할 것들과 감행할 만한 것들에 대한 앎'[231], '공포를 제대로 평가할 지성'[232]이 필요하다고 주장하는 것과 비슷하다. 지성이 없는 용기는 무모함이 되고 야만이 될 수 있다. 그리고 이러한 지성은 비단 용기에만 적용되는 것이 아니고 절제 · 사랑 · 정의와 같은 다른 덕들에도 필요하다.

공자도 난처한 질문은 회피하려 하고 불필요한 입소문에 말려들지 않으려고 했지만, 그렇다고 진실을 외면하거나 권력자를 두둔하려고 하지 않았다. 진(陳)나라에서 사패(司敗)[233] 벼슬을 하는 사람이 물었다.

"소공(昭公)은 예를 아는 분입니까?"

"예를 아는 분입니다."

공자가 대답했다.

소공은 노나라의 임금이다. 당시 사람들이 예를 아는 사람이라고 생각했다. 그러나 그는 '동성에게는 장가들지 않는다(不取同姓)'는 당시의 예를 어겨 동성인 오나라 여인을 맞아들였는데, 송나라 사람처럼 이름을 바꿔서 시빗거리가 되었다. 진 사패는 공자 제자인 무마기라는 사람을 만나 말했다.

"내가 들으니 군자는 편당을 짓지 않는다고 하는데, 군자도 역시 편당하는가? 임금께서는 오나라 여인에게 장가를 들어 그가 동성인지라 오맹자(吳孟子)라 하여 마치 송나라 사람처럼 위장하였으니, 만약 임금께서 예를 아신다면 누가 예를 알지 못한다 하겠는가?"

무마기가 이 이야기를 공자에게 전하니까, 공자가 이렇게 말했다. "나는 다행이다. 만일 잘못이 있으면 남들이 반드시 아는구나."[234]

임금에 대하여 직접적으로 폄하하는 말을 하지는 않지만, 임금이라고 해서 진실을 은폐하려고도 하지 않고, 오히려 자신의 과실을 인정하면서도 진실을 옹호하는 공자의 솔직한 성격을 볼 수 있다.

소크라테스의 정의 개념과 대화법

소크라테스의 삶에서 가장 중요한 무기는 언어였다. 그중에서도 문자가 아니라 말이었다. 그가 사람들에게 가르치려고 했던 것은 언어를 주의 깊게 사용해야 한다는 것이었다. 그것은 말(words)에 정의(定義)를 내리는 일이었다. 아리스토텔레스는 소크라테스가 정의(definitions)를 중요하게 생각한 최초의 사람이라고 말했다. 당시 그리스인들의 지식이 근본적으로 결여하고 있는 한 가지 주제는 정의였다. 소크라테스는 용어의 정의를 정확하게 내리는 것을 강조했다. 그는 무지의 심연에서 탈출하는 것은 정의를 정확하게 내리는 것으로부터 시작한다고 생각했다. 플라톤의 대화편에 등장하는 소크라테스는 사랑 · 경건함 · 우정 · 이성 등의 주제에 대하여 말하는데, 그는 항상 그러한 개념을 정의하는 것으로부터 대화를 시작한다.

소크라테스의 대화에는 공자에게는 볼 수 없는 '아이러니'라는 독특한 요소가 있었다. 그는 세상사를 설명하는 데 비유와 풍자와 냉소와 유머 사용하기를 좋아했다. 그는 신성한 것이나 지혜로운 것에 대하여는 농담을 하지 않았지만, 유한한 이 세상의 일을 말하는 데 거침없는 비유와 풍자와 기지를 발함으로써 언외의 뜻을 표현하려고 했다. 그는 진지함으로부터 웃음으로 그리고 다시 복잡한 정신적 교감의 본질 속으로 교묘하게 그리고 부지불식간에 미끄러져 들어가는 능력이 있었다. 플라톤의 대화편을 읽노라면 그의 유쾌한 언변과 유연성 못지않게 예의 바름과 인내성 그리고 고도의 진지함을 느낄 수 있다. 그러나 아이러니는 대중들에게는 이해하기 어려운 것이다. "정치에서는 절대로 아이러니를 사용하지 말라."고 충고하는 사람도 있다.[235] 청중들은 문자 그대로 받아들이지, 당신이 아이러니를 썼다고 생각하지 않는다는 것이다. 예컨대 소크라테스가 "나는 무식한 사람이다. 나는 아는 것이 없다. 그래서 많은 질문을 하는 것이다."라고 말할 때, 많은 사람들은 그가 얕은 속임수를 쓰거나 거짓 겸손으로 위장한다고 생각한다. 실제로 소크라테스는 기소당하고 재판받을 때, 그의 아이러닉한 화법 때문에 배심원들을 설득하는 데 실패했고 오히려 그에게 동정심을 가진 사람조차 그의 사형에 찬성하는 쪽으로 돌려놓았던 것이다. 언어는 표현과 함께 이해가 필요하며, 어떻게 이해되는가는 알 수 없는 운명적 요소가 첨가되는지도 모른다.

14. 의(義) 또는 정의(正義)

논어의 그 수많은 명구 중에 아마 이 말도 많은 사람의 심금을 울렸을 것이다.

"군자가 세상을 살아감에 있어서 반드시 무엇을 해야 한다는 것도 없으며, 해서는 안 된다는 것도 없고, 단지 의를 따를 뿐이다."[236]

이인편의 바로 그다음 장에 이런 말도 있다.

"이익에 따라 행동하면 원망이 많다."[237]

"이를 보면 의를 생각하라"라는 말도 있다.

공자는 이를 의와 대비시키고 있다. 후에 맹자는 인의에 의한 정치이론을 폈다.

의란 무엇인가? 서양사상에서는 이 의에 해당하는 말을 정의(justice)라는 말로 표현하고 있다. 서양에서는 정의가 무엇인가에 대하여 매우 구체적이고 치밀한 논리를 전개하고 있다. 그러나 동양에서는 다른 개념과 마찬가지로 의에 대해서도 매우 간단하게 경구적이고 예지적인 단편들을 제공하고 있다. 주자는 간단히 의란 '사물의 마땅함 또는 천리(天理)의 마땅한 바'라고 정의한다. 그러나 이러한 설명은 과연 무엇이 사물과 천리의 마땅함인가를 물으면 또다시 그 마땅함을 찾아 끝없는 논의를 계속하여야 한다.

섭공이 공자에게 말했다. "우리 당에 정직하게 행동하는 자가 있으니, 그의 아버지가 양을 훔치자, 아들이 그것을 고발하였습니다."

공자가 말했다. "우리 당의 정직한 자는 그와는 다릅니다. 아버지는 자식을 위하여 숨겨주고, 자식은 아버지를 위하여 숨겨주니, 정직함은 그 가운데 있는 것입니다."[238]

이 대화에서는 무엇이 정직한 것이며, 무엇이 옳은 것인가에 대하여 생각하는 관점이 너무 다른 것을 보게 된다. 사실 '옳은 것' 또는 '마땅함'이라는 추상적인 개념은 그것을 바라보는 시각, 그것을 생각하는 사람에 따라서 또 시대와 지역에 따라서 상이한 내용을 가지고 나타나게 된다. 여기에서 인간의 사고내용의 여러 가지—시간적 · 공간적 · 사회적 · 환경적 · 문화적—제약가능성을 보게 된다. 그러나 의 또는 정의는 항상 구체적 상황 속에서 결단되지 않으면 안 된다. 현실을 떠난 공허한 가상 속에서의 의로움이란 있을 수 없다.

가장 본질적인 가치로서의 의

자로가 공자에게 물었다. "군자는 용맹을 숭상합니까?"

공자가 말했다. "군자는 의를 으뜸으로 삼는다. 군자가 용만 있고 의가 없으면 난을 일으키고, 소인이 용만 있고 의가 없으면 도둑이 될 것이다."[239]

용기와 과감한 행동을 좋아하는 자로가 용맹에 대하여 묻자, 공자는 참다운 용기는 의가 그 밑바탕이 되어야 한다고 말했다. 공자는 이어서 더 나아가 비단 용기만이 아니라 다른 여러 가지 덕성에 있어서도 의는 항상 그 기본적인 바탕이며 본질적인 내용이 되어야 한다고 말했다.

"군자는 의로써 바탕을 삼고, 예로써 행하며, 겸손으로써 표현하고, 믿음으로써 이루나니, 이것이 군자이다."[240]

의(義)와 예(禮)와 손(孫)과 신(信), 이 네 가지 덕목을 비교한다면, 예와 같은 외면적인 사회적 제도 · 규범은 말할 것도 없고, 겸손과 믿음 같은 내면적 덕성조차도 의, 즉 올바름 · 마땅함 같은 객관적인 원칙 · 기준이 항상 모든 인간행위의 최우선에 자리 잡고 있어야 한다는 것을 말한 것이다. 이것은 특히 의와 예의 관계에 있어서 중요한 의미를 갖는다. 예는 서양에서의 법과 마찬가지로 인간행위의 사회적 준칙이다. 비록 서양의 법과 동양의 예는 그 내용이 다르다고 할지라도 각기 그 사회가 지향하는 어떤 가치기준을 제도화하는 것이라는 점은 같다. 그리고 동서양이 모두 그들의 예와 법의 내용을 정함에 있어서 그들 나름의 의와 정의를 그 바탕으로 하고 있다는 것 또한 공통적이다. 그래서 무엇이 의이고 정의인가를 확인하고 탐구하는 것은 영원한 과제로 남는다.

소크라테스: 도덕의 절대성

소크라테스는 인간의 참된 삶의 목적은 도덕적으로 고양된 바른 삶을 사는 데 있다고 설파했다. 소크라테스의 생애와 사상에 있어서 뛰어난 특성이 있다면, 그것은 도덕성의 우월에 대한 그의 집착일 것이다. 성공한 삶에 대한 그의 지적 성찰은 성공에 대한 공리주의적 이기성이 아니라 정의와 전통적 덕의 실천, 타인에 대한 배려, 절제와 희생에 대한 존중과 같은 도덕적으로 선한 삶의 동기를 의미했다.[241] 그리고 도덕은 상대적인 것이 아니라 절대적인 것이라고 주장했다. 초기 원시사회로부터 지금처럼 복잡한 사회에 이르기까지 모든 사회는 도덕적 상대주의 속으로 미끄러져 가려는 고유한 경향이 있다. 그리스 사회도 그가 발견한바, 도덕적으로 상대적인 행동들, 그리고 그것들을 정당화하려는 그럴듯한 이념적 주장

(pseudo-idealistic propositions)을 하는 부패하고 타락한 군중의 사회였다. 그리스의 다신론 신앙이 도덕적 상대주의를 모든 면에서 뒷받침하고 있었다. 소포클레스나 유리피데스의 극 속에서는 정상적인 도덕적 행위의 관념을 뒤집어엎는 신들과의 거래가 일상적으로 반복된다. 사회에 대한 소크라테스의 위대한 선물은 그가 도덕을 거짓된 신과의 거래, 사기, 타협의 믿을 수 없는 분위기로부터 정직하려고 노력하는 남녀 사이의 정상적이고 명예로운 햇빛 속으로 가져왔다는 것이다.

소크라테스에게 도덕은 절대적인 것이었으며, 그렇지 않으면 그것은 아무것도 아니었다. 만약 어떤 행위가 정당하지 않다면 그것은 언제나 어디에서나 결코 해서는 안 되는 것이다. 이유야 어떻든 사람은 바르게 행동하지 않으면 안 된다. 도덕과 정의는 아무리 작은 것이라도 한번 무너지기 시작하면 그 끝을 알 수 없을 정도로 허물어지는 것이며, 한번 지키기로 결심하면 목숨을 걸고라도 지킬 수 있는 것이다. 아고라에서 장사를 하는 단순한 상인, 전쟁과 평화에 관하여 민회에서 연설하는 정치가, 육군이나 갈리선을 지휘하는 장군이나 제독, 또는 젊은이들을 가르치는 교사, 이들 모두가 움직일 수 없는 도덕률에 복종해야 한다.[242]

소크라테스는 고대법에서 일반적으로 용인되고 있었던 복수(retaliation)를 거부했다. 자기가 받은 공격이 아무리 크다고 하더라도 그것을 그대로 되돌려주는 것은 잘못된 행동이며, 정의에 반하는 일이라고 생각했다. 결코 복수하지 않고, 어떤 상황에서도 악을 행하지 않는다는 원칙은 국가와 개인에게 똑같이 적용된다. 소크라테스는 공적인 도덕과 사적인 도덕을 구별하지 않았다. 그것은 소크라테스가 인간사의 무대 위에서 활동하는 모든 행위자들을 똑같은 규칙에 복종시킴으로써 윤리를 민주화시켰다고 할 수 있다. 물론 그 규칙의 밑바탕에 정의가 근원해야 함은 말할 것도 없다. '좋은 삶'이란 곧 '바른 삶'이다. 그러므로 좋은 삶을 살기 위하여 꼭 필요한 것은 정의에 대한 지식이다. 그는 일상생활에서 그때그때 선택해야 할 실제적 정의에 대하여 관심을 가졌다. 그는 어떠한 경우에도 그리고 누구에게도—친구뿐만 아니라 적에게도—불의와 악을 행해서는 안 된다고 주장했다. 소크라테스는 이와 같은 도덕적 절대주의를 개인의 일상생활뿐만 아니라 국가의 정책에까지 확대시켰다. 그것은 그의 시대뿐만 아니라 오늘날에 이르기까지도 일반 사람들의 의식에 먹혀들어 가지 않는 사상이다. 그러나 그는 그것을 통하여 인간과 국가가 지향해야 할 머나먼 이상의 지평을 인류에게 보여주었다고 할 수 있다.

인의(仁義)와 이(利)

유학에서는 우선 의를 이와 구별한다. 주자는 의(義)를 사물의 마땅함(事之宜), 나아가서는 객관적인 이치의 마땅함(天理之宜)이라고 정의하고, 이(利)를 욕망을 가진 인간이라는 실체가 바라는 것(人情之所欲)이라고 규정한다. 공자의 의에 관한 사상은 후에 맹자에 의하여 인의의 정치론으로 발전했다.

맹자는 정치적 행동의 동기는 이가 아니라 항상 의가 되어야 한다고 강조한다. 맹자도 공자와 마찬가지로 출세하고 세상으로부터 인정받는다는 점에서는 불우한 사람이었다. 그런데도 그는 그를 정당하게 대우해주는 사람이 아니면 만나보려고도 하지 않았다. 제자들은 자기 몸을 굽혀 제후들을 만나 좋은 정치를 편다면 그것이 대승적인 점에서 이로운 일이 아니겠느냐는 의견을 피력하기도 했다. 한 제자가 말했다.

“옛말에 ‘한 자를 굽혀 한 길을 편다(枉尺直尋)’는 말이 있습니다. 설혹 왕이 성의 없이 대해주는 일이 있더라도 그를 만나 잘 설득한다면 크게는 왕도를 이루고 작게는 패도를 이룰 것이니 자존심을 조금 굽혀 큰일을 도모하는 것은 해볼 만한 일이 아니겠습니까?”

맹자는 이를 단연코 거부한다.

“한 자를 굽혀서 한 길을 편다는 것은 또한 이(利)로써 말한 것이니, 만약 이로써 한다면 한 길을 굽혀 한 자를 펴서 이가 된다고 할 때도 역시 해야 하지 않겠는가? 자기를 굽힌 자가 남을 바르게 만들었다는 일은 아직 있지 않았다.”[243]

의로우면서 이롭기도 하다면 아무런 고민도 없겠지만, 의와 이가 대립될 때 사람들은 선택의 기로에 서게 된다. 맹자는 의를 위해서는 목숨까지도 버릴 수 있는 불가피한 상황이 있을 수 있다는 것을 이야기한다.

“물고기도 내가 원하는 바요, 곰 발바닥도 내가 원하는 바인데, 두 가지를 다 얻을 수 없다면 물고기를 버리고 곰 발바닥을 취할 것이다. 삶도 내가 원하는 바요, 의도 내가 원하는 바이지만, 두 가지를 다 얻을 수 없다면 삶을 버리고 의를 취할 수도 있는 것이다. 삶은 내가 원하는 바이지만, 원하는 바가 사는 것보다 더 고통스러운 것이 있는 것이다. 그러므로 삶을 구차히 얻으려고 하지 않으며, 죽음은 내가 싫어하는 것이지만, 싫어하는 것이 죽음보다 더 고통스러운 것이 있다. 그러므로 환란을 피하지 않는다.”[244]

주자는 “삶을 바라고 죽음을 싫어하는 것은 중인들의 이해의 상정(常情)이지만, 원하고 싫어하는 것이 생사보다 심함이 있는 것은 바로 병이(秉彝)의 의리라는 양심이다. 이 때문에 살기를 원하면서도 구차히 얻으려고 하지 않으며, 죽기를 싫어하면서도 피하지 않는 바가 있는 것"이라고 풀이했다.

초나라와 진(秦)나라가 전쟁을 일으키려고 할 때, 송경(宋牼)이란 사람이 두 나라 사이의 전쟁을 막기 위해서 유세를 떠나려 한다는 소문이 있었다. 맹자는 그를 석구(石丘)라는 곳에서 만났다.

"선생은 어디를 가시는 길입니까?"

송경이 말했다. "지금 진과 초가 병란을 일으키려 하고 있다 하니 내가 먼저 초왕을 만나보고 전쟁을 그만두라고 설득할 것이며, 초왕이 듣지 않으면 진왕을 만나 설득해보려고 하오. 두 사람 중에 나와 뜻이 합하는 사람이 있을 것입니다.

맹자가 말했다.

"무슨 취지로 그들을 설득하시려 합니까?"

송경이 말했다.

"내 장차 그 불리함을 말하려 합니다."

맹자가 말했다.

"선생의 뜻은 큽니다만, 선생의 구호는 옳지 않습니다. 선생이 이익을 가지고 진초의 왕을 설득한다면, 그들은 이익을 좋아하여 삼군을 쉬게 하는 것이니, 이것은 삼군의 군사들이 이익을 좋아하여 전쟁을 그치는 것입니다. 신하 된 자가 이익을 생각하여 그 임금을 섬기고, 자식 된 자가 이익을 생각하여 그 부모를 섬기고, 아우 된 자가 이익을 생각하여 그 형을 섬긴다면 이는 군신·부자·형제가 마침내 인의를 버리고 이익을 생각하여 서로 접촉하는 것이니, 이렇게 하고서도 망하지 않는 자는 있지 않습니다.

선생이 인의를 가지고 진초의 왕을 설득한다면, 진초의 왕은 인의를 즐거워하여 삼군을 그치게 할 것이니, 이는 삼군이 인의를 즐거워하여 전쟁을 그치는 것입니다. 신하 된 자가 인의를 생각하여 그 임금을 섬기고, 자식 된 자가 인의를 생각하여 그 부모를 섬기고, 아우 된 자가 인의를 생각하여 그 형을 섬긴다면, 이는 군신 · 부자 · 형제가 이익을 버리고 인의를 생각하여 서로 대하는 것이니, 이렇게 하고서도 왕 노릇 하지 못하는 자는 있지 않습니다. 선생은 하필 이익을 말씀하십니까?"[245]

오늘날에는 이익을 추구한다는 것이 인간의 공통적인 가치기준이라고 보편적으로 인식되고 있다. 인간은 이익을 추구하는 동물이다. 그런 의미에서 유학의 정치이론은 비현실적이고 이상적인 것처럼 보인다. 그러나 개인의 사리사욕적 이익 관념을 떠나 사회와 국가, 나아가서는 인류와 세계라는 지평으로 의식을 확대해보면 공리 · 국익 · 공영(共榮) · 평화와 같은 관념으로 나아갈 수밖에 없는데, 이런 경우에는 이(利)를 의(義)에 합치시켜야 한다는 공자의 사상에 돌아가지 않을 수 없을 것이다. 오늘날에는 그 누구도 공익보다 자기의 사익이 앞선다고 주장하는 사람은 없다. 그러나 사익은 항상 공익이라는 말로 위장된다. 입으로는 공리와 국익을 떠들면서도 실제로는 자기의 사욕과 자기 사업에 이익이 되는 일을 도모하는 일이 횡행한다면 세상은 어떻게 되겠는가?

15. 의(義)와 예(禮)

주자는 해설하기를, '예는 천리의 절도 있는 문장이요, 인간사의 규범'이라고 했다(禮者天理之節文 人事之儀則也). 또 어떤 대목에서는 다만 이(理)의 절문(節文)이라고 주석하기도 했다. 그는 이(理) 또는 천리(天理)를 파악해서 세상의 제도와 규범을 만든 것이 예라고 이해했다. 예는 곧 제도와 품절이고, (덕과) 예는 출치(出治)의 근본이며, 덕은 또한 예의 근본이라고 보았다. 나는 덕이 예의 근본이 아니라 의가 예의 근본이라고 본다. 예가 사회의 올바른 규범으로 인정되기 위해서는 그 내용이 정의의 이념에 합당하여야 한다. 덕은 예와 마찬가지로 의가 인간의 내면에서 인격적으로 승화된 것이다.

공자는 군자가 되기 위해서는 그 외면적 행위가 객관적 원칙에 맞을 뿐만 아니라 내면적 바탕이 자연적 감성에 일치하여야 한다고 말했다. 여기에 인간의 외면적 행위와 표현(文) 그리고 내면적 바탕과 감성(質)의 상관관계가 문제된다. 이 두 가지가 합치할 때 군자의 행동은 빛을 발하게 되고, 예는 완성된다.

그런데 이 둘 중에, 즉 문(文)과 질(質) 가운데 어느 한 가지가 미흡하게 된다면, 어느 쪽에 더 큰 비중을 두어야 하는가? 공자는 단호하게 문(文)보다는 질(質), 즉 외면적 형식보다는 내면적 감성에 충실한 것이 더 예에 가깝다는 것을 강조한다.

임방(林放)이라는 제자가 예의 근본이 무엇이냐고 물었다. 공자는 그 질문은 중요한 것이라고 칭찬하면서 "예는 사치스럽기보다는 차라리 검소하여야 하며, 상(喪)은 형식을 차리기보다는 차라리 슬퍼하여야 한다"고 말했다.[246] 예는 그것이 어떠한 예가 되더라도 검소함, 자연스러움을 귀중하게 여긴다는 것이다. 상례(喪禮)가 되든 제례(祭禮)가 되든 그것은 자연의 이치, 인간의 자연적 감성에 충실한 것이 되지 않으면 오히려 번문욕례가 되기 쉽다.

공자는 또 말했다. "예다, 예다 하지만 어찌 옥백(玉帛)을 이르는 것이겠는가? 음악이다, 음악이다 하지만 어찌 종고(鐘鼓)를 이르는 것이겠는가?"[247]

값비싼 구슬과 비단으로 선물을 한다고 해도 존경하는 마음이 없으면 예가 되지 않고, 아무리 종과 북을 두드려댄다 해도 소리의 조화가 없으면 음악이 될 수 없다. 예로써 질서를 잡고, 음악으로 조화를 이루고자 해도 그 바탕이 의를 추구하지 않는다면 예악은 이루어지지 않는다. 도둑과 깡패의 세계에도 그들 나름의 질서가 있다고 한다. 그러나 거기에 의가 없다면 그것은 사회의 올바른 규범 · 제도 · 품절, 즉 예는 되지 못한다.

이 문(형식)과 질(내용)에 대하여 다음과 같은 두 개의 장절을 참고할 수 있다.

공자가 말했다. "능히 예양(禮讓)으로 나라를 다스린다면 무슨 어려움이 있겠는가? 그런데 예양으로써 나라를 다스릴 수 없다면 도대체 예라는 것이 무슨 필요가 있겠는가?"[248]

여기에서는 '예양'이란 말이 예와 겸양이란 두 개의 개념으로 언급되고 있지만, 공자가 말하고자 하는 것은 예라는 것이 단순히 형식적인 예제(禮制)가 아니라 겸양이라는 내용을 가진 실질적인 예로서의 예양인 것이다. 이 장의 마지막 문장, '여예하(如禮何)'는 '겸양이 없다면 예만 가지고 어찌하겠는가?'라는 함의를 가진다.

문으로서의 예라는 형식은 질로서의 바탕을 이루는 내용을 함유하고 있다. 그것은 "사람으로서 인(仁)하지 않으면 예는 어떻게 되는 것이며, 사람으로서 인(仁)하지 못하면 음악은 어떻게 되겠는가?"[249]라는 공자의 절규에서도 잘 나타나고 있다. 예나 음악이나 모두 인간의 자연스런 감성으로서의 인 또는 이성적 결단으로서의 의를 그 내용으로서 포함하지 않으면 안 된다. 공자는 인과 의를 따로 이야기했는데, 맹자가 이를 합하여 인의의 정치이론을 주창한 것은 공자의 이론을 보다 간명하게 심화시킨 것이라고 할 수 있다.

또 한편으로 인간 심성의 자연적 바탕으로서의 어떤 내용을 갖추고 있더라도 사회적으로 받아들여지고 있는 어떤 규범적 형식이 없다면 그것은 사회적 행위주체로서 당당하게 설 수 없다.

공자는 말했다. "공손하되 예가 없으면 수고롭고, 신중하되 예가 없으면 주눅 들고, 용맹스럽되 예가 없으면 어지럽고, 강직하되 예가 없으면 조급해진다."[250]

공손함, 신중함, 용맹스러움, 강직함은 모두 인간의 좋은 덕성이다. 그러나 그런 것이 예와 결합되지 않으면 수고롭고, 주눅 들고, 어지럽고, 조급해지는 성격적 결함으로 전락하게 된다. 여기에서 군자의 인격은 문질이 빈빈(彬彬)한 것, 즉 바탕으로서의 아름다운 심성과 행위준칙으로서의 깍듯한 예의가 잘 갖추어져야 한다는 것이다.

공자는 예에서 검소함 · 자연스러움을 소중히 여겼지만, 그에 못지않게 진실성을 귀하게 여겼다. 진실에 반하는 것은 예가 아니다. 다음과 같은 일화가 그것을 잘 보여준다.

공자가 병이 심해졌는데, 자로가 장차 상을 당할 것을 대비하여 문인들로 하여금 가신을 삼고자 하였다. 나중에 공자가 이 일을 아시고 자로를 심하게 꾸짖는다.

"유(由)가 거짓을 행함이 오래되었구나! 나의 신분으로는 가신을 두어서는 안 되는데도, 가신을 두게 되었으니 내가 누구를 속였는가? 아마 하늘을 속였겠구나!"

자로가 진실에 반하여 참람하게 가신이 있는 것처럼 일을 꾸몄으니, 이는 결국 그 허물이 자기에게 돌아오게 되었다고 자책하면서 자로를 심하게 질책하고 있는 것이다. 자로는 공자를 높여 볼 생각만 했지, 오히려 그것이 예에 어긋나고 스승을 욕되게 하는지를 알지 못했다. 공자는 가신을 갖는다는 허위의 예보다는 문인들의 손에서 죽는다는 진실한 종말을 원했을 것이다.

"내가 가신의 손에서 죽기보다는 차라리 자네들 손에서 죽는 것이 낫지 않겠는가? 또 내가 비록 큰 장례는 치를 수 없다 해도 설마 길거리에서 죽겠느냐?"[251]

공자라는 순수하고 진실한 인간의 마지막 절규를 듣는 듯한 느낌이다.

공자는 예에 있어서 검소함 · 겸손 · 자연스러움 · 질(소)박함 · 진실성을 귀중하게 생각했다.

공자는 선비들을 두 그룹으로 나누어 앞서 나아간 사람(先進)과 뒤에 나아간 사람(後進)을 구분하고, "선진은 예악이 촌스런 사람(野人) 같고, 후진은 군자 같은데, 내가 만약 이들 중 하나를 선택한다면 나는 촌스런 선진을 따를 것"이라고 말했다.[252]

면류관은 무엇으로 만드는 것이 예에 맞는가?

고운 베로 만든 관을 쓰는 것이 본래의 예였다. 그러나 요즈음은 많은 사람들이 생사(生絲)로 만든 관을 쓴다. 이것은 검소하다. 나는 시속을 따르겠다.

예로부터 당 아래에서 절하는 것이 본래의 예였다. 그러나 요즈음 사람들은 당 위에서 절한다. 이것은 오만하다. 이 점에서는 비록 시속에 맞지 않더라도 나는 당 아래에서 절하겠다.[253]

이 장에서도 공자가 검소와 겸손을 예의 본질로 알고 있다는 것이 잘 나타나 있다. 고례와 시속의 어느 한편을 맹목적으로 따르기보다 예를 인간의 본성에 충실하게 맞추고자 한다. 정자는 "군자가 처세함에 있어서 일이 의에 위배되지 않을 경우에는 세속을 따르는 것이 괜찮지만, 의를 해칠 경우에는 아무리 세속이 그렇다 하더라도 따르지 않겠다"는 공자의 단호한 성품을 나타내는 것이라고 평했다.

공자는 제사를 지낼 때에 마치 돌아가신 분이 앞에 계신 것처럼 정성을 다했고, (산천의) 신에게 제사를 바칠 때에도 그 신이 앞에 있는 것처럼 공경을 다했다고 논어에는 기록되어 있다.[254] 공자가 벼슬에 나아가 태묘에서 제사를 도울 적에, 예에 대하여 매사를 물어서 하였다. 어떤 사람이 공자를 비아냥거려 "누가 추 땅 사람의 자식을 일러 예를 안다고 하는가? 태묘에 들어가 매사를 묻는구나!" 라고 말했다. 나중에 공자가 이 말을 듣고, "이것이 바로 예다!(是禮也)"라고 말했다.

예학에 밝다고 소문이 난 공자였지만, 태묘의 제사라는 중차대한 의식을 거행함에 있어서 그는 일일이 묻고 확인하지 않을 수 없었다. 이것은 공경함, 신중함, 삼감의 표현이다. 공자는 예를 이론이 아니라 몸으로 실천하고 있었던 것이다. 공경하고 삼가고 조심하면서 매사를 물어가면서 실천하는 것, "이것이 바로 예"라는 것이다.

16. 인과 예

『논어』, 「안연편」의 제1장과 2장은 인과 예에 관한 공자의 사상을 잘 전해주는 아주 중요한 문장으로 알려져 있다. 제1장에서 안연이 인에 대하여 묻는다. 공자가 대답했다. "자기를 이기어 예로 돌아가는 것(克己復禮)이 인이다. 하루라도 자기를 이기어 예로 돌아가면 천하 사람이 모두 인으로 돌아갈 것이다. 인을 행하는 것은 자기에게 달린 일이니, 어찌 남과 관계되는 일이겠는가?"

인을 행하는 것은 오직 자기에게서 비롯되는 일이라는 것은 공자가 평소에 즐겨 이야기하는 것이고, 위기지학(爲己之學)으로서의 유학의 기본적인 사상이다. 공자는 인간이 태어날 때부터 가지고 나온 본성으로서의 선한(순수한) 감성을 인이라고 했고, 이 감성을 잃지 않고 보존하고 확충하는 것이 사람의 길이라고 생각한다. 그리하여 공자는 어떻게 하면 그럴 수 있는가에 대하여 이야기하기를 좋아한다. 사람을 사랑하고, 공경하고, 도와주고, 구제하는 것이 인이다. 이것은 사람이 본래 그렇게 선하게 태어났기 때문에 누구든지 마음만 먹으면 할 수 있는 일이다.

공자가 말했다. "인은 먼 곳에 있는가? 아니다. 내가 인을 행하고자 한다면 인은 바로 거기에 있다."[255] 이와 같은 공자의 생각에서 볼 때, 자기의 사욕을 극복하여 예로 돌아간다는, 다시 말하면 사회규범으로서의 예에 의하여 자기의 개인적 욕구를 제어한다는 극기복례라는 표현은 어쩌면 공자의 인에 관한 사상을 긍정적으로 확충하는 것이 아니라 부정적으로 예와 대립되는 사욕의 억제라는 측면에서 말하고 있다는 측면에서, 비록 틀린 말은 아닐지라도 어쩐지 공자다운 표현과는 좀 거리가 있는 것처럼 느껴진다.

규범에 의해서 인간의 자유, 욕망을 억제한다는 사상은 인간을 불완전하고 타락하기 쉬운 존재로 보는 서양사상 그리고 동양사상에서도 성악설적 인간관에 기초한 사회이론의 전형적인 사유형식이다. 유학에서도 후기 성리학자들은 천리와 인욕을 대립시키고, 전자에 의하여 후자를 제어한다는 사상으로 귀착되지만, 원시 유학자로서의 공자는 그렇게 엄격한 도덕주의자는 아니고, 오히려 사회규범으로서의 예는 인간의 자연스런 성품으로서의 인이 제도로서 구현되기를 원했다. "사람으로서 인하지 않으면 예가 무슨 소용이 있겠는가?"[256]라는 말이 단적으로 이를 입증해주고 있다고 할 수 있다.

안연이 다시 묻는다. "극기복례를 할 수 있는 구체적인 조목을 말씀해주십시오." 이에 대하여 공자가 말한다. "예가 아니면 보지 말고, 예가 아니면 듣지 말고, 예가 아니면 말하지 말고, 예가 아니면 움직이지 말라."[257]

여기에서 공자는 인자한 스승의 모습보다는 깐깐한 도덕교사의 모습으로 비친다. 그런데 후대의 성리학자들은 이 대목이야말로 유학의 가장 중요한 요지인 것처럼 받아들이고 있다.

이에 비하여 그다음의 장절은 같은 질문에 대하여 전장보다 훨씬 공자다운 대답이라고 느껴진다. 중궁이 인에 대하여 물었다. 공자가 말했다. "문을 나가면 큰 손님을 대하듯이 하고, 백성을 부릴 때는 큰 제사를 받들 듯이 하라. 내가 원하지 않는 것을 남에게 하지 말라. 그리하면 나라에서도 원망받는 일이 없을 것이며, 집에서도 원망받는 일이 없을 것이다."[258]

이 두 장절은 모두 "제가(앞장에서는 안연, 뒷장에서는 중궁) 불민하오나 이 말씀을 가슴에 새기고 따르겠습니다."라는 문장으로 끝나고 있기 때문에 편집상의 어떤 유사한 맥락이 있는 것 같지만, 각각의 언급이 주는 느낌은 판이하다.

17. 예와 법

'빛은 동방에서, 법은 서방에서'라는 말이 있다. 예로부터 동양은 빛과 예지의 문화, 서양은 법과 질서의 문화라는 정서가 깔려 있다. 유학에서는 법이란 말을 사용하지 않았다. 서양사회에서 법과 같은 기능을 하는 것을 유교적 질서의 동양사회에서는 예가 수행했다. 그런 점에서 예는 법과 어떤 의미연관성을 가진다. 유교적 통치이념을 대변한다고 볼 수 있는 「위정편」의 다음과 같은 문장은 법과 형벌 그리고 덕과 예를 대비시키고 있다.

"법(원문에는 '政'으로 되어 있다)으로써 이끌고 형벌로써 가지런히 하면 백성들이 모면하려고만 할 뿐이고 부끄러움을 알지 못하며, 덕으로써 이끌고 예로써 가지런히 하면 사람들이 부끄러움을 알 뿐만 아니라 떳떳해진다."[259]

법과 형벌로 다스리면, 다만 외면적으로 형벌을 모면하려는 데만 관심을 갖고, 덕과 예로써 다스리면 사람들의 내면적 인격에 영향을 미쳐 부끄러움을 알게 되고 반듯한 사람이 된다는 것이다.

덕이란 '도를 실행하여 나의 마음에 진실로 얻음이 있는 것'이라고 정의된다. 사람은 또한 태어나면서 하늘로부터 받은 밝은 덕이 있다고 한다.[260] 이것이 밖으로 나타나 하나의 사회규범이 된 것이 예라고 할 수 있다. 유학은 이와 같은 덕과 예로써 사회질서를 바로잡아 백성들이 부끄러움을 알고 바른 사람이 되도록 만드는 것을 통치의 기본원칙으로 삼는다. 동양의 덕과 예는 어디까지나 인간의 교화와 인격의 함양에 그 목표를 둔다. 그러나 서양의 법은 일탈하고자 하는 인간의 심성, '악하게 되고자 하는 인간의 성향(Trieb des Menschen zum Bösen)'을 인간실존의 사실과 숙명으로 전제하고, 그것을 억제하여 사회규범으로서의 법을 준수하도록 강제한다. 인간의 내면적 덕성의 고양은 법이 아니라 도덕이나 종교의 힘을 빌려 개인적으로 달성하도록 한다. 그렇다면 유교적 덕치주의 또는 예치주의는 인간의 내면세계까지 파고드는 가부장적 보호주의(paternalism)의 기능을 갖는다고 할 수 있다.

예가 단지 사회질서를 바로잡는 기능만을 가지는 것이라면 그것은 서양적 법 개념과 하등의 다른 점을 찾아볼 수 없다. 예와 법은 그 내용이 다를 수 있다. 그러나 그것은 법도 시대와 장소에 따라서 다른 내용을 갖는다는 것을 생각하면 법과 예는 단지 같은 내용에 다른 용어를 붙였을 뿐이다.

한편 덕은 사람의 인격을 나타내는 말이기 때문에, 덕치주의는 결국 덕(인격)을 갖춘 인간의 지배를 말한다. 이것은 인격과는 분리된 객관적 규범의 지배를 말하는 법치주의 원리와 반대되는 것처럼 보인다. 그러나 법도 결국은 인간에 의하여 만들어지는 것이므로 서양의 법치주의의 내면은 입법자의 인격적 요소와 밀접하게 관련되고 있다. 유학에서의 군자의 지배나 서양에서의 플라톤적 철인통치는 모두 덕과 학식을 갖춘 인간의 지배라는 점에서 같은 맥락에서 있다.

공자는 "송사를 듣고 결단하는 데 있어서는 나도 남과 같이 할 수 있지만, 내가 진실로 원하는 것은 사람들로 하여금 송사를 일으키지 않도록 하는 것이다"라고 말했다.[261] 공자가 지향하는 것은 송사를 법적으로 처결하는 것이 아니라 송사가 없는 이상적인 나라로 만드는 것이다. 그것은 법의 영역이라기보다는 오히려 정치와 교육의 영역이다. 유교적 덕치주의는 서양의 중세적 기독교 제국과 마찬가지로 인간의 정신세계까지도 국가의 통치질서 속에 편입시키려 한다는 측면에서 그 유토피아적 이상에도 불구하고 또한 그 현실적 한계를 가지고 있다고 할 것이다.

맹자의 정치론

맹자는 공자로부터 직접 배우지는 않았지만, 공자를 사숙하고 그의 이론을 발전시켰다. 맹자는 인의(仁義)와 선의(善意)를 추구하는 정치를 지향하고자 했다. 맹자는 공손추와의 문답에서 백이·이윤·공자와 같은 옛날의 성인들은 각기 그 개성과 삶의 방식이 다르지만, 모두 한 가지 공통점이 있다는 것을 지적한다. 이들은 모두 백 리 되는 작은 땅을 가지고 임금 노릇을 한다 해도 능히 제후들의 조회를 받고 천하를 차지할 수 있는 통치자로서의 능력을 가지고 있지만, 한 가지 불의를 행하고 한 사람이라도 무고한 사람을 죽이고서 천하를 얻는 일은 하지 않는다는 것이다.[262] 맹자는 동양적 성인개념의 출발을 그와 같은 도덕적 절대주의와 엄격한 금기사상에서 찾았다. 그것은 인간으로서의 내면적 수양과 정치가로서의 사회개혁의 완성을 인의라는 동일한 가치의 구현으로 파악하기 때문이다. 이러한 성인들의 반열에는 들지 못하지만, 제아·자공·유약 같은 공자의 제자들도 그들이 성인의 도를 공부하는 이상, 그들이 비록 명철하지는 못하다 해도 적어도 자기들이 사사로이 좋아하는 사람에게 기울어져 아첨하는 지경에까지 이르지는 않을 것이라고 한다.

맹자는 사람에게는 인간으로서 차마 할 수 없는 그런 마음(不忍人

之心)이 있다고 한다. 또 모든 사람은 측은해하는 마음(惻隱之心), 부끄러워하는 마음(羞惡之心), 사양하는 마음(辭讓之心), 시비를 가리는 마음(是非之心)이 있으며, 이것이 인의예지의 실마리가 되는 것이고, 이것이 없다면 인간이 아니라고 한다. 고대의 훌륭한 선왕들은 모두 이러한 마음을 가지고 인간으로서 차마 남에게 잔학하게 굴지 못하는 정치를 했다는 것이다.[263] 인의는 맹자 정치이론의 목표이고, 선의는 그것을 실현하는 용인의 기준이다.

『맹자』에 나오는 다음과 같은 구절을 보면 마치 『논어』에 나오는 공자의 말을 조술(祖述)해놓은 것 같은 느낌이 든다.

(인의를 추구하는 정치를 하고자 한다면) "덕을 귀하게 여기고 선비를 높이는 것만 같은 것이 없으니, 현자가 그 지위에 있으며 재능이 있는 자가 그 직책에 있어서(賢者在位 能者在職) (…) 법과 형벌을 명확히 한다면 비록 강대국이라도 반드시 두려워할 것이다."[264]

맹자는 또 말했다. "현자를 높이고 재능이 있는 자를 부려서 준걸한 인재들이 그 지위에 있으면(尊賢使能 俊傑在位), 천하의 선비가 모두 기뻐하여 그 조정에 서기를 원할 것이다."[265] 이 말은 "정사란 신하를 선택하는 데 있다(政在選臣)."[266] "바른 사람을 들어서 굽은 자 위에 놓으면 백성이 신복할 것"[267]이라고 한 공자의 말을 재생시킨 것이라고 할 수 있다.

이 세상에는 선인과 악인, 바르고 정직한 사람과 구부러지고 비뚤어진 사람이 있게 마련이다. 정치에 있어서 선하고 정직한 사람을 가까이하지 않으면 악하고 구부러진 사람이 다가오게 되어 있다. 그러므로 정치(또는 정치인)에 있어서는 그 지향점, 마음의 지향이 무엇보다도 중요하다. 비록 무엇이 선하고 바른 것이냐를 객관적으로 판별하는 것이 어렵다 하더라도 결국 선하고 바른 길이었다고 역사적으로 평가되는 바로 그 길 위에 서 있었다는 것이 중요하다. 그러므로 정치인에 있어서는 역사적인 평가에 앞서서 자신의 (마음의) 지향을 선하고 바르게 결단하는 안목이 필요하다.

맹자는 위정자가 선을 좋아하는 것이 어떤 의미가 있는지를 말한다. 노나라에서 악정자(樂正子)라는 사람에게 정사를 맡기려고 하였다. 맹자가 이 말을 듣고 기뻐서 잠을 이루지 못했다.

공손추가 물었다. "악정자는 어떤 사람입니까? 강한 사람입니까?"

"아니다."

"지려(知慮)가 있는 사람입니까?"

"아니다."

"견문과 식견이 있는 사람입니까?"

"아니다."

"그렇다면 어찌하여 기뻐서 잠을 이루지 못하셨습니까?"

맹자가 말했다. "그 사람됨이 선을 좋아하기 때문이다."

공손추가 물었다. "선을 좋아하는 것으로 족합니까?"

맹자가 말했다. "선을 좋아하면 천하를 다스리는 데도 충분하거늘 하물며 노나라에 있어서랴! 만일 선을 좋아하면 사해 안에서 장차 천리를 가벼이 여기고 찾아와 선을 말해주고, 만일 선을 좋아하지 않으면 사람들이 장차 말하기를, '자만해 함을 내 이미 알았다' 할 것이니, 자만해 하는 음성과 얼굴빛이 사람을 천리 밖에서 막는다. 그리하여 선비가 천리 밖에서 발걸음을 멈춘다면 아첨하고 비위 맞추는 사람들이 올 것이다. 위정자가 아첨하고 비위 맞추는 사람들과 함께한다면 나라가 다스려지기를 바란들 될 수 있겠는가?"[268]

여기에서 맹자는 지도자의 선의를 강함과 지려와 문식보다도 더 중요하다고 보고 있다.

법가의 법이론

예치와 법치의 대립은 동양과 서양의 사상적 상이점보다는 오히려 춘추전국시대의 유가와 법가 사이의 통치이론상의 대립에서 더 극명하게 나타났다. 춘추시대의 법가들은 법을 국가의 시책을 어기는 것에 대한 형벌이라고 생각했다. 그들은 그것을 책에 기록하고(刑書), 솥에 새겨서(刑鼎) 백성들이 알도록 했다. 『한비자』의 「정법편(正法篇)」에는 법을 다음과 같이 규정하고 있다.

"법이란 법령을 관청에 기록해두고 형벌관념을 백성의 심중에 새겨주어, 법을 잘 지킨 자에게는 상을 내리고 법령을 어지럽힌 자에게는 형벌을 가하는 것을 말한다. 이것은 신하가 준수해야 할 바이다."[269]

진(晉)나라에서 형정(刑鼎)을 만들었다는 말을 듣고 공자는 이렇게 말했다.

"진은 아마 망할 것이다. 법도를 상실했기 때문이다. (…) 귀천의 분별이 혼란되지 않는 것이 이른바 법도이다. 이제 그런 법도를 폐기하고 형정을 주조했은즉, 백성의 관심은 오로지 그 솥에만 있을 것이다. 귀천의 질서가 무너진다면 어떻게 국가를 다스릴 수 있겠는가?"[270]

유가와 법가의 이 사상적 대립은 당시의 중국이 역사적 전환기에 있음을 말해준다. 고대 중국의 사회적 경제적 변화는 국가형태의 변화를 예고하고 있으며, 법가들은 전제적인 군주정체를 지향하고 유가들은 귀족정적 봉건적 전통제도의 회복을 바라고 있었다. 법가들은 법령이라는 통치수단을 가지고 법 이외의 모든 이론과 변설

(辯說)을 억압하는 '상군(尙君: 군주 숭상)'의 전제국가를 그리고 있었다.

유학의 정치철학은 군주가 상현(尙賢: 현자 숭상)의 정신을 가지고, 현자를 높이고 능력 있는 자에게 직책을 맡겨야 한다(尊賢使能)는 것이다. 이에 대하여 법가들은 유교적 통치방식은 이미 지나간 시대의 효용에 그치고, 시대적 상황이 변한 지금 현자를 자처하는 사람들의 주장과 변설이 난무하여 나라가 혼란하므로 모든 사적인 학설과 변설을 막고, 군신 · 상하 · 귀천이 따라야 할 법을 만들어, 이 법만을 원칙으로 삼아 통치해야 한다고 주장했다. 그들은 춘추시대의 초기(上世)를 '친척을 친애하고 이기주의를 애호한 시기(親親而愛私)'로, 그 중기(中世)를 '어진 자를 높이고 인을 환호한 시기(上賢而悅仁)'로, 전국시대 말기(下世)를 '통치자를 숭앙하고 관리를 받드는 시기(貴貴而尊官)'로 규정하고, 세상이 변했는데도 옛 제도만을 고집한다는 것은 수주대토(守株待兎)의 자세라고 유가들을 비판했다.[271]

한비자는 "무릇 성인은 국가를 통치할 때, 남이 내게 선행할 것에 의지하지 않고, 남이 내게 감히 나쁜 짓을 못하게끔 하는 쪽을 택한다"고 말했다. 유가는 덕으로써 계도하고 예로써 다스린다고 했고, 법가들은 위세로써 군림하고 칙명으로써 천명하고 형벌로써 다스리려고 했다. 이들의 주장은 각기 그 나름의 역사의식과 시대정신을 반영하고 있었다. 법가들은 유가들이 덕후(德厚)를 중시한 것과는 달리, 세(勢: 愼到)와 술(術: 商鞅)과 법(法: 申不害)을 중시했다. 세는 군주의 위세와 권위요, 술은 관리들의 임무와 그 실상을 파악하여 상벌을 엄히 하는 것이고, 법은 시비와 판단에 대한 원칙을 세우는 것이다.

중국의 역사는 고대의 봉건적 귀족적 방국(邦國)으로부터 군주의 전제적 제국(帝國)으로 발전되어왔는데, 유교적 정치이론은 방국시대에, 법가적 정치이론은 제국시대에 채택되었다고 할 수 있다. 법가들은 군권(君權)을 높이고 법치를 강조하고 사학을 금했다. 그리고 옛것의 변혁을 옹호했다. 그리하여 상현과 덕치와 옛것에 가탁하여 주장을 세우는(託古立言) 유가와는 양립할 수 없는 대척점에 서게 되었다.

18. 그리스인들의 법관념

그리스어로 법을 가리키는 '노모스(nomos)'란 말은 원래 '관습'을 의미했고, 또 한편으로 '시가의 가락'을 의미하기도 했다.[272] 그리스인들은 시와 음악 그리고 관습 사이에 깊은 연관이 있으며, 그것이 정체의 성격에 깊이 영향을 미친다고 생각했다. 이는 교육의 기본 요소가 시와 음악이 되지 않을 수 없는 이유이기도 했다. 이런 생각은 공자의 교육관과도 일치하며, 또 공자가 "그 나라의 음악을 들으면 그 나라의 정치를 알 수 있다"고 말한 것과도 연결된다.

플라톤은 어린이들이 시작(詩作)과 놀이를 통해 훌륭한 법질서를 받아들이게 되면, 이것이 국민들의 생각과 관습의 밑거름이 되고, 결국에는 법률과 정체의 기반이 된다고 생각했다. 그리고 그들이 습득해야 할 관습의 예로서 '젊은이들이 어른 앞에서 행하는 적절한 침묵과 자리 양보, 그들을 자리에서 일으켜드린다든가, 부모에게 효도를 한다든가, 또 이발하는 일, 옷을 입거나 신을 신는 일, 전반적인 몸가짐에 관한 일 등'[273]을 들고 있다. 이것은 마치 『소학』에 쓰여 있는 유교적 예절과 비슷한 것이다. 동서양을 막론하고 사회규범으로서의 법과 예는 그 기본적 성격과 의미가 동일하다고 할 수 있다. 다만 서양에서의 법관념은 민사상의 계약과 형벌을 망라하는 포괄적이고 광범한 내용을 가지고 있을 뿐만 아니라, 여러 가지 국가형태가 있다는 전제하에서 법은 국가의 기본적 성격과 관련되는 것이라고 생각되는 데 반하여, 동양에서는—특히 법가들에 의하여 형성된 법관념에 의하면—법을 전제적 군주정에 봉사하는, 오로지 국가질서를 보장하기 위한, 형벌에 적용하는 것으로 파악하고 있었다는 점이 특이하다.

중국의 법가들은 법을 백성을 통치하는 수단으로 생각하는 반면, 그리스의 사상가들은 국민의 단결을 위한 '최고의 선'으로 생각했다. 그들은 법을 통치자를 포함한 모든 사람이 지켜야 할 광범한 규범으로 생각했다. 그들의 법에 대한 생각을 선별해본다.

- 법은 나라 전체에서 실현되어야 하며, 시민들을 설득과 강제에 의해서 화합하게 하고, 특정한 부류를 위해서가 아니라, 각자가 공동체에 이롭도록 해줄 수 있는 이익을 서로 나눌 수 있도록 만드는 것이다.[274]

- 법률을 제정함에 있어서 입법자가 목표로 삼아야 할 것은 나라의 구성에 있어서 최대선이 무엇이며, 최대악이 무엇인지를 고려해야 한다. 훌륭한 법질서를 갖춘 나라는 모든 시민들이 즐거움과 고통을 공유하면서 단결한다.[275]

스파르타의 입법자인 리쿠르구스는, 국가의 번영과 명예를 위한 근본원리는 습관과 훈련을 통해 시민들에게 굳게 뿌리를 박고 있어야만, 마지못해서가 아니라 즐겨 시행하게 된다고 생각하였다.[276]

따라서 입법자는 '실재에 대한 인식'을 갖는 지혜로운 사람들이어야 하며, 그들은 가장 진실된 것에 주목하고, 가장 정확하게 관찰하면서 아름다운 것들과 올바른 것들 그리고 좋은 것들과 관련되는 이 세상의 관습을 정한다.[277] 거기에는 공동체가 추구할 이념과 가치 그리고 유지되어야 할 질서의 틀이 수용되어야 할 것이다. 그 이론적 근거는 철학적 인식에 의하여 뒷받침되어야 할 것이다. 따라서 입법자는 철학자여야 한다.[278] 이 점은 마치 그리스의 법관념이 고대 중국의 유학자들의 예악의 개념과 접근하며, 누가 입법자가 되어야 하는가에 대하여 전자가 철학자를 지목하고, 후자가 제왕이나 성인과 같은 그 지위와 덕을 겸비한 사람으로 한정한 것과 매우 유사한 사고방식을 보여준다.

19. 정치인의 직분과 정치의 전문성

자산(子産)[279]이라는 사람이 정나라의 정사를 맡아 볼 때, 자기의 수레를 가지고 사람들을 강물에서 건네주었다. 맹자는 이에 대하여 “은혜로우나 정치를 하는 법을 모른다”고 평했다. 정치는 사람들이 강 건너는 것을 일일이 도와주는 것이 아니고 사람과 수레가 통행할 수 있는 다리를 놓는 일이라는 것이다. “위정자가 사람마다 마음을 기쁘게 해주려 한다면 날마다 하여도 부족할 것이다.” 제갈무후(諸葛武候)도 일찍이 “세상을 다스림은 대덕으로써 해야 하고, 작은 은혜로써 하지 않는다”고 말했다.[280] 은혜는 사사로운 시혜와 작은 이(利)를 이루고, 정치는 공명정대한 실체와 기강 · 법도의 시행에 있는 것이다.

대통령이 새벽시장에 나가 추위에 떨고 있는 할머니에게 목도리를 씌워준다고 해서 서민정책이 이루어지는 것이 아니고, 청와대에서 손님들과 국수로 점심을 든다고 해서 예산이 절약되는 것이 아니다. 백성들이 정치인에게 바라는 것은 하찮은 은혜가 아니라 공평무사한 마음가짐과 정의로운 정책을 펴는 것이다. 우리가 정치인을 바라볼 때, 경박한 쇼맨십에 속아넘어 가는 일이 없어야 하겠다.

옛날부터 ‘정치는 전문가가 해야 하는가?’ 하는 문제에 대하여 논란이 많았다. 다른 직업에는 전문적 자격을 얻어야만 업무가 가능한 것들이 많지만, 정치는 아무나 할 수 있다는 속설이 유포되기도 한다. 그래서 생업을 가지지 않고 정치에만 종사하는 사람이 과연 정치를 잘할 수 있을까 하는 의문이 제기되었다. 학문과 정치에만 관심을 갖는 선비계급 또는 독서계층이 발생한 것은 공자로부터 시작되었다고 알려져 있지만, 정작 이 문제에 대하여 직접적인 논쟁에 휘말린 사람은 맹자였다.

어떤 사람이 맹자에게 물었다. "현자는 백성들과 더불어 함께 밭 갈고서 먹으며, 아침저녁으로 밥을 지으면서 정치를 하는데, 지금 등(滕)나라에는 창름과 부고가 있으니, 이는 백성을 해쳐서 자기를 봉양하는 것이 아니겠습니까?"

맹자가 물었다. "(당신이 존경하는) 허선생(許行)은 반드시 곡식을 심은 뒤에 먹는가?"

"그렇습니다."라고 그 사람이 대답했다.

"허자(許子)는 반드시 베를 짠 뒤에 입는가?"

"아닙니다. 허자는 갈옷을 입습니다."

"허자는 관을 쓰는가?"

"관을 씁니다."

"무슨 관을 쓰는가?"

"흰 비단으로 만든 관을 씁니다."

"스스로 그것을 짜는가?"

"아닙니다. 곡식을 주고 바꿔 옵니다."

"허자는 어찌하여 스스로 그것을 짜지 않는가?"

"농사일에 방해되기 때문입니다."

"허자는 가마솥과 시루로써 밥을 지으며, 쇠붙이로써 밭을 가는가?"

"그렇습니다."

"자기가 스스로 만드는가?"

"아닙니다. 곡식을 주고 바꿔 옵니다."

비단 정치뿐만 아니라 이 세상에서는 모든 일을 혼자서 할 수 없으며, 그렇기 때문에 백공과 무역이 있고 선비와 백성의 일이 따로 있기 마련이다.

맹자는 말한다. "옛말에 이르기를 '어떤 사람은 마음을 수고롭게 하며, 어떤 사람은 힘을 수고롭게 하나니, 마음을 수고롭게 하는 자는 남을 다스리고, 힘을 수고롭게 하는 자는 남의 다스림을 받는다' 하였으니 남에게 다스려지는 자는 남을 먹여주고, 남을 다스리는 자는 남에게서 얻어먹는 것이 천하의 공통된 의리이다."

"옛날에 성인들은 사람을 얻는 것을 정치의 으뜸으로 삼았다. 요(堯)는 순(舜)을 얻지 못함을 자기의 근심으로 삼았고, 순은 우(禹)와 고요(皐陶)를 얻지 못함을 자기의 근심으로 삼았다. 백무의 농토가 다스려지지 못함을 근심으로 삼는 자는 농부이다."

"남에게 재물을 나누어 줌을 혜(惠)라 하고, 남에게 선을 가르쳐 줌을 충(忠)이라 하고, 천하 사람들을 위하여 인재를 얻음을 인(仁)이라 한다. 그러므로 천하를 남에게 주기는 쉽고, 천하를 위하여 인재를 얻기는 어렵다."[281]

맹자가 제선왕을 만나 나눈 대화에는 이런 내용이 있다.

집을 지을 때는 목수를 구하고, 옥을 다듬을 때는 반드시 옥공을 구할 줄을 알면서도, 나라를 다스림에 있어서는 선비를 구할 줄을 모르고 자기 마음대로 하려고 하니 어이없는 일이라는 것이다. 맹자는 말했다.

"사람이 어려서 배움은 장성해서 그것을 행하고자 함인데, 왕께서 네가 배운 것을 버리고 나를 따르라 하신다면 어떠하시겠습니까?"

범씨[282]는 여기에서 다음과 같은 주를 달았다.

"옛 현자들은 항상 인군이 자기의 배운 바를 행하지 못할까 걱정하였고, 세상의 용군(庸君)들은 항상 현자가 자기의 좋아하는 바를 따르지 않을까 걱정하였다. 이 때문에 어진 군신이 서로 만나는 것을 예로부터 어렵게 여겼으니, 공자와 맹자가 그런 사람을 종신토록 만나지 못한 것도 바로 이 때문이었다.[283]

플라톤도 사람이 여러 가지 일을 하기는 어렵다고 생각했다. 그는 분업적 생활공동체를 구상했다. 사람의 생존을 위해서 의식주가 필요하다면 한 사람이 자신을 위하여 옷을 만들고 음식을 장만하고 집을 짓는다는 것은 어려운 일이다. 한 사람이 한 가지 일을 훌륭하게 수행하는 것이 중요하다. 또 한 사람이 다른 사람을 위해서 한 가지 일을 하는 것이 바람직하다.

옛날 그리스의 시민들은 (물론 직접민주정 하에서의 일이지만) 생업에는 종사하지 않고 아침 일찍부터 아고라에 나와 국사와 정치적 토론에 열중했다고 한다. 학자들은 그들에게 그런 생활이 가능했던 것은 가사와 생업을 전담해서 보아줄 노예가 있었기 때문이라고 한다. 그들은 생업에서 해방될 수 있는 여유와 한가로움이 있었기 때문에 학문과 정치에 몰두할 수 있었다. 플라톤은 국가적 정의란 기능적으로 배분된 세 개의 계급이, 즉 농부와 장인과 같은 생산자 계급과 전사들 그리고 정치적 기능을 담당한 수호자들이 서로 다른 계급의 일에 간섭함이 없이 자신의 일에만 열중하는 완벽한 분업적 상태를 유지하는 것이라고 생각했다. 특히 수호자들의 임무는 그 자체가 최대의 기술과 관심을 요하는 것이기에, 그만큼 다른 일들에 대해서는 최대한의 한가로움을 요구한다고 말했다.[284]

국가의 '정의' 즉 나라의 '올바름'이란, 각 사람은 자기의 천성에 가장 어울리는 한 가지 일에 종사해야 한다는 것이다. 더 나아가서는 자기 자신의 일을 하고 남의 일에 참견하지 않는 것이다. 이 세 부류의 사람들 사이에서 참견이나 기능의 교환이 발생한다면, 이것은 나라에 대한 최대의 해악이며 부정이 될 것이다.[285] 성향상 장인이나 또는 다른 어떤 돈벌이를 하는 사람이 부나 다수 또는 힘에 의해서 전사의 부류로 이행하려 들거나, 혹은 전사들 중의 어떤 사람이 정치를 담당하는 수호자의 계급에 들어가려고 한다든지 해서 이들이 서로의 도구나 직분을 교환하게 된다면, 또는 동일한 사람이 이 모든 일을 동시에 하려 든다면, 이것은 나라를 파멸에 이르게 하는 길이 될 것이라고 그는 말했다.

20. 공직윤리란 무엇인가?
- 부끄러움에 대하여

공직자가 어떤 자리에 앉아 그 직무를 수행하는 데 있어서 최소한 지켜야 할 어떤 윤리적 의무라는 것이 있는가? 그런 의식조차 없는 사람들이 대부분인 것 같다. 쫓겨나지 않는 한 자리를 지킨다는 것이 우리가 사는 세상에서 볼 수 있는 현상이다. 쫓겨나지 않기 위해서 윗사람의 마음에 드는 일만을 골라서 하는 아첨꾼들만 넘쳐난다. 직언을 하고, 듣지 않으면 같이 가지 않고 차라리 나만이라도 바른 길을 가겠다는 호협의 인사는 보기 드물다.

『논어』와 『맹자』에는 군자가 공직을 맡고 또 그것을 떠나는 도리를 설한 대목이 있다. 그 요지는 군자는 도를 실행하기 위하여 공직을 맡는다는 것이다. 도가 실행되지 못하면 그 자리를 떠나는 것이다. 때로는 가난하기 때문에 공직에 나아가는 경우도 있다. 그러나 이런 경우에는 높은 자리에 올라가서는 안 된다.

노나라의 실권자인 계씨 집안의 자연(子然)이라는 사람이 공자의 제자인 자로와 염구를 가신으로 삼고서 "이들을 대신(大臣)이라고 할 만합니까?" 하고 물었다. 공자는 그들은 대신이라고 할 수는 없고, 다만 신하의 숫자만 채우는 구신(具臣)이라고 할 수 있다고 말한다. 자존심이 상한 계자연은 "그렇다면 그들은 따르기만 하는 자들이냐"고 묻는다. 즉 주인의 뜻에 무조건 순종하기만 하는 자들이냐는 것이다. 공자는 그들은 비록 대신이라고 할 수는 없지만,

아무 말이나 따라서 하는 사람들은 아니라고 하면서, "아버지와 임금을 시해하는 일과 같은 것은 따르지 않을 것"이라고 말한다. 비록 두 사람이 공직자로서 큰 인물은 아니라고 할지라도 자기의 문하에서 공부한 사람으로서 아버지와 임금을 죽이는 일까지 따라 할 사람은 아니란 말이다.

그렇다면 공자가 말하는 대신이라는 사람은 어떠한 사람일까?

공자는 말한다. "이른바 대신이란 도로써 군주를 섬기다가 불가능하면 그만두는 사람이다."[286]

신하란 군주국가에서 군주를 보필하는 사람을 이르는데, 이 중에서 대신은 군주의 욕망을 충족시키는 것이 아니라, 왕으로 하여금 도와 정의를 실천하도록 촉구하는 사람이다. '임금'이 아니라 '도'에 충성한다. 만약 신하로서 옳은 길을 제시했음에도 불구하고 그것이 받아들여지지 않으면 그 자리를 떠나는 것이 공직자의 최소한의 도리다. 이것은 군주국가에서의 공직윤리일 뿐만 아니라 오늘날의 민주국가에서도 비중 있는 공직자는 권력자가 국가나 국민의 이익에 반하는 정책을 시행하고자 할 때에는, 그리고 자신의 정의관에 반하는 길을 간다고 생각되는 때에는 사임하는 것이 최선의 윤리요 선택이다.

공직자가 높은 지위에 있으면서 다만 녹(祿: 연봉)만 받아먹는 것은 어떤가? 공직자 가운데는 아무 일도 하지 않으면서 월급만 받아먹는 사람도 있고, 잘못된 소신과 우둔한 머리로 하는 일마다 나라와 조직에 해를 끼치는 사람도 있다. 그래서 공자는 정치는 사람을 쓰는 일이요, 바른 사람을 굽은 자 위에 놓아야 한다고 말한다.

헌(憲: 자는 原思)이라는 사람이 수치에 관하여 물었다.

공자가 말했다. "나라에 도가 있을 때에 녹만 먹으며, 나라에 도가 없을 때에도 녹만 먹는 것이 수치스러운 일이다."[287]

'나라에 도가 있을 때'라는 것은 적어도 못된 위정자(왕)는 아니고 어느 정도 사리분별이 있는 사람이 최고의 지위에 있다면, 그를 도와 훌륭한 일을 해야 하는데, 아무런 일도 하지 않으면서 월급만 받는 것은 수치스러운 일이라는 것이다. 또 '나라에 도가 없을 때', 즉 싹수가 노란 위정자 밑에서 한술 더 떠 그의 비위를 맞추면서 나쁜 일을 서슴지 않는 것은 언젠가는 심판받아야 할 일이지만, 설사 그렇지는 않다고 하더라도 그런 행위를 묵인하면서 자리를 박차고 떠나지 못하고 다만 녹만 받아먹는다면 그것은 수치스러운 일이다. 여기에서도 공직에 있어서 사임하고 떠난다는 것이 세상에 도를 밝히고 자신의 처신을 염결히 하는 것임을 암시하고 있다.

자로가 임금을 섬기는 일(事君), 요즘 말로 하면 위정자를 보필하는 일에 관해서 물었다.

공자가 말했다. "속이지 말고, 얼굴을 똑바로 보고 직언해야 한다."[288]

공직자가 (상관을) 속이지 않고 직언해야 한다는 것은 옳은 말이다. 그런데 직언해서 듣지 않으면 물러나는 것이다. 여기에서도 공직에 있어서 사임이 얼마나 중요한가를 알 수 있다.

공자는 사어(史魚)란 사람과 거백옥(蘧伯玉)이란 사람의 거취에 대하여 비교한 일이 있다. 공자가 말했다. "정직하다, 사어여! 나라에 도가 있을 때에 화살처럼 곧으며, 나라에 도가 없을 때에도 화살처럼 곧구나! 군자답다, 거백옥이여! 나라에 도가 있으면 벼슬하고, 나라에 도가 없으면 거두어 속에 감추어두는구나!"[289]

곧고 정직한 것은 좋은 것이지만, 나라가 무도할 때 화살처럼 곧으면 생명을 부지하기 힘들 것이다. 그런 경우에도 나라가 다스려질 때에는 나아가 벼슬하고, 나라가 무도할 때는 미련 없이 자리를 버리고 떠나는 것이 공직자의 최대의 윤리이다. 여기에서는 사어보다 거백옥의 처신이 공직자로서 난세에서 화를 면할 수 있다는 것을 보여준다.

일자리는 삶의 방편이다. 옛날 농경사회에서는 농사짓는 일이 일자리였고, 산업사회에서는 공장에 취직하는 것이 일자리였다. 벼슬한다는 것은 옛날이나 지금이나 먹고 사는 일과 공적인 사명감을 갖는 일이 결합된 특이한 형태의 일자리라고 할 수 있다. 옛날 선비들은 농사를 지을 줄 몰랐기 때문에 먹고살기 위해서 벼슬길에 나아가는 일이 있었다. 맹자는 "가난을 모면하기 위해서 벼슬하는 자는 높은 자리를 사양하고 낮은 자리에 처하며, 봉록이 많은 것을 사양하고 적은 데에 처해야 한다"고 말했다. 일찍이 공자도 위리(委吏)가 되어서는 "회계를 맞출 뿐이다"라고 하였고, 승전(乘田)이 되어서는 "소와 양을 잘 키울 뿐이다"라고 하였다. "지위가 낮으면서 말을 높이 하는 것은 죄요, 남의 조정에 서 있으면서 도가 행해지지 않는 것은 부끄러운 일이다."[290]

오늘날 공직에 나아가는 사람으로서 자기가 무엇을 하기 위하여 그 자리에 있는가를 자각하는 사람이 몇이나 될 것인가? 다만 지위를 탐하고 봉록을 사모하는(貪位慕祿) 인사가 되어서는 안 될 것이다.

공직과 그 거취: 벼슬길에 나아감과 물러남

공직, 벼슬이란 무엇이며, 선비는 어떻게 그 자리에 나아가고 물러나야 하는가에 대하여 맹자는 여러 군데서 논의를 전개하고 있다. 그에 의하면 벼슬에는 하늘이 주는 천작(天爵)이 있고 사람이 주는 인작(人爵)이 있다. 인의 · 충신 · 낙선(樂善: 선을 즐기는 것) · 불권(不倦: 게으르지 않음)은 천작이요, 공경 · 대부는 인작이다.

천작은 자기가 원하면 가질 수 있는 것이요, 인작은 남이 주어야 얻을 수 있는 것이니, 사람은 자기가 할 수 있는 일을 할 뿐이요, 남의 시혜를 바라지 않는다. 평생 남이 나에게 벼슬을 주지 않을까 하여 목을 길게 늘여 빼고서 전전긍긍한다는 것은 군자가 할 짓이 아니다.

맹자는 말한다. "남이 귀하게 해준 것은 양귀(良貴)가 아니니, 조맹(趙孟)이 귀하게 해준 것은 조맹이 능히 천하게 할 수 있다."[291] 사람이 준 벼슬은 그 사람이 도로 가져갈 수 있다. 그래서 벼슬에 연연하는 것은 허무하기 짝이 없는 일이다. 선비는 남의 출세나 부귀를 부러워하지 않는다. '양귀'란 본래 자연적으로 나에게 갖추어져 있는 귀함이다. 남이 주었다가 빼앗아 갈 수도 있는 그런 것이 아니다. 하늘이 자기에게 준 귀한 것을 소중히 하고 돌볼 뿐이다.

그래서 선비는 공직에 나아가고 물러나는 일을 신중히 하지 않을 수 없다. 진자(陳子)라는 사람이 맹자에게 물었다. "옛날 군자들은 어떤 경우에 벼슬을 하였습니까?" 맹자가 말했다. "나아가는 것이 세 가지 경우요, 물러나는 것이 세 가지 경우다. 첫째, 맞이하기를 공경스럽게 하고 예가 있으며, 장차 자기 말을 들어 시행하겠다고 하면 나아가고, 예모가 쇠하지 않았지만 말이 시행되지 않으면 떠나는 것이다. 두 번째는 비록 그 말을 시행하지는 않으나 맞이하기를 공경히 하고 예가 있으면 나아가고, 예모가 쇠하면 떠나는 것이다.

그다음에는 아침도 먹지 못하고 저녁도 먹지 못하여 굶주려 문호를 나갈 수 없는 지경에, 임금이 이 말을 듣고 말하기를 '내 크게는 그 도를 행하지 못하고 또 그 말을 따르지 못하지만, 내 땅에서 굶주리게 하는 것을 내 부끄러워한다'면서 구원해준다면 또한 그것을 받을 수 있거니와 다만 죽음을 면할 뿐이다."[292] 맹자는 위의 첫째 경우를 '견행가'의 벼슬(見行可之仕: 말을 실행함을 보고 할 수 있는 벼슬), 두 번째 경우를 '제가'의 벼슬(際可之仕: 예로써 대우하기 때문에 할 수 있는 벼슬), 세 번째 경우를 '공양'의 벼슬(公養之仕: 먹고사는 것을 구원해주는 벼슬)이라고 하며, 이 경우에는 정말 굶주려 문밖을 나갈 수 없는 지경에 이르지 않는다면 받을 수 없으며, 죽음을 면할 정도의 녹만 받으면 그것으로 만족해야 한다고 말한다.[293]

21. 지식인의 정치참여

오늘날의 민주적 정치제도 하에서는 시민이 정치에 어떻게 또 얼마나 참여하는가가 그 제도의 중요한 문제가 된다. 이러한 문제는 군주제적 정치제도에 있어서도 똑같다. 옛날의 지식인들은 자기들이 얼마나 정치와 세상사에 관여할 수 있을까를 고민했다. 그들은 자기들이 주권자인 군주에 발탁되어 벼슬을 하게 되면 군주가 타락하지 않고 바른 길에 들어서도록 하는 것이 가장 큰 책무라고 생각했다. 만약 군주가 정도로 가지 않고 옆길로 빠져버린다면 나라는 도탄에 허덕일 것이고 천하는 어지러울 것이다. 이때 군자는 어떻게 처신해야 할 것인가?

공자가 말했다. "참으로 곧은 사람이로다, 사어(史魚)여! 나라에 도가 있을 때 화살처럼 곧았는데, 나라에 도가 없을 때도 여전히 화살처럼 곧구나. 참으로 군자답구나, 거백옥(蘧伯玉)이여! 나라에 도가 있으면 벼슬하고, 나라에 도가 없으면 모든 것을 거두어 가슴 속에 품을 뿐이로다."[294]

거백옥은 공자가 위나라에 가면 찾아보는 사람으로 그가 존경하는 인물이다. 사어는 영공의 충신으로서 간신을 물리치려고 직간하다가 죽으면서, 이것이 실현되지 않으면 빈소도 차리지 말고 장례도 지내지 말라고 유언하였다. 영공이 이 사실을 알고 그의 충언을 받아들였다고 한다. 『공자가어』에는 그에 관하여 공자가 다음과 같이 평했다고 되어 있다.

"예로부터 많은 자들이 임금에게 간해왔지만, 죽으면 그만이었다. 그런데 사어와 같은 사람은 죽어 시체가 되어서까지 간하여 그 충성심이 임금을 감동시켰다. 어찌 곧다고 말할 수 있지 않으리오?"[295]

임금에게 등용되어 관리로서 쓰이면 충신이 되어야 하는데, 그것은 나라를 바로 세우고 번영하게 하는 것은 모든 권한이 오직 임금에게 있다는 원리로부터 나온 결과다. 이때 군주가 충언을 받아들이지 않으면 어떻게 할 것인가? 이것이 그 시대에 그런 체제에 사는 지식인들의 고민이었다. 이때 죽음을 각오하고 간하면서 임금을 따라갈 것인가? 아니면 임금을 떠나고 세상을 잊을 것인가?

이런 문제는 오늘날의 민주적 정치제도 하의 시민과 지식인에게도 여전히 제기되는 질문이다. 민주주의의 요체는 위정자의 권력이란 한정된 것이며, 그것은 주권자인 국민에 의하여 주기적으로 심판받고 교체될 수 있어야 하기 때문에 군주정 하에서의 관리가 왕을 보필하는 것과는 다르며, 따라서 신민의 숙명성과는 거리가 멀다. 그러나 정치에 참여함으로써 무언가 현상을 변경시킬 수 있다는 희망을 갖는 점에서는 유사한 점도 있다.

공자는 사어와 같이 죽음을 각오하고 또는 죽어서까지 충심으로 간하는 그 곧은 충성심을 존경하면서도, 군자로서의 바람직한 처신은 거백옥과 같이 나라에 도가 있으면 나가 벼슬하고, 도가 없으면 모든 것을 훨훨 털고 떠나버리는 것이라고 생각했다. 이것은 군주정 하에서의 군주는 혁명을 꿈꾸지 않는 한 변경할 수 없는 것이며, 그 시대의 모든 정치이론은 그런 전제를 벗어나기 어려웠기 때문이다. 유학도 그 학문의 목표를 먼저 자기의 인격을 완성하고, 뒤에 남과 세상을 유익하게 만드는 일에 두었다.

맹자는 후일 여러 성인들 중에서도 공자는 때를 아는 성인(聖之時

者)으로서 자기는 공자를 따르고 싶다고 했다. 공자는 다스려지면 나가고 어지러워지면 물러나는, 즉 군자로서 진퇴의 처신을 할 줄 아는 성인이라고 생각했다. 공자는 언젠가 안연과 이런 대화를 나누었다.

"(임금에게) 쓰이면 도를 행하고, 버림받으면 숨어버린다는 것은 오직 그대와 나만이 할 수 있을 것이다."[296]

논어에 나오는 이 '용행사장(用行舍藏)'이라는 경구는 유학자들의 변함없는 처세훈이 되었다. 예나 지금이나 위정자가 무슨 짓을 하든 그 위정자의 이익을 위하여 일하는 벼슬아치가 있는가 하면, 위정자가 정도를 벗어나 정의에 반하는 일을 하면 그것을 질책하고 바로잡거나, 그럴 수 없으면 협조를 거부하고 떠나버리는 염결지사가 있는 법이다.

정치체제와 관련하여 사람들이 정치에 관여하는 방식에는 차이가 있다. 옛날의 동양사회에는 군주정이 유일한 정치체제였다. 그리고 그것의 아류 또는 실패한 형태로서 (서양의 참주정과 같은) 세가(勢家)의 지배라고 할 수 있는 것이 있다. 이것은 왕을 허수아비로 만들고 정통성이 없는 다른 자가 실권을 행사하는 것이다. 중국에서는 천명을 받은 천자가 천하를 다스린다고 생각했다. 천하가 통일되지 못하고 여러 개로 쪼개지고 어지러워지면, 각 지방에 영주들이 나타나 전란이 일어난다. 그들은 천하의 영재들을 모아 나라를 다스리고 천하를 도모하고자 했다. 청운의 꿈을 간직한 젊은이들은 부지런히 학문을 닦아 출세하고 세상을 구제하는 일에 참여하고자 한다. 군주정에서는 군주의 마음에 드는 사람이면 출신과 고향을 묻지 않고 정치에 참여할 수 있다.

그러나 일찍이 그리스에서는 일정한 국경으로 한정된 조그만

도시국가가 형성되었으며, 거기에서는 그 국가의 시민이 직접 정치에 참여하거나, 국정을 맡을 대표자를 뽑는 민주정이라는 정치체제가 발생했다. 여기에서 시민은 여러 가지 형식으로 그리고 어떠한 방식으로든지 정치에 참여할 권한이 있었으며, 또한 그것이 의무이기도 했다. 이러한 특이한 정치형태가 일찍이 아테네에서 발생했다는 것은 역사상 특이한 일이며, 일찍부터 동서양의 삶의 방식의 분수령을 이루는 것이라고 생각된다.

공자는 "그 지위에 있지 않으면 그 정사를 도모하지 않는다"[297]고 했고, 증자는 "군자는 생각이 그 지위를 벗어나지 않는다"[298]고 했는데, 이것은 군자의 신중한 처신을 요구하는 하나의 처세훈을 말하는 것이기도 하지만, 민주국가에서 모든 사람이 자신의 정치적 의사를 자유롭게 말하는 것과는 다른 체제적 분위기를 나타내는 말처럼 느껴지기도 한다.

소크라테스의 정치에 대한 견해

소크라테스가 살았던 때는 아테네에 민주정이 가장 꽃피었던 시절이었다. 동양적 제국인 페르시아와의 두 차례에 걸친 전쟁에서 승리한 아테네는 바야흐로 그리스의 최강자인 민주국가로서 페리클레스의 전성기를 맞이하고 있었다. 그러나 그 영광과 오만의 시대 뒤에 펠로폰네소스 전쟁이 발발함으로써 몰락의 시대가 금방 뒤따랐다. 아테네의 민주체제 하에서 탄생한 소크라테스는 아테네의 당당한 시민으로서 조국을 위하여 그 의무를 다했다. 그는 수년 동안 (기원전 430년에는 포티다에아에서, 437년과 436년에는 암피폴리스에서) 전쟁에 나가 싸웠다. 그는 훌륭한 군인이었다. 그는 아테네의 민주시민으로서 자신의 정치적 의무를 다했다. 그는 민회에 참여하여 정치적 직무를 수행했다.

기원전 406년, 오늘날 터키 서해안 지역의 아르기누사이 제도에서 스파르타와 아테네의 해전이 있었다. 이 전투에서 아테네 해군이 승리했지만, 거센 폭풍으로 장군들은 사상자들을 제대로 수습하지 못한 채 귀환했다. 이 전투에서 승전한 장군들은 군중의 환호가 아니라 병사를 잃은 가족들과 이에 동조하는 군중들의 원망과 매도에 직면했다. 군중들은 장군들을 실각시키고 이들을 재판에 회부했다. 소크라테스는 이날 민회 집행위원회의 의장직을 맡았다. 군중들은 6명의 장군들을 집단으로 재판하여 처형하려고 했지만, 소크라테스는 아테네법에 집단재판이란 있을 수 없으므로 한 사람 한 사람을 개별적으로 재판하여야 한다고 주장했다. 소크라테스가 의장직을 맡았던 그날은 재판이 이루어지지 않았다. 그러나 다음 날 다른 사람이 의장이 되었을 때 장군들은 집단재판을 받고 처형되었다. 평생 정치에 관여하기를 주저했던 소크라테스는 이 사건에서는 감정에 휩쓸린 군중들에 대항해서 자신의 의견을 단호하게 주장했던 것이다. 그와 함께 아테네의 군중과 그와의 사이에 심각한 이념적 갈등이 싹트기 시작했다. 그리고 그는 민주주의가 과연 바람직한 정치체제인가에 대하여 심한 회의감을 갖게 되었다.[299]

소크라테스는 평생을 통하여 시민으로서 자기에게 최소한으로 부과되는 정치적 의무 이외의 어떤 정치적 직무를 맡기를 거부했다. 이것은 아마도 공자가 자신을 알아주는 군주를 찾아 자신의 정치적 이상을 펴보려고 열망했던 것과 가장 대비되는 모습인 것처럼 보인다. 소크라테스는 인간이 어떻게 '행복한 삶'을 살 수 있을까? '좋은 삶'이란 무엇인가?에 대하여 대화하고 성찰하는 것을 일생의 업으로 삼았다. 그렇다면 그는 정치에 대하여 무관심한 사람이었을까?

아니면 정치를 떠나서도 인간은 행복한 삶을 살 수 있다고 믿었을까? 결코 그렇지 않다. 공자가 정치를 갈망했던 것은 그것을 통해서만 인간(백성)은 행복해질 수 있다고 믿었기 때문이다. 소크라테스도 똑같은 생각을 가지고 있었다. 그는 끊임없이 정의에 대하여 말하고 거짓을 고발하고 능력 있는 젊은이들이 정치에 참여할 것을 독려했다. 그리고 아직 준비가 되지 않은 자들이 정치에 뛰어드는 것을 말렸다. 그는 자신이 직접 정치에 참여하는 것보다는 다른 유능한 사람이 정치에 참여하기를 바랐다. 어느 날 한 친구가 물었다. "자신은 정치에 관여하지 않으면서 남을 정치가로 만들어내겠다고 생각하는 것은 어떻게 된 것인가?" 그가 대답했다.

"나 혼자서 정치에 관여하는 것과 될 수 있는 대로 많은 사람이 정치에 유능한 사람이 되도록 힘쓰는 것 중 어느 쪽이 더 정치에 참여하는 것이 될까?"

22. 그리스 도시국가와 아테네 민주정의 탄생

중국은 그 역사의 진행과 함께 방국(邦國)에서 제국(帝國)으로 국가의 범위와 영향력을 확대하면서 군주국가로 발전해갔다. 국가의 목표는 천하라고 하는 하나의 통일제국이었다. 그리고 이러한 중국적 정치제도는 모든 동양국가의 전범이 되었다. 그런데 고대 그리스에서는 중국과는 다르게 소규모의 도시국가가 발생하여 각기 그 특성에 맞는 정치체제를 발전시켰다. 그리고 그 가운데에 아테네에서는 민중이 주권을 갖는 민주국가라는 정치체제가 발생하여 그것의 원초적 형태를 실현했고, 그것은 이내 역사의 뒤안으로 사라졌다가 2천여 년의 시간을 뛰어넘어 인류사에 다시 등장했으며, 이제는 거스를 수 없는 시대의 대세를 이루고 있다는 것은 의미심장한 일이라고 할 수 있다.

중국에서는 왜 제국이, 아테네에서는 어떻게 민주국가가 탄생했을까?

중국의 고대국가는 끊임없는 전쟁과 겸병의 역사였다. 주나라의 초기에는 1,500여 개의 국가로 나누어져 있다가 춘추시대의 초기에는 170여 개국으로 줄어들었으며, 전국시대에는 7개국으로 분할되어 결국 최초의 통일제국 진이 등장하게 된다.[300] 그러나 그리스 도시국가는 비록 소규모의 국가이지만 대내적으로 완전히 독립적이고 대외적으로 상호 평등한 관계를 유지하려고 했다. 그리하여 그리스의 수많은 도시국가들은 이미 기원전 7세기 중반부터 각기 그들의 특성에 맞는 국가체제를 형성해나가기 시작했다.

중국 춘추시대의 방국은 그 규모면으로 보면 고대 그리스의 도시국가와 비슷했지만,[301] 중국의 방국제도는 어디까지나 그 정치제도로서 왕제 또는 군주제를 추구했으며, 그리스의 도시국가는 민주제를 추구했다는 것이 역사적인 차이라고 할 수 있다. 군주제의 특징은 군주만이 주권자이고 그 나머지는 신민이라는 것이며, 민주제는 주권이 일반 대중에게 있으며 관직은 교대로 맡을 수 있다는 것이다. 즉 주권재민과 윤번위치(輪番爲治)를 원칙으로 한다는 것이다.[302]

정치(politics)라는 말의 어원을 이루고 있는 그리스말 '폴리스(polis)'는 보통 도시국가(city-state)로 번역된다. 폴리스는 성벽으로 둘러싸인 도시뿐만 아니라 그 주변지역과 다양한 소규모의 정착촌을 포함한다. 그것은 고대 동양의 성읍국가(城邑國家)와 비슷하다. 그러나 중국은 광대한 영토국가로 발전해나간 반면에, 그리스는 공통된 언어와 문화에도 불구하고 서로 고립되고 독립된 정치체제를 형성했다.

아테네는 비교적 큰 규모의 도시국가였지만, 상업과 해외무역 그리고 이주민들을 필요로 했고, 초기의 엘리트들에 의한 지배체제(aristocracy)로부터 인구의 급속한 증가와 정치적 단결력 그리고 국가의 수호에 기여한 일반 시민의 평등에 대한 요구가 확산되었다. 이러한 요구의 첫 번째 주장자는 당시 전투에서 큰 역할을 한 중무장 보병(hoplite)이었고, 그다음으로 이들과 함께 전쟁에 참여한 가난한 사람들이었다. 그들은 법적인 평등과 정치적 참여를 요구했다. 그리스 도시국가는 자유민의 신분을 가진 원주민에게 이러한 평등권과 참정권을 부여했으며, 이것이 바로 시민권의 내용이고, 이 시민권이 개인의 재산상태와 사회적 신분의 차별을 넘어 정치적 구성원리로 인정되었다. 이러한 시민권에 바탕을 둔 폴리스는 (그리스 역사상 아르카이크 시대라고 부르는) 기원전 약 750년경에 처음 출현한 이래 8세기 뒤인 로마제국이 시작될 때까지 그리스 정치·사회조직의 지배적 형태가 되었다.[303]

그리스인들은 도시국가의 형성과 유지에 참여하는 집단을 '시민'이라고 규정하고 이 범주에 들어가지 못하는 사람들을 구별했다. 그들은 시민권자를 자유민으로 시민권이 없는 자를 비자유인으로 대비하고, 후자에는 여성과 노예, 이방인들을 포함시켰다.

그리스의 도시국가들은 제각기 그 특성에 맞는 정치제도를 생성시켰는데, 군주제는 (그리스의 고대문명에 속하는) 미케네 문명의 종언과 함께 사라졌다. 스파르타와 일부 다른 도시국가들에서는 소수의 제한된 남자들이 정치권력을 행사하는 과두제라는 정치체제를 정착시켰으며, 또 다른 도시국가들은 불법적인 방법으로 권력을 찬탈하여 자식에게 세습하는 참주제를 실시했다. 그리고 몇몇 도시국가들은 모든 남자 시민들이 통치에 참여하는 민주제를 실시했다, 아테네인들은 그리스의 가장 유명한 민주제를 확립했고, 그리하여 시민 개인의 자유는 고대세계에서는 유래를 찾아보기 어려운 수준으로 신장되었다.[304]

23. 공자, 그는 어떤 사람이었나?

지금까지 우리는 공자의 사상, 학문 · 교육 · 정치 그리고 그 사상의 밑바탕을 이루고 있는 인(仁), 학문에 의하여 완성된 인격체로서의 군자 등에 대한 공자의 생각을 살펴보았다. 이러한 공자의 사상은 그의 어록을 통하여 표현된 것이기 때문에 공자라는 인간과 밀접하게 관련된다. 그의 말을 통하여 그의 인품을 짐작할 수 있다. 앞으로 전개될 내용은 그의 사상이 아니라 그의 일생과 성격, 업적, 습관 등을 통하여 그의 사상을 우회적으로 살펴보고자 한다. 그가 어떻게 살아왔고, 무엇을 추구했으며, 어떠한 업적을 이루었는가를 탐구하는 것은 자연히 그의 사상을 토로하는 일이 될 것이다.

1) 학문하는 인간으로서의 공자

첫째로 공자는 학문하는 사람이었다. 자신의 일생을 회고한 다음의 말은 비단 유학자뿐만 아니라 논어를 애독하는 동양 교양인의 사고에 깊이 뿌리박혀 있다.

"나는 열다섯 살에 학문에 뜻을 두었고, 서른 살에 세상에 섰고, 마흔 살에 사리에 의혹됨이 없었고, 쉰 살에 천명을 알았고, 예순 살에 다른 사람의 말이 귀에 거슬림이 없이 이해되었고, 일흔 살에는 마음 내키는 대로 살아도 법도에 어긋남이 없었다."[305]

이 인생에 대한 술회는 그가 70세가 넘어 한 것이 분명하다. 공자가 73세에 세상을 떠난 것을 생각하면 아마도 서거하기 불과 얼마 전에 한 말인 것처럼 보인다.

주석가들이 말한 것처럼[306], 당시 사람들은 15세에 대학에 입학했기 때문에 그 나이에 학문에 뜻을 두었다고 한다면, 오늘날의 기준으로 보아도 특별히 빠른 것은 아니고 평균적인 인간의 수학 과정으로 보아 무방할 것이다.

사람이 자기 마음이 바라는 대로 행동해도 그것이 법도에 어긋나는 것이 아니라면, 비록 그 나이가 70이라 해도 보통사람이 도달하기 어려운 도덕적 경지처럼 보인다. 그러나 아직 70이 먼 나이로 느껴지는 사람에게는 그런 것이 별것 아니게 보일 수도 있을 것이다. 지금은 부끄러운 점이 많지만 자신도 그 나이쯤 되면 별 욕심 없이 자연스럽게 욕망과 규범이 화해할 수 있을 것이라고 생각할지 모른다. 그러나 40에 불혹의 경지에 들어가기는 쉽지 않다. 50에 천명을 안다는 것도 어렵다. 그것은 사물의 이치에 통달하고 인정의 기미와 세상의 물정에 대한 명확한 앎이 있지 않으면 안 된다. 불혹의 경지에 들어가고 천명을 알게 되면 이순(耳順)과 종심소욕불유구(從心所慾不踰矩)의 경지는 자연적으로 터득하게 될지도 모른다. 그렇다면 공자는 이미 40에 성인의 경지에 들어간 것인가?

사람들은 공자가 모르는 것이 없을 정도로 박식했기 때문에, 나면서부터 아는 분(生而知之者)이라고 생각했다. 공자는 그것을 극구 부인했다.

"나는 나면서부터 아는 자가 아니다. 옛것을 좋아하여 부지런히 그것을 구한 자이다."[307]

그는 자기가 열심히 공부하는 사람이라는 것을 강조했다.

섭공이 자로에게 공자는 어떤 사람인가? 하고 물었다. 자로가 곧바로 대답하지 못했다. 공자가 그 말을 듣고 자로에게 말했다.

"유야! 너는 왜 이렇게 대답하지 못했느냐? 그의 사람됨은 도를 배우는데 게으르지 않고, 의문 나는 점이 있으면 발분하여 먹는 것도 잊어버리고, 문제가 풀리면 즐거워 근심을 잊고, 장차 늙음이 닥쳐오는 줄도 모르고 노력하는 사람이라고."[308]

그는 도에 이르기를 간절히 소망했다.

"아침에 도를 들으면 저녁에 죽어도 괜찮겠다."[309]

그는 또한 배우는 데 위아래를 가리지 않고 겸허한 자세로 가르침을 받아들였다.

"세 사람이 길을 가면 거기에 반드시 나의 스승이 있다. 그중에 선한 자를 가려서 따르고, 선하지 못한 자를 가려서 자신의 잘못을 고친다."[310]

윤씨는 주석했다. "어진 이를 보고 나도 그와 같이 되기를 생각하고 어질지 못한 이를 보고 안으로 자신을 살펴본다면(見賢思齊 見不賢而內自省), 선과 악이 모두 나의 스승이 될 것이니, 선에 나아감에 어찌 다함이 있겠는가?" 그런데 나의 생각으로는 선악을 나의 스승으로 삼기 위해서는 먼저 선악을 판단하는 그 마음의 지향이 중요하다는 생각이 든다.

공자는 말년에 "심하다. 나의 노쇠함이여! 오래되었다. 내가 다시 꿈속에서 주공을 보지 못한 것이!"라고 탄식했다.[311]

그는 주공의 도를 행하려는 사람으로서 젊었을 때에는 꿈속에서도 주공을 본 일이 있었는데, 말년에 그런 꿈을 꾸지 않는 것은 자신의 정신이 쇠한 탓이라고 자탄한다. 자기가 연구하는 사물이나 자기가 사숙하는 인간과 꿈속에서 대화하고 교감하는 것은 성심으로 공부하는 천재의 특성이라고 할 수 있다. 공자의 학문에 대한 열정은 결코 중도에서 좌절하는 일이 없었으며, 죽을 때까지 계속하는 것을 평생의 신조로 삼았다.

"높은 산을 바라보고, 큰 길을 간다(高山仰止 景行行止)."

예기에 나오는 이 시구를 읽으면서 그는 다음과 같이 탄복했다.

"이 시에 나오는 인을 좋아하는 마음이 이와 같다. 길을 가면서 도중에서 죽을지언정 나는 그만두지 않을 것이다. 몸이 늙어가는 것도 잊고, 남은 연수가 부족한 것도 깨닫지 못한다. 세상을 피해 남이 알아주지 않아도 후회하지 않는다. 부지런히 힘써 죽은 다음에나 그칠 것이다."312

소크라테스도 무엇인가 훌륭한 일을 성취하기 위해서는 노력하고 교육받고 훈련하고 훌륭한 스승의 지도를 받아야 한다는 것을 강조했다. 한 제자가 소크라테스에게 질문했다.

"데미스토클레스가 그만큼 모든 시민보다 뛰어나고 위대했던 것은 어떤 학자의 가르침을 받아서 그렇게 되었습니까? 그렇지 않으면 날 때부터 그러했습니까?"

소크라테스가 대답했다. "하찮은 기술이라도 뛰어난 솜씨를 지니려면 훌륭한 스승에게 사사하지 않으면 안 되는데, 국가의 우두머리가 된다는 일은 모든 일 중의 최상의 것으로 혼자의 힘만으로 그러한 능력을 갖출 수 있으리라고 생각하는 것은 어리석은 일이네."313

그는 정치나 학문이나 사업은 자신과 다른 사람들의 생활을 행복하게 해줄 수 있는 미덕을 구하는 것이며, 그것은 실로 최고이며 최대의 기술을 구하는 것이고, 군주의 길이고 제왕의 길이며, 이러한 일을 하기 위해서는 우선 올바른 인간이 되지 않으면 안 된다고 생각했다. 그리고 그렇게 되기 위해서는 '너 자신을 알라!'라는 금언을 가슴속에 새기고 끊임없이 자신을 성찰하며, 무엇보다도 자기 자신을 아는 자를 지도자로 받들고 운명의 호전을 꾀해야 한다고 말했다. 교육과 훈련의 중요성을 모르는 사람은 바보다. "사물의 유용한 것과 유해한 것을 배우지 않고 판별할 수 있다고 생각하는 자가 있다면 그 사람은 바보이며, 재력에 의하여 자신이 원하는 것을 달성하고 세인의 존경을 받을 수 있다고 생각하는 자가 있다면 이러한 사람도 바보이며, 아무런 유위한 일을 행할 힘이 없어도 행복하다고 생각하는 사람은 바보다."[314]

2) 사회과학자로서의 공자

공자는 꾸준한 노력과 연구에 의하여 광범한 학문적 업적을 완성했다. 그의 연구성과는 오늘날의 기준으로 보아도 방대한 것이다. 그는 고대의 예악을 바로잡았으며, 『시경』과 『서경』을 편찬했고, 『주역』을 새롭게 해석했으며, 『춘추』를 저술했다. 옛날의 성인들이 영감과 사색에 의하여 진리를 설파한 것과는 달리, 공자는 오늘날의 학자들의 연구작업과 같이 구체적인 자료와 객관적인 증거에 의하여 체계적인 이론을 정립했다. 그의 연구 범위는 오늘날의 학문 분류에 의하면 문학 · 철학 · 역사 · 정치 · 윤리 · 법학 등에 걸치는 광범한 것이지만, 공자는 스스로 후세에 자기는 아마도 노나라의 역사서인 『춘추』에 의해서 평가받을 수 있을 것이라고 말한 점에 비추어 보면, 역사가로서 군왕 · 제후 등에 대한 시비 · 포폄을 공정하게 했다는 것을 가장 자부했는지도 모른다.

소크라테스를 철학자라고 부르는 데 이론은 없지만, 공자를 역사가라고 부르지는 않는다. 역사가로서의 공자는 그의 일면에 지나지 않는다. 그러나 『논어』에 나오는 그의 어록에는 정치 · 역사 · 제도 등과 같은 사회과학적 기사가 많다. 그런 의미에서 나에게는 공자가 사회과학자로 비친다. 이것은 석가가 철학자로서 그리고 예수가 시인으로 비치는 것과 다른 느낌이다.

공자는 도를 구하기 위하여 여러 나라를 주류했다. "예운(禮運)에 의하면, 하도(夏道)를 보기 위하여 기(杞)나라를 찾아갔으며, 은도(殷道)를 보기 위하여 송(宋)나라를 찾아갔다"고 한다.[315] 논어에도 내가 하례(夏禮)와 은례(殷禮)를 충분히 증명할 수 있지만, 그 후손의 나라인 기나라와 송나라에 문헌이 부족하여 증명할 수 없음을 안타까워하는 장면이 나온다.[316]

그는 단지 머리와 책으로만 공부하는 사람이 아니고, 증거와 자료를 찾아 발로 뛰어다니는 실증적인 연구자였다. 그가 자신을 하학이상달(下學而上達)했다고 술회한 내용의 일면이기도 할 것이다. 아래로 인간 세상의 구체적인 일로부터 공부하여 위로 천리운행(天理運行)의 일반적인 원리로까지 도를 추구해나갔다는 뜻이다.

자장이 물었다. "10세(十世) 뒤의 일을 알 수 있습니까?"

공자가 말했다. "은나라는 하나라의 예를 이어받았으니 그 더하고 덜함을 알 수 있으며, 주나라는 은나라의 예를 이어받았으니 그 더하고 덜함을 알 수 있으니, 누군가 주나라를 잇는 자가 있다면 비록 100세 뒤라도 미리 알 수 있을 것이다."[317]

이 문장은 국가의 운명을 예측하는 것으로서 현재의 국가제도와 법도를 이해함으로써 미래의 운명과 전도를 알 수 있다는 것이다. 오늘날의 사회과학자들이 사회구조의 현실적 존재 현상을 분석함으로써 사회적 움직임의 일반적 원리를 정립하고 나아가서 그 사회의 변화를 예측하려고 하는 것과 비슷하다.

공자는 "노나라와 위나라의 정치는 형제간이로구나!"라고 말했다.[318]

이것은 노나라가 주공의 후예의 분봉국이었고, 위나라가 강숙의 후예의 분봉국이기 때문에, 이 두 나라가 쇠퇴하게 된 것도 또는 이를 극복하여 잘될 수 있는 것도 형제국이라는 그 역사적 기원과 관련되어 있다는 사회과학적 발언이라고 할 수 있다.[319]

공자는 또 "제나라가 한 번 변화하면 노나라에 이르고, 노나라가 한 번 변화하면 선왕의 도에 이를 것이다."[320]라고 말했다. 이것도 공리를 중시하는 제나라와 예교를 중시하는 노나라가 변화하면 어떻게 될 것인가에 대하여, 이 두 나라의 역사적 기원과 정치적 원칙에 대한 과학적 분석과 판단으로부터 얻어진 결론으로 보인다.

3) 개혁가로서의 공자

노나라의 대부로서 오랫동안 국정을 맡아 본 장문중(臧文仲)이라는 사람이 있었다. 그는 공자보다 앞선 세대에 속한 사람이었지만, 당시에 지자(知者)로서 알려져 있었다. 장문중은 집에서 큰 거북을 길렀는데, 거북이 사는 집의 기둥머리 두공(斗拱)에는 산 모양을 조각하고 들보 위 동자기둥에는 수초를 그려놓았다. 거북은 당시에 점을 치는 데 사용한 동물이다. 옛날 고대사회에서는 자연서물(自然庶物) 숭배가 심했고 미신과 귀신을 받드는 풍습이 성했다. 장문중이 비록 명망이 높은 정치인이었지만, 그도 당시의 시대정신 속에서 점복의 도구였던 거북을 애지중지 간수했던 것을 알 수 있다.

공자는 장문중에 대한 이와 같은 이야기를 듣고 "그를 어찌 지혜롭다 하겠는가"라면서 경멸했다.[321] 국정을 맡고 있는 재상으로서 점치는 동물을 소중히 보관하는 것보다는 이성적 판단으로 사리를 분별하는 것이 더 합당할 것이라고 생각했다. 공자는 『논어』의 다른 장에서 장문중을 경멸하는 정도를 넘어서 '자리를 도둑질하는 사람(竊位者)'이라고 혹평했다. 왜냐하면 그는 높은 지위에 있는 사람으로서 유하혜(柳下惠)와 같은 현사를 천거하지 않았기 때문이다.[322] 그는 어진 사람을 몰라보는 불명지죄(不明之罪)와 그런 사람을 가리는 폐현지죄(蔽賢之罪) 중 하나를 저질렀다고 보기 때문이다.[323]

고대사회는 동서를 막론하고 미신과 귀신이 횡행하던 시대였다. 이런 시대에 인간 세상의 일을 이성적 판단에 의하여 합리적으로 처리한다는 것은 참으로 개혁적인 사고방식이라고 할 것이다. 공자는 인간이 이성적으로 판단할 수 없는 것, 즉 괴력난신(怪力亂神)에 대하여 말하지 않았다.[324] 그는 점복이나 무술(巫術)로 신의(神意)를 묻는 주술적 풍속을 타파하고 인간의 이성, 인간성에 바탕을 둔 인문정신, 합리주의, 실용적 · 현실적 정신을 존중했다. 그리하여 비현실적이고 비이성적인 괴이한 일, 비문화적이고 폭력적인 것, 상규를 벗어난 난동, 미신적인 신앙에 대하여 말하지 않았다. 사양좌(謝良佐)가 주석했다. 공자는 "떳떳한 것(常)을 말하고 괴이한 것을 말하지 않았으며, 덕(德)을 말하고 힘을 말하지 않았으며, 다스림(治)을 말하고 패란(悖亂)의 일을 말하지 않았으며, 인간(人)의 일을 말하고 귀신의 일을 말하지 않았다."[325]

번지가 지혜에 대하여 물었다. "사람이 지켜나갈 도의에 대하여 힘쓰고, 귀신을 공경하되 멀리하면 지혜롭다 할 수 있다"고 공자는 대답했다.[326] 인간의 일에 먼저 힘쓰고, 귀신과 같은 알 수 없는 일은 그것을 경외의 대상으로 둘지언정 가까이할 필요는 없다. 현실적이고 합리적인 정신의 표현이다.

고대의 동양사회는 제사를 중시했다. 특히 유목사회인 은대에는 자연서물 숭배 · 귀신 · 무격 · 주술이 성행했고, 주대부터 농업사회가 확립됨에 따라 점차로 가부장제와 종법제 같은 문물제도에 대한 사회생활이 영위되었다. 그리하여 제사도 신분과 지위에 따라 그 대상이 한정되었다.[327] 공자는 말했다. "그 제사지내야 할 귀신이 아닌 것을 제사지내는 것은 아첨이다."[328] 무턱대고 아무 데나 절하고 제사지내는 것은 미신이다.

지구의 반대편에서 거의 동시대를 살았던 소크라테스도 그 시대의 분위기를 따라서 신을 믿고 점을 쳤으며, 신에게 희생을 바치고 제사를 지냈다. 다만 그 제사의 양식이 그들이 살았던 지역의 거리만큼 많이 달랐을 것이다. 그러나 소크라테스도 공자처럼 신의(神意)와 우주만물의 성질에 대하여 의론하기를 좋아하지 않았다. 그는 인간의 지식과 교육, 학습과 훈련에 의하여 배울 수 있는 인간세상의 지혜와 인간의 이성과 지혜로는 알 수 없는 신의 세계를 분별하여 무엇을 인간의 지혜에 의하여 판단하고, 무엇을 신에게 물어야 할 것인가를 구별하려고 했다. 신이 인간에게 자신의 지혜로 판단할 수 있도록 해주고 있는 일에 대하여 점을 치는 것도 이상한 일이며, 신의 손에 달려 있는 것처럼 보이는 만유의 성질과 인간의 운명에 대하여 섣부른 판단을 하거나, 결론을 내릴 수 없는 일에 대하여 무익한 논의를 계속하고 있는 것도 당치않은 일이라고 생각했다.

그는 언제나 인간의 일을 문제로 삼았다. 그가 논하는 문제는 경신(敬神)과 불경, 미와 추, 정의와 부정, 사려와 광기, 국가와 정부, 위정자와 통치자는 무엇인가 하는 것 등이었다.[329] 그러나 그는 이성적 사고를 중시하면서도 인간의 일에 대하여 모든 것을 알고 있는, 그리고 인간에게 이성을 부여하고 모든 유익한 것을 주고 신탁을 내리는 신에 대한 고마움과 믿음을 확고하게 가지고 있었다.

4) 출세 또는 군자적 사명감

노나라 애공 3년, 공자의 나이 60 즈음에 유랑길에서 송나라를 지날 때였다. 송나라의 중신이었고 사마의 벼슬에 있었던 환퇴라는 자가 공자를 죽이려고 하였다. 비록 공자는 천하를 유랑하는 일개 서생이었지만, 그의 학문이나 인품 그리고 과거의 경력과 명성이 소인배들로 하여금 그를 살려두어서는 안 된다고 생각할 정도로 정치적으로 위협적인 존재였던 것이 분명하다. 이 위급한 상황에서 공자는 말했다.

"하늘이 나에게 덕을 내려주셨으니, 환퇴인들 나를 어떻게 하겠는가?"[330]

이생에서의 자신의 삶은 하늘로부터 분명한 사명을 받았다는 강한 신념과 자신감의 표현이라고 할 수 있다. 공자는 스스로 천명을 부여받은 사람이라고 인식했다. 나이 50에 천명을 알았다고 말했다.

공자는 또 광(匡)이라는 지방에서 죽을 뻔한 일이 있었다.

어느 날 공자의 일행이 이 지역을 지나가는데, 이 지방 사람들이 공자를 양호로 오인하여 포위하였다. 사기에 의하면 양호가 일찍이 광 땅에서 포악한 짓을 하였는데, 공자의 모습이 양호와 비슷하여 공격하였다고 한다. 공자가 말하였다.

"문왕이 이미 돌아가셨으니, 문(文)이 이 몸에 있지 않겠는가? 하늘이 장차 이 문을 없애려 했다면 후세 사람들이 이 문에 참여하지 못했을 것이다. 그러나 하늘이 이 문을 없애려 하지 않으시니 광 땅 사람들이 나를 어떻게 하겠는가?"[331]

하늘이 나에게 덕을 내려주었으며, 문왕이 이룩한 문화가 나에게 전해졌으니, 만약 하늘이 이 문화를 인간 세상에 보전하고자 한다면,

그 누구도 나를 죽일 수 없을 것이라는, 바로 자신이 하늘과 천명으로 연결된 특별한 신념의 소유자임을 암시하고 있다. 자기를 해치는 것은 바로 하늘의 뜻을 거역하는 것이며, 그렇기 때문에 아무도 하늘의 뜻을 거스릴 수 없다는 것이다.

공자는 학자로서, '하늘이 나에게 덕을 부여해주었다(天生德於予)'고 스스로 자부하는 군자로서, 세상에 도를 펴기 위하여, 오늘날의 표현으로 한다면 바람직한 사회질서를 구현하기 위하여 세상에 나가 자기의 이상을 실현하고자 했다. 그는 평생동안 자기를 알아줄 주군을 찾아 천하를 주류했다. 그러나 끝내 공직을 맡는 데 실패하고 말년에는 고국으로 돌아가 학문과 교육에 힘쓰다가 일생을 마쳤다.

세상에 나아간다는 것은 한편으로는 출세의 의미도 있고 또 다른 한편으로는 지식인으로서 어지러운 세상의 망해가는 꼴을 가만히 앉아서 보고만 있을 수 없다는 군자적 사명감의 발로일 수도 있을 것이다.

"혹 나를 써주는 사람이 있다면, 단 1년이 지나면 그 나라의 기틀을 바로잡을 수 있고, 3년이면 큰 성과를 이룩할 수 있을 것이다."라고 공자는 말했다.[332] 공자 나름의 자신감의 표현이라고 할 수 있다.

공자는 평소에 "남이 자기를 알아주지 않는 것을 걱정하지 말고, 자기 자신이 무능하고, 남을 알 수 없는 것을 걱정하라"고 말했지만[333], 한편으로 "나를 알아주는 이가 없구나" 하고 탄식하기도 했다. 자공이 그 말을 듣고 "어찌하여 선생님을 알아주는 사람이 없다고 하십니까?" 하고 물었다. 공자는 "나는 하늘을 원망하지 않으며, 사람을 탓하지 않고, 아래로는 인간의 일을 배우면서 위로는 하늘의 이치에 통달했으니, 아마도 나를 알아주는 이는 저

하느님이실 것이다."라고 말했다.[334] 세상이 자기를 알아주지 않는 것에 대한 짙은 아쉬움이 깔려 있다.

공자는 또 "군자는 종신토록 그 이름이 알려지지 않는 것을 부끄럽게 여긴다."라고 말하기도 한다.[335] 학자로서 오로지 학문의 길에 안주하는 것과 어지러운 세상을 구제하고자 하는 지식인으로서의 사명감 사이에 어떤 갈등과 고뇌가 있었을 것이다. 그러나 그는 끊임없이 정치에 참여하고자 했고, 지식인으로서 합당한 역할을 하고자 했다.

자공이 물었다. "아름다운 옥이 여기에 있다면, 궤 속에 넣어서 감추어두시겠습니까? 아니면 좋은 값을 쳐줄 사람을 찾아 파시겠습니까?" 공자가 말했다. "팔고말고 팔고말고! 나는 좋은 값을 쳐줄 사람을 기다리고 있다."[336] 이것은 자기를 상품에 비유하여, 자기를 알아줄 사람이 오기를 기다리는 출세 또는 참여에 대한 간절한 욕구의 표현이다.

그 당시의 정치 참여는 왕 또는 권력자에게 가서 그에게 정치적 조언을 하거나 중요한 관직을 맡아 보는 것이었기 때문에, 과연 누구에게 가는가가 중요한 문제였다. 노나라의 대부이며 계씨(季氏)의 가신이었고, 비읍(費邑)의 읍재(邑宰)였던 공산불요(公山弗擾)라는 사람이 공자를 정식으로 초빙하였다. 공자는 가려고 했다. 그러나 자로는 공산불요가 모반을 일으키고 무도한 사람이기 때문에 공자가 그러한 사람에게 가담하는 것을 반대했다.

공자가 말했다. "나를 부르는 자가 어찌 까닭 없이 그렇게 하겠느냐? 만약 나를 써주는 자가 있다면, 나는 나의 치도를 실천에 옮겨 노나라로 하여금 주나라와 같은 이상국가, 곧 동쪽의 주나라를 만들 것이다."[337]

공자는 결국 가지 않았지만, 어쩌다가 자기를 불러주는 사람이 있을 때 과연 가야 할 것인가, 말아야 할 것인가에 대한 거취 문제는 심각한 고민의 대상이 되지 않을 수 없었다.

이런 경우는 또 있었다. 진(晉)나라 대부 조간자(趙簡子)의 중모(中牟) 땅 읍재인 필힐(佛肹)이 공자를 초빙했다. 공자는 가려고 했다. 이번에도 자로는 반대했다. "옛날에 제가 선생님께 들었는데, 자신이 직접 착하지 않은 행동을 하는 자에게 군자는 가지 않는다고 하셨습니다. 필힐이 지금 중모읍을 가지고 배반하였는데, 선생님께서 가려고 하시니 어째서입니까?"

공자가 말했다. "그렇다. 그런 말을 한 적이 있다. 그러나 갈아도 얇아지지 않는다면(磨而不磷) 단단하다고 할 수 있지 않겠는가! 검은 물을 들여도 검어지지 않는다면(涅而不緇) 희다고 할 수 있지 않겠는가! 내 어찌 호박같이 한곳에 매달린 채 먹어주기만을 기다리겠는가?"338

나를 부르는 사람이 어떤 사람이든 그로 하여금 도를 실현하고 선정을 베풀도록 할 수만 있다면, 누구에겐들 가지 못할 것이 없다는 출사(出仕)에 대한 간절한 소망이 깃들어 있다. 그는 아무도 먹으려 하지 않고 다만 바라보기만 하는 벽에 걸린 뒤웅박 신세가 되는 것을 원하지 않았다. 또 누구에게 가든 자신의 견고한 뜻과 순수한 의지는 결코 더러워지지 않을 것이란 포부를 밝히고 있다. 그러나 공자는 이번에도 초빙에 응하지 않았다.

장경부(張敬夫)는 다음과 같은 주를 달았다. "자로가 예전에 들었던 것은 군자가 몸을 지키는 떳떳한 법이요, 공자께서 지금 하신 말씀은 성인이 도를 체현하는 큰 권도(權度)이다. 그러나 공자께서 공산과 필힐의 부름에 모두 가려고 하였던 것은 천하에 변화시키지 못할 사람이 없고, 할 수 없는 일이 없다고 생각하였기 때문이며, 끝내 가시지 않았던 것은 그 사람을 끝내 변화시킬 수 없고, 그 일을 끝내 할 수 없다는 것을 아셨기 때문이다. 하나는 만물을 생성시키는 인이고, 다른 하나는 남을 알아보는 지혜이다."

공자가 제자들과 함께 초나라에서 채나라로 가는 길이었다. 장저와 걸익이라는 두 은자가 밭을 갈고 있었다. 자로가 길을 물으러 그들에게 갔다. 그들은 자로가 공자의 제자인 것을 알고 길을 가르쳐 주지 않았다. 공자라면 세상을 많이 떠돌아다녔기 때문에 스스로 길을 알 것이라고 하면서 이렇게 말했다.

"천하의 무도함은 도도히 흘러가는 물과 같은데, 누구와 더불어 그것을 바꿀 수 있겠는가? 또 그대는 사람을 피하는 선비(避人之士)를 따르는 것보다는 세상을 피하는 선비(避世之士)를 따르는 것이 어떻겠는가?"

자로가 돌아와 공자에게 이 말을 전하니, 공자는 슬픔에 잠겨 탄식했다.

"조수와는 더불어 무리 지어 살 수 없으니, 내가 사람의 무리와 더불지 않고 누구와 함께할 것인가? 천하에 도가 있다면 내 더불어 변역시키려 하지 않을 것이다."[339]

공자는 끊임없이 현실정치에 참여하려고 하였지만, 그 꿈은 이루어지지 않고 평생을 통하여 겨우 3년여의 기간 동안 관직에 등용되었을 뿐이다. 공자의 나이 51세 때(기원전 501년), 노나라 정공과 계환자는 공자를 중도(中都)의 읍재로 등용하였고, 그로부터 1년 뒤에 사공(司空)으로 그리고 곧 이어서 대사구(大司寇)로 승진되었다. 그러나 공자는 당시의 실권자인 삼환씨와 갈등을 일으켜 결국 3년 만에 그 자리를 물러나지 않을 수 없었다. 그 후로 공자는 다시 권좌에 오르지 못했다. 공자는 55세가 되는 기원전 497년에 노나라를 떠나게 된다. 그 후 14년 동안 고국에 돌아오지 못하고 천하를 주류하다가 나중에 계씨의 가신이 된 제자들의 힘을 입어 고국으로 돌아올 수 있었다. 이때 공자의 나이가 68세였다.

오랜 유랑생활로 몸과 마음이 지쳐 있었고 늙었지만, 공자는 말년까지 자신의 정치적 이상과 지식인으로서의 책임감을 버리지 않았다.

제나라 대부 진항이 그 임금인 간공(簡公)을 시해했다. 공자가 목욕을 하고 조회에 나가 애공에게 말했다. "진항이 그 임금을 시해하였으니, 토벌하소서."

애공이 말했다. "저 3자에게 말하라."

3자란 당시 노나라의 실권을 잡고 있었던 맹손씨, 숙손씨, 계손씨 등을 말한다.

공자가 나오면서 말했다. "내가 대부의 말석에 있는 사람으로서 감히 아뢰지 않을 수 없었는데, 저 3자에게 말하라 하는구나."

공자가 3자에게 가서 말했다. 그들은 물론 '불가'하다고 했다.

공자가 말했다. "나는 대부의 말석에 있는 사람으로서 말하지 않을 수 없었다."[340]

이때 공자의 나이는 71세였다. 이 공자의 독백 속에는 늙고 무력하지만, 중요한 정치적 현안에 체념하고 침묵만을 지킬 수 없는 고독한 지식인의 고뇌가 묻어 있다.

공자는 50이 넘어 모처럼 벼슬길에 들어섰지만, 불과 3년 만에 실권자들과 뜻이 맞지 않아 그 자리에 계속 앉아 있을 수가 없었다. 그러나 공자는 파면된 것이 아니라 스스로 그 자리를 물러났다. 공자가 생각하기에 자기를 벼슬길에 끌어들였던 정공이나 계환자가 자기 뜻을 받아들일 수 없다는 결정적인 사건이 발생했다.

제나라는 노나라를 무력화시키기 위해서 여악(女樂: 미녀악사) 80명을 30대의 마차에 태워 노나라 왕에게 바쳤다. 노나라 왕 정공은 이를 물리치지 못하고 계환자와 더불어 이들의 교태에 빠져 정사에 소홀해졌다. 자로는 공자에게 떠날 것을 권고했다. 공자는 떠날 기회를 찾았다. "노나라가 곧 교제(郊祭: 남쪽 교외에서 천신을 모시는 제사)를 지낼 텐데, 제사 지낸 고기를 대부들에게 나눠주면 나는 남을 것이다"라고 공자는 말했다.

정공과 환자는 결국 제나라의 선물을 받은 후 정사를 돌보지 않았고, 교제 날에도 제사의 고기를 대신들에게 나누어주지 않았다. 이 모습을 지켜본 공자는 벼슬을 그만두고 고국을 떠났다.

맹자는 이를 두고 공자가 떠날 수 있는 작은 구실을 찾아 떠났으니, 그것은 고기 때문에 떠난 것도 아니고, 무례 때문에 떠난 것도 아니며, 부모나라의 군주와 재상의 과실을 드러내지 않으면서 그 나름의 구실을 찾아 자신의 거취를 명확히 한 것이라고 평했다.[341]

24. 소크라테스의 교훈

소크라테스는 논란이 많은 인물이다. 그의 삶과 사상은 스스로 저작을 남기지 않았기 때문에, 다른 사람들, 특히 플라톤이나 크세노폰과 같은 제자들의 저작을 통하여 또는 역사적 전승을 통하여 간접적으로 짐작할 수 있을 뿐이다. 그리하여 진정한 소크라테스의 모습은 그리기 어렵고, 평가는 상반될 수 있다. 나도 내 나름의 소크라테스를 이해할 수밖에 없다. 나는 그에게서 개방적이고 탁트인, 그 시대에는 보기 드문 한 사람의 '민주적 인간'을 본다. 왜냐하면 그는 무엇보다도 아테네라는 민주정체에서 생장했고 누구보다도 그곳을 사랑했기 때문이다. 그리고 이 점에서 거의 동시대를 살았지만, 군주정적 정치체제밖에 알지 못했던 공자와 다른 점을 발견할 수 있다. 나는 다음과 같은 점이 소크라테스가 현대인들에게도 여전히 교훈을 주는 대목이 아닐까 생각한다.

1) 인간은 '대화'를 통하여 진리와 공동선에 도달할 수 있다.

소크라테스도 당시의 사람들이 생각하는 학문 또는 철학을 자연의 이치를 탐구하는 것이라고 생각하고 이른바 '자연철학'을 공부했지만, 결국 그의 관심은 인간의 문제, 즉 인간 사이의 도덕과 진리, 정의의 문제로 이동되었다. 그는 철학을 천상으로부터 지상으로 끌어내린 최초의 인간이라고 일컬어지기도 한다. 그는 이와 같은 학문적 관심의 이동과 새로운 출발을 '제2의 항해'라고 명명했다.

그는 자연의 물리적 원인을 탐구하는 데 싫증을 느끼고, 인간의 정신과 영혼 그리고 선의 근원이 무엇인가에 관심을 가졌다.[342] 그중에서도 그는 개개의 인간이 어떻게 하면 행복하고 좋은 삶을 살 수 있을까에 관심을 가지고, 그 문제를 탐구하고 사람들을 그렇게 살도록 인도하는 데 일생을 바쳤다. 그는 이 문제에 대한 해답을 알고 있는 것이 아니라, 오히려 모르기 때문에 다른 사람과 대화하고 토론하면서 함께 진실을 논하고 진리를 찾으려고 했다. 그는 끊임없이 사람들을 관찰하고 조사했다. 그 나라 사람 중에서 누가 각각의 전문분야에서 가장 정통한 지식을 가졌는지에 대해 관심을 기울였다. 그는 훌륭한 목수, 훌륭한 대장장이, 훌륭한 화가, 훌륭한 조각가 혹은 그 이외의 다른 전문가를 찾아서 그들을 검사해보았다.[343] 그는 사람을 개선시키는 것은 자질이나 교육이 아니라 대화에 있다고 생각했다. 나쁜 아내가 집안을 망쳐먹는 일도 책임은 아내에게만 있는 것이 아니라 대화를 하지 않은 남편에게 있다고 생각했다.[344]

대화는 그 내용 못지않게 그 격식과 절차가 중요하다. 뿐만 아니라 대화를 가능하게 하기 위해서는 대화의 상대방을 인정한다는 것을 전제한다. 따라서 대화는 민주적 덕성, 즉 인간의 자유와 평등을 인격적 요소로 내면화한다는 것을 전제한다. 대화에 있어서 무례한 태도나 독단적인 자세는 금방 그 대화를 끝장나게 만들고 만다. 소크라테스는 어떠한 도발적인 대화 상대에게도 결코 화를 내지 않았다. 그의 웃음과 여유는 그의 탁월한 대화 능력의 상징이다.

대화는 개인들의 문제를 다루고 있으며, 그것은 인간의 문제를 탐구한다는 점에서 의미가 있었다. 그는 대화에 참여하는 사람들이 진리에 도달하는 데 도움을 주기 위해서 끝없이 질문을 던지고 그에 대한 대답을 찾는 과정에서 진리를 각성할 수 있도록 도와준다는 의미에서 '산파술'이라고 불리는 대화법을 창안했으며, 언어의 사용에 있어서 이념과 개념을 중시했다. 개념은 언어의 정의를 분명히 하는 것이며, 이념은 대화를 통하여 도달하고자 하는 목표를 정하는 것이다. 페르폰네소스 전쟁 직후 스파르타의 괴뢰정부인 30인 과두체제가 등장하여 그들이 정적을 숙청하고 반대파들을 무자비하게 탄압하고 있을 때, 소크라테스는 여전히 그들을 비판하는 이야기를 하면서 사람들을 만나고 다녔다.

"소를 치는 사나이가 소의 수를 감소시키고 질을 저하시키면서 자기가 서투른 소몰이인 것을 인정하지 않는다면 기묘한 이야기임에 틀림없는데, 하물며 국가의 지도자가 시민의 수를 감소시키고 질을 저하시키고도 수치로 알지 않으며, 또 자기가 저열한 국가 지도자라는 것을 알지 못한다면 그야말로 기묘한 이야기다."[345]

결국 30인 과두 독재체제는 이와 같은 언론의 자유를 막기 위하여 '말의 기술을 가르치는 것을 금하는' 법률을 제정했다. 그는 인간의 자유를 제한하는 어떠한 정치체제에도 반기를 들었다.

소크라테스의 대화의 정신은 그의 고유한 정신이라기보다는 아테네의 정체, 그들의 고유한 개념인 '헌법'의 정신이기도 하다. 기원전 4세기 중반 아테네는 '말의 도시'라고 묘사되었다.[346] 말은 민중들의 마음과 사상을 표현하는 가장 중요한 수단이었다. 민중의 지배라는 정체의 이념은 자유(eleutheria), 그중에서도 표현의 자유(parrhesia)였다. 아테네인들은 이런 구호를 건축물에 새겨 넣고 지중해의 주변지역에 전파했다. 그들은 배를 건조하여 그중의 한 척에 파르헤시아라는 이름을 붙이고(BC 420), 또 다른 배에는 엘레우테리아라는 이름을 붙였다(BC 425). 이것은 아테네인들이 민주정을 떠받치기 위해서 자유의 가치와 그중에서도 표현의 자유가 얼마나 중요한가를 너무도 잘 인식하고 있다는 증거다.[347] 파르헤시아는 모든 아테네인들이 평등한 발언권을 가졌을 뿐만 아니라 자기의 생각을 자유롭게 표현할 수 있다는 것을 뜻했다. 그것은 '솔직하게 말할 능력'이며, 그 속에는 자기들의 정권을 비판할 수 있는 능력이 당연히 포함되었다.[348]

소크라테스는 이와 같은 정치적 분위기를 사랑했으며, 아테네의 산과 들이 아니라 아테네인들을 사랑하고, 그들과 대화하면서 그들을 각성시키고 그들을 좋은 삶으로 이끄는 것을 자신의 평생의 과업으로 삼았다. 그는 글이 아니라 말을 통해서 그리고 대화를 통해서 진리와 정의, 공동선에 이를 수 있다고 믿었으며, 이것이 바로 학문이고 철학이라고 생각했다. 그에게 있어서 철학은 바로 삶 그 자체였다.

2) 그는 도덕적 절대주의를 신봉하는 철저한 원칙주의자였다.

소크라테스가 인류의 정신사에 기여한 가장 커다란 업적은 아마도 도덕과 같은 인간적 가치는 철저하게 지켜야 한다는 그의 평생의 신조일 것이다. 도덕은 인간의 절대적 표지이며, 그것은 결코 시공의 제약을 받는 상대적인 것이 아니다. 그것은 편의적으로 거래되고 타협될 수 있는 성질의 것이 아니다. 그러나 역사는 법은 말할 것도 없고, 도덕조차도 시대와 지역에 따라서 변화되고 상대화될 수 있다는 것을 보여준다. 소크라테스가 살았던 아테네에서 유행했던 연극과 서사시들은 인간과 신들의 욕망과 위선적 거래에 관한 이야기들로 가득 차 있다. 소크라테스는 결코 그런 이야기에 동의하지 않았다. 그는 (결코 그렇게 말하지는 않았지만) 여러 가지 이야기를 하는 다양한 신들보다는 하나의 이야기만을 하는 유일신을 신봉했는지 모른다.

소크라테스는 인간이 높은 도덕적 자질을 가지고 있다고 믿었다. 그렇기 때문에 불의와 부정의는 그가 누구이든, 언제나, 어디에서든 결코 행해져서는 안 되며, 그것은 개인뿐만 아니라 국가에 의해서도 행해져서는 안 된다. 도덕은 개인에게 있어서만이 아니라 국가에 있어서도 절대적이다. 그는 30인 과두체제에서 민주파 장군인 레온을 압송해 오라는 부당한 명령을 거부했으며, 아루기누사이 해전에서 돌아온 장군들의 재판을 다루는 집행위원회에 참여하여 군중들의 여론에 반하여 재판의 적법성을 다투다가 생명의 위협에 직면하기도 했다.[349] 두 경우 다 죽음을 각오하고 도덕적 원칙을 지키고자 한 그의 신념이었다. 그는 고대법에서 당연한 것으로 받아들였던 복수나 동해보복(talio) 같은 것을 인정하지 않았다. 설사 그 피해가 아무리 크다고 할지라도 그것은 또 다른 잘못을 저지르는 것이며, 따라서 정의에 반하기 때문이다. 비폭력과 무저항의 정신적 기원은 소크라테스에게로 거슬러 올라간다. 그것은 도덕의 절대성을 확보하기 위한 처절한 자기희생이다.

소크라테스는 사후의 생명과 영생을 믿었다. 그리고 이생에서의 도덕적인 생활은 분명히 사후의 생활에서 보답받을 것이라고 확신했다. 그러나 우리 같은 사람들은 그런 것까지 확신할 수는 없지만, 설사 이생에서 생명이 끝난다 할지라도 도덕적 존재로서의 인간의 자각을 가지고 한 점 부끄러움 없는 삶을 살아야 한다는, 어떠한 부정한 짓도 저질러서는 안 된다는 것을 강조한 소크라테스에게서 전율할 만한 감동을 느낀다.

3) 그는 법과 규범 그리고 풍속을 존중하였다.

소크라테스는 아테네의 법 아래서 태어났고, 성장했고, 그의 전 생애를 살았다. 그는 그것을 선택했다. 그는 아테네를 지상에서 가장 살기 좋은 곳으로 생각했고, 아테네는 그에게 항상 그의 사명을 구현하기 위한 완벽한 조건을 만들어주었다. 그는 아테네 사람들을 사랑했고—그들의 결점에도 불구하고—그 거리와 그들과의 만남, 그곳의 공공장소를 사랑했다. 그러나 그 정부는 항상 불완전하고, 가끔 지나치게 태만했으며, 때로는 불의와 악마의 편이었다. 그럼에도 불구하고 아테네는 그가 목숨을 걸고 싸운 도시였으며, 그는 그곳에 분리될 수 없을 정도로 속해 있었다. 그는 모든 사람들은 그들이 살고 있는 도시의 법과 풍속을 받아들이지 않으면 안 된다고 생각했다. 그런데 소크라테스의 경우, 그가 말년에 아테네의 법정으로부터 사형선고를 받았을 때 그의 필생의 소명과 아테네의 법은 충돌하고 결정적인 대척점에 서게 되었다. 말할 것도 없이 소크라테스는 이 판결을 정당한 것으로 인정하지 않았다. 그런데 왜 그는 아테네법을 인정하고 순순히 사형집행을 받아들였는가? 법은 법이기 때문에? 악법도 법이라고 생각해서? 아니다. 아마도 소크라테스의 내면에 깊은 고민이 있었을 것이다.

소크라테스의 가장 가까운 친구 크리톤이 그에게 탈옥할 것을 권유한다. 만약 그가 아테네를 떠난다면, 그는 국가의 법을 위반하고 그의 신념을 무너뜨릴 뿐만 아니라 국가의 적으로 규탄받을 것이다. 그는 정중하게 거절한다. 소크라테스는 항상 그의 사명을 실천해야 한다고 느꼈다. 그것은 신에 대한 그의 의무이고, 그의 기쁨이며, 그의 온전한 삶의 의미였다. 아무튼 그 사명은 법과 충돌하게 되고, 그는 기소되었다. 그는 그의 변론에서 이 충돌을 해결하고, 무엇이 잘못 이해되고 있는가를 해명하는 데 실패했다. 그래서 사형선고를 받게 되었다. 그는 자신의 사명과 의무를 소홀히 하는 것보다는 차라리 죽는 것이 좋다고 생각한다. 신에게 복종하는 것이 법에 복종하는 것보다 더 중요하다. 그러나 그것이 법을 부정하는 것은 아니다. 단지 보다 높은 법(higher law)에 복종함으로써 초래되는 결과—그것이 설사 죽음이라 할지라도—를 받아들인다는 것일 뿐이다.[350]

이러한 결론의 밑바탕에는 또 하나의 근본적인 문제가 가로놓여 있다. 크리톤은 간수와 옥리들을 매수하여 그를 탈옥시킬 계획을 가지고 있었다. 도덕적 원칙주의자였던 소크라테스는 자기의 목숨을 구하기 위하여 뇌물이나 부정한 방법을 쓴다는 것에 대하여 절대로 동의할 수 없었다. 부정의에 대하여 부정의로 대항할 수 없다. 만약 그가, 그가 믿고 있는 것처럼 부정의의 희생자라면, 다른 부정의를 행함으로써 어떻게 이것이 바르게 될 것인가? 그의 삶의 지배적인 원칙은 어떤 비행도 더 큰 비행으로 대응함으로써 정당화될 수 없다는 것이었다. 때가 되면 사람들이 진실을 알게 되고, 그가 그것을 굳건한 태도로 받아들였다는 기억을 간직할 것이라는 희망과 확신에 찬 기대를 안고서 부정의에 몸을 내맡기는 것이 더 낫다고 그는 생각했다. 그는 철학적 순교의 길을 택했다. 그는 인류의 정신사에 진리를 추구하는 철학과 현실적 질서를 추구하는 법과의 상관관계에 관한 난제에 대하여 불멸의 빛을 던져주었다.

4) 그는 여성을 존중하고 인간의 평등을 옹호하였다.

고대사회에서는 어디에서나 여자와 어린아이들은 억압된 삶을 살았다. 그들은 여러 가지 이유에서 구별되고 있는 신분적 계급제도

속에서 차별받고 있었다. 아마도 소크라테스는 이러한 사회적 편견—어쩌면 편견이라기보다는 시대적 확신이라고 할 수도 있겠는데—과는 달리 이성적 지혜를 가진 사람이면 남녀를 불문하고 또 계급을 불문하고 사람을 차별적 시각으로 바라보지 않고 존중하는 태도를 가지고 있었다. 그것은 그가 대화하려고 선택한 사람을 보면 알 수 있다. 그는 아테네의 저자에서 만나는 모든 사람과 이야기하기를 원했다.

그는 어머니를 존경했고, 아내를 사랑했다. 소크라테스의 어머니 파에나레테는 건강한 여성이었다. 그녀는 산파였다. 그는 어머니가 출산을 돕는 일을 보면서 자랐다. 물론 어린아이가 일찍 죽고 안전한 출산이 어려웠던 당시의 사정에서 산파의 역할은 결코 쉬운 일이 아니었을 것이다. 어머니가 '산파술'을 통하여 아이가 나오는 것을 돕는 것처럼, 소크라테스는 사람의 영혼에 관심을 가지고 지혜를 산출하는 일을 도왔다.

악처의 대명사격으로 인구에 회자되는 크산티페는 소크라테스가 독배를 드는 그 마지막 밤을 그의 어린 아들과 함께 감옥에서 보냈다. 그의 전기작가 존슨은 소크라테스가 분명히 그의 아내를 사랑했고, 그녀도 그를 사랑했음에 틀림없다고 말한다. 그 어린 아들이 그것을 말해준다는 것이다. 그녀를 속수무책으로 남겨놓고 생활 대책을 마련해주지 못한 것은 그의 삶의 원칙을 지키기 위해서 지불해야 할 어쩔 수 없는 희생이었다.[351] 크산티페의 억척스러움은 고지식한 남편을 대신해서 가정을 꾸려야 하는 운명의 결과였는지 모른다. 왜 그와 같은 어려운 여인과 결혼했느냐고 물으면, 그는 그녀의 모난 성격(angularities)이 아니라 별난 성격(singularities)이 그를 매료시켰다고 대답했다.

소크라테스가 여성을 대하는 태도는 당대의 인습적인 태도와는 달랐다. 그는 여성에게도 남성과 똑같이 개방적인 태도로 단지 진리와 지혜를 발견할 수 있는가에 대하여만 관심을 가졌다. 당시의 아테네의 여자들은 억압된 삶을 살았다. 여자들은 사람들 눈에 띄어서도 안 되고 말을 해서도 안 된다고 생각되었다.

소크라테스와 그의 제자 플라톤의 주변에는 황금시대 민주정 아테네에서 활발하게 활동했던 여자가 많았다.[352] 그중에는 『향연』에 등장하는 만티네이아 출신의 여사제 디오티마를 들 수 있다. 여기에서 소크라테스는 '에로스'에 관하여 솔직하게 디오티마로부터 가르침을 받기를 청한다. 사람이 애욕에 사로잡히는 원인은 무엇인가라는 질문에 소크라테스는 대답을 못한다. 디오티마는 그런 것도 모르면서 사랑에 대하여 말하려 하느냐고 핀잔을 준다. 소크라테스는 디오티마의 설명을 간절히 부탁한다.

"그러기에 오오 디오티마, 아까도 말한 바와 같이 당신에게 찾아온 게 아닙니까? 저는 스승이 있어야 되겠다는 것을 알았어요. 제발 그 원인이 뭔지, 또는 그 밖에 사랑에 관한 모든 것의 원인이 뭔지 가르쳐주십시오."[353]

그는 또한 밀레토스에서 와서 페리클레스의 정부이자 아내가 된 아스파시아라는 여자를 존경했다. 그는 그녀에게서 수사학을 배웠다고도 말했다. 그는 그녀의 뛰어난 화술과 지성을 존중했다.

"여자와 소인은 다루기 어렵다. 가까이 하면 불손하고 멀리 하면 원망한다."[354]는 말이 논어에 실려 있어, 공자가 여성을 비하한 것이 아닌가 하여 여성을 실망시키기도 한다. 그러나 공자의 기본적인 사상도 인간을 본질적으로 차별하지 않는다는 것이었다. 이 구절이 공자가 진짜로 언급한 것인지는 알 수 없으나, 만약 공자가 그런 말을 했다면 그것은 여자 일반이 아니라 아마도 소인 같은 여자를 두고 한 말일 것이다.

5) 그는 돈과 명예 그리고 쾌락을 추구하지 않았다.

소크라테스는 평생 돈벌이를 하지 않고, 명예나 정치적 출세의 야망을 갖지 않았다. 그리고 의식주나 외모, 성적 쾌락을 추구하지 않았다. 당시의 기준으로 보아서 완전히 금욕적인 삶을 살았다고 할 수 있다. 그러나 금욕을 추구하려 한 것이 아니라 진리에 대한 철학적 성찰에 관심을 둔 나머지 다른 문제에 대하여는 별로 관심이 없었던 듯하다. 그는 먹고 입는 일과 외모에 대하여 신경을 쓰지 않았다. 아름다움은 나이와 더불어 시들고 의복은 자연이 주는 것을 변화시키는 데 큰 영향을 미치지 못한다고 생각했다. 그는 신발도 신지 않았고, 값나가는 옷을 걸쳐본 적이 없었다고 한다. 공자가 의복과 음식, 행주좌와(行住坐臥)에 매우 까다로웠던 것과 다르다. 소크라테스는 젊었을 때, 못생겨서 마치 사튀로스와 같은 괴물로 놀림을 받기도 했지만, 늙어서는 20대에 보았던 것처럼 그렇게 추하게 보이지 않았다. 인간은 꾸밀 가치가 있는 것은 아닐지 모르지만, 무한히 탐구할 가치가 있다고 생각했다. 소크라테스는 그의 일생을 통하여 인간의 다양성, 독창성, 완고함과 순수한 개인주의에 매료되었다. 그들은 그에게 문제를 제기했고, 그는 그것을 해결하고 아테네의 길거리를 돌아다니면서 인간의 조건에 대한 인식적 시각을 제공했다.

소크라테스가 살았던 아테네는 지중해 세계에서 가장 경제적 번영을 누리고 있었다. 화폐가 최초로 주조되고 시장경제가 발달했다. 소크라테스는 이런 세상의 흐름과는 반대 되는 생활을 이어갔다.

해가 거듭할수록 그는 점점 더 가난해졌다. 물질적 풍요를 좇는 세상에서 그는 영혼의 가치를 추구해야 한다는 주장을 되풀이했다. 지혜로운 자가 무엇을 알고 있으며, 무엇을 모르는지를 검토하고 탐구했다. 그리고 자기가 무엇을 알고 있으며 또 무엇을 모르고 있는가를 진정으로 아는 것이 지혜이며 자기인식이라고 주장했다.

소크라테스와 같은 시기를 산 프로타고라스는 '인간이 만물의 척도'라고 주장했지만, 소크라테스는 '인간과 인간과의 관계', 인간과 그를 둘러싼 세상과의 관계가 모든 것의 척도라고 생각했다. 그는 우리 각자가 '올바른 개인'이 되지 않는 한 이런 관계가 바람직하게 이루어질 수 없다고 믿었다.[355] 인간과 인간 사이의 관계는 대화를 통하여 그 올바른 상태에 도달할 수 있는데, 이렇게 말과 대화를 탐구하는 소피스트들은 그것을 돈벌이의 수단으로 인식하는 데 반하여, 소크라테스는 진리 그 자체를 발견하기를 바랐을 뿐 그것으로 어떤 금전적 대가를 받기를 바라지 않았다.

그는 영혼의 자유를 위하여 육체적 욕망을 억제할 것을 권했다. 인간은 누구나 자기 마음의 주인 또는 지배자를 모시고 산다. 어떤 사람은 탐욕의 노예이고, 어떤 사람은 호색의 노예이며, 어떤 사람은 술의 노예이고, 어리석고 돈만 많이 드는 명예욕의 노예인 자도 있다. 이 주인은 노예가 늙어 힘도 떨어지고 돈도 떨어져서 별 볼일이 없다면 매몰차게 버려버린다. "그러니까 우리는 자유를 쟁취하기 위해서 이런 욕망과 싸워야 한다. 이것은 무기를 가지고 우리를 노예로 만들고자 기도하는 사람들과 싸워야 하는 것과 마찬가지다."[356]

6) 그는 신과 내세를 믿고, 덕과 지혜를 추구하였다.

소크라테스를 죽음에 이르게 한 고소장의 주요 내용은 그가 청년들을 부패시키고, 국가가 신봉하는 신들을 믿지 않고 다이몬과 같은 색다른 신을 신봉한다는 것이었다. 고소인 밀레토스는 소크라테스가 무신론자라고 주장했다. 그러나 소크라테스는 그리스인들이 믿는 신을 부정한 적이 없었다. 그는 신들의 축제에 기꺼이 참여했고, 신들을 찬양했으며, 아폴로 신전의 신탁을 존중했다.

청년들을 부패시킨다는 것은 고소인들의 주장에 의하면, 나라에서 믿는 신들을 믿지 말고, 다이몬이라는 새로운 신을 믿으라고 하면서 소크라테스가 청년들을 오도하고 있다는 것이었다. 소크라테스는 다이몬도 그리스인들이 믿는 신들 중 하나이며, 그 신들의 아들이라고 대답했다.[357] 그의 기본적인 생활방식은 아테네의 관습과 법을 존중하는 것이었다. 그러나 결국 그는 이러한 고소에 의하여 아테네인들의 민중법정에서 사형판결을 받아 독배를 마시고 죽었다. 그는 재판절차에서 자신을 적극적으로 변호하지 않았다. 아테네인들이 그에게 바랐던 것은 그가 젊은이들을 만나 이야기하는 것을 금지하는 것이었다. 사람들과 만나고 대화하는 것은 곧 그의 삶의 목표이고 존재이유였다. 그는 지금까지 해온 탐구나 철학하는 일을 그만둔다는 것을 조건으로 그를 석방해준다 해도 그것을 거부할 것이라고 했다. 그것이 그가 신에게 복종하는 방법이었다. 사형을 면하기 위해서 벌금형이나 국외추방을 당하는 길을 취하지 않았다.

사람들로 하여금 가장 소중한 것을 가장 소홀히 하고, 대수롭지 않은 것을 더 귀하게 여기는 것과 같은 어리석은 일을 하지 않도록 설득하고 따지고 묻는 것은 신의 명령이라고 그는 주장했다. 그가 돌아다니면서 하는 일은 되도록 정신을 훌륭하게 할 것에 마음

쓰고, 그보다 먼저 혹은 그와 같은 정도로 신체나 돈에 관하여 마음을 써서는 안 된다는 것을 설득하는 일이라고 했다. 그는 오랜 세월에 걸쳐 자기 자신의 일은 전혀 돌보지 않고, 또 집안일도 돌보지 않으면서 항상 사람들을 찾아가서 덕에 대하여 마음을 쓰도록 설득했고, 신의 음성 또는 다이몬의 음성을 듣고 정치에 관여하지 않았으며, 사인으로서 정의를 위하여 싸워왔다고 주장했다.[358]

사형이 집행되는 날 간수가 독약을 들고 와서 "저 보기에 선생님은 지금까지 여기 들어온 사람들 가운데 가장 너그러우시고 가장 점잖으시고 가장 훌륭한 분입니다. 선생님께서는 지금 저에 대해서 노여워하시지 않을 줄 압니다. (…) 그러면 운명의 짐을 마음 편히 지시고 안녕히 가십시오."라고 말하면서 독약을 놓고 눈물을 흘리면서 나갔다. 소크라테스는 그를 향하여 "자네도 잘 있게, 나도 잘 가겠네."라고 말했다.[359] 그는 죽음을 편안하게 받아들였다.

그는 인생관과 함께 분명한 사생관을 가지고 있었다. 죽음이란 육체와 영혼의 분리, 영혼이 육체로부터 이탈하는 것[360]이며, 몸은 비록 죽지만 영혼은 좋은 사람들과 신들이 사는 곳으로 가는 것이다. 그는 육체와 영혼을 엄격하게 분리했다. 육체는 인간적이고 사멸할 것이요, 비예지적이며, 다형다양하며, 분해될 수 있고, 가변적이며, 영혼은 신적인 것과 흡사하고 불멸하며 예지적이요, 한결같은 모습으로서 분해하지 않으며, 불변하는 것이다.[361] 사람이 살아 있다는 것은 육체와 영혼이 결합되어 있는 상태를 말하는데, 영혼은 육체의 질곡으로 항상 방해받고 자유롭지 못하고, 정화되지 못한다. 그러므로 어쩌면 죽음이야말로 영혼이 육체의 속박으로부터 완전히 해방될 수 있는 것인지 모른다. 참 철학자는 죽음을 두려워하지 않으며, 오히려 내세에서의 영원한 삶을 위하여 현세의 삶을 정화하고 준비하는 자이고, 육체에서 해탈할 것을 일생 동안 연구하는 사람이다. 철학은 다름 아닌 죽음의 연습이다.[362] 철학적인 영혼은 육체적 쾌락이나 돈 · 명예를 추구하지 않으며, 덕과 정의 그리고 선행을 추구한다. 소크라테스는 죽음을 나쁜 것이라고 생각하지 않았다. 그는 죽음을 면하는 것보다 비열함을 면하는 것이 더 어렵다고 말했다. 그는 아테네인들이 마음을 바꾸어 바른 선택을 할 수 없다면 죽음을 받아들일 수밖에 없다고 체념했다. 그는 아테네인들에게 말했다.

"이미 시간이 다 되어 떠날 때가 되었습니다. 저는 죽기 위하여, 여러분은 살기 위하여. 그러나 우리들 중 어느 쪽이 더 좋은 곳으로 가는지, 신을 제외하고는 아무도 모릅니다."[363]

유학에서도 소크라테스의 생각과 거의 비슷한 사생관을 가지고 있다. 죽음은 혼백(魂魄)이 분리되는 것, 즉 육체의 죽음이다. 유학에 있어서 죽음의 개념도 영혼이 죽는다고는 생각하지 않기 때문에, 죽음은 단지 육체의 소멸일 뿐이다. 그러나 공자는 소크라테스와는 달리 죽음에 대하여 별로 이야기하지 않았다.

자로가 귀신을 섬기는 일에 대하여 물었다. 공자가 말했다. "사람을 섬기는 일도 제대로 못하면서 어찌 귀신을 섬기겠는가?" 자로가 다시 물었다. "감히 죽음에 대하여 묻겠습니다." 이에 대한 공자의 대답은 이것이었다. "아직 삶도 모르면서 어떻게 죽음을 알겠느냐?"[364]

이에 대하여 사람들은 이것은 공자의 현세 중심적, 불가지론적 사고를 단적으로 표현하는 것이라고 생각하기도 하지만, 전통적 주석은 생과 사, 인간과 귀신은 낮과 밤처럼 연결되어 있으며, 분리될 수 없는 것이기 때문에 삶의 도리를 알게 되면 곧 죽음의 도리를 알게 된다는 것을 말한 것이라고 한다. 공자는 죽음보다는 삶에 관하여 말하고 싶었을 뿐이다. 자공이 공자에게 물었다. "죽은 사람은 지각이 있습니까?" 이에 대하여 공자는 대답했다. "죽은 자가 앎이라는 것이 있는지 아무것도 모르는 것인지에 대하여 알려고 들지 말라. 지금 그러한 것이 급한 것이 아니다. 나중에 저절로 알게 될 것이다."[365] 공자가 죽음에 대하여 말하지 않았던 것이 곧 죽음 이후의 세계를 부정한 것은 아니다. 그러나 공자는 신이나 내세에 대하여 말하려고 하지 않았다.

소크라테스는 철학 자체가 내세에 대한 희망을 가지고 죽음을 기쁜 마음으로 맞이하는 것이라고 말했다.[366] "죽은 후에는 무엇인가가 있다. 옛날부터 전해오는 바와 같이, 선인에게는 악인에게 대해서보다 훨씬 더 좋은 무엇이 있다."고 그는 말했다. 죽음은 '지혜 있고 선한 신들' 그리고 '이 세상 사람들보다 더 훌륭한 저 세상 사람들'에게로 가는 것이라는 신념을 가지고 있기에 그는 죽음을 슬퍼하지 않는다고 말했다. 그리하여 철학은 죽음과 내세를 준비하는 것이며, '좋은 삶'이란 곧 '바른 삶'이어야 하는 것이다.

생과 사, 육체와 영혼에 관한 소크라테스의 사상은 그가 죽은 후 그리스와 서방 세계에 크게 확산되었다. 그것은 플라톤과 아리스토텔레스의 저작을 통해서 그리고 그의 재판과 자기완성, 영원의 문턱에서 보여준 놀라운 침착성에 의하여 세인의 주목을 끌었다. 소크라테스는 철학자의 원형이고, 윤리적 지혜의 원천일 뿐만 아니라, 선인(good man)의 살아 있는 전범이었고, 몸과 영혼의 관계가 어떻게 작용되어야 하는가에 대한 완전한 모범이었다.

기원후 1세기에 성 바오로가 예수 그리스도의 가르침을 그리스어를 사용하는 이방인들의 세계에 설교하려고 왔을 때, 그는 청중들이 이미 그의 메시지를 받아들일 준비가 되어 있음을 발견했다. 그것은 예수가 고취하고 있는 자비, 무사(無私), 고통의 감수, 자발적 희생과 같은 히브리적 메시지와 영혼의 승리 그리고 그다음에 오는 영생에 관한 소크라테스 사상과의 결합이었다. "그리스인들은 이성을 찾고, 유대인들은 표징을 본다"고 성 바오로는 말했다. 소크라테스는 이성을 제공했고 예수는 표징을 보여주었다. 그러나 양자 간에 공통점은 없다. 예수는 "나는 진리요 길이요 생명이다"라고 말하는데, 이것은 신성에 대한 의식만이 정당화시킬 수 있는 어떤 초월적 주장이다. 이것은 소크라테스가 제기했던 주장의 내용과는 다르다. 그가 반복하여 주장했던 것은 그는 아무것도 알지 못한다는 것이었다. 그가 할 수 있다고 느낀 것, 그의 사명의 본질이라는 것은 보통 사람들이 무엇이 선량한 행위이며, 인간으로서 최고로 가치 있는 것인가에 대하여 보다 명확하고 일관되게 사고하도록 돕는 것이었다. 이런 일을 하는 데서 그가 거둔 성공은 수세대를 넘어 작용했고, 그럼에도 불구하고 그리스 세계가 기독교를 받아들이고 그것을 보다 성숙하게 만든 힘이었다.[367]

소크라테스가 독배를 들고 죽어갈 때, 그가 남긴 마지막 말은 "오오 크리톤, 아스클레피오스에게 내가 닭 한 마리 빚진 것이 있네. 기억해두었다가 갚아주게."라는 것이었다. 아스클레피오스는 치유의 신이다. 병이 들었다가 나으면 닭 한 마리를 바치는 관습이 있었다고 한다. 소크라테스는 죽음을 이 세상의 온갖 병으로부터 해방되는 치유의 길이라고 생각했는지 모른다. 그러나 한평생을 살다가 떠나면서 이 세상에 닭 한 마리 정도의 빚을 남겨놓고 갈 정도의 사람이라면 분명히 행복하고 좋은 사람일 것이다. 파이돈은

이 순간을 그의 친구에게 전한다.

"그는 그 당시에 내가 만난 사람들 가운데 가장 현명하고 가장 올바른 사람이었소."

25. 결론: '도덕적 존재'로서의 인간과 국가

지금까지 '공자와 소크라테스의 사상'이라는 주제 아래 나는 그들의 인간에 대한 이해, 학문과 교육, 정치와 제도에 관한 생각의 편린들을 끌어모아 보았다. 그들의 사상의 핵심은 모두 인간은 도덕적 존재가 되어야 하며, 또한 국가도 도덕적 존재가 되어야 한다는 것이다. 공자는 도의 실현을, 소크라테스는 진리와 정의의 실현을 주장했지만, 그들은 그것을 모두 도덕적 존재로 귀결시켰다.

공자는 대학의 경문에서, 큰 학문(大學)의 목표를 인간의 내면에 감추어져 있는 명덕을 밝히고(明明德), 백성을 새롭게 하고(新民), 최고의 선에 도달하는 것(止於至善)에 두고, 이를 달성하기 위한 구체적인 방법과 단계를 격물 · 치지 · 성의 · 정심 · 수신 · 제가 · 치국 · 평천하의 여덟 가지 항목으로 나누어 적시했다. 이 여덟 가지 항목(八條目) 중에서 가장 기본이 되는 것은 수신이라고 했다. 수신(修身)이란 무엇인가? 그것은 인간이 도덕적 존재가 되는 것이다. 그와 같은 존재가 되기 위하여 사람에게 교육과 학문이 필요하고, 진실성과 바른 마음가짐이 필요하다. 그것이 바로 인간의 자기완성이다.

공자는 인간의 자기실현을 정치에서 찾았다. 내면적으로 자기완성을 이룩한 사람은, 즉 '수신'을 했다고 생각하는 사람은, 그것으로 만족하는 것이 아니라 그것을 외부세계로, 즉 사회와 국가로, 천하로 확대해나가야 한다. 이것이 진정한 자기실현이다. 그리하여 수신으로 달성한 도덕성을 가정으로(제가), 국가로(치국), 천하로(평천하) 넓혀나가는 것이 참으로 군자가 지향해야 할 길이며, 결국 그것은 사회와 국가도, 나아가서는 세계도 참다운 도덕적 존재가 되어야 한다는 것을 의미한다.

공자가 인간이 하늘로부터 부여받은 밝은 덕(明德)이 있다고 믿었듯이 소크라테스도 인간의 생래적인 도덕적 자질을 믿었으며, 그것은 이성적 대화를 통하여 신장될 수 있다고 생각했다. 인간의 '좋은 삶'이란 진리와 정의를 추구하는 도덕적 삶이며, 그것은 인간의 공동체인 사회와 국가에 있어서도 당연한 요청이다. 좋은 국가는 도덕적 국가이다. 기원후 5세기에 활동했던 성 오거스틴(345~430)은 국가가 공동체의 구성원들이 공통적으로 가지고 있는 사랑과 박애, 정의와 같은 가치에 구속되지 않고 사적 야망을 위하여 오로지 권력 그 자체만을 유지하려 한다면 그것은 '강도 단체'에 지나지 않는다는 점을 단호하게 지적했다.[368] 이 사상적 흐름은 서구 국가이론의 중심적 이념이 되었으며, 그것은 오늘날의 법치주의 이론의 기원이 되었다. 정치는 정의의 다른 이름인 법과 제도를 확립하기 위한 인간의 발걸음이다. 참으로 진실하고 착한 인간이 참으로 인간답게 살 수 있는 사회와 국가의 조건을 만드는 것이 국가이론의 핵심이다.

평범한 인간이 행복한 삶을 누리기 위하여 영혼을 돌보고, 이성을 사용하여 진정한 선이 무엇인가를 알아야 하는 것처럼, 정치가는 국가를 위하여 무엇이 선이고 정의인가를 인식하지 않으면 안 된다. 모든 과오는 무지에서 온다. 그들은 정의와 절도를 찾아내고, 공동체의 정신적 건강을 증진시켜야 한다. 소크라테스는 실제로 정치에 종사하는 사람들이 알지 못하는 절대적 선(absolutely good)에 관한 지식이 국가적 복지와 안녕의 필요충분한 조건이라는 것을 자신이 알고 있기 때문에, 오직 그만이 정치가의 이름에 걸맞은 사람이라고 자부하기도 했다.[369]

공자가 "아침에 도를 들으면 저녁에 죽어도 한이 없겠다"고 한 말은 구도자로서의 공자의 발언이 아니라 정치가로서의 말이 아닐까 생각된다. 그의 진정한 소망은 도를 개인적인 차원에서 깨닫는 것이 아니라, 도가, 즉 진리와 정의가 어디에선가 이루어지고 있다는 소식을 듣기를 원했던 것이 아닐까? 오늘을 살고 있는 우리들도 어디에선가 진실이 파헤쳐지고 정의가 승리하고 있다는 소식을 목마르게 기다리고 있다.

제2부

공자와 소크라테스 평전:

그들은 어떻게 살았나?

1. 공자

가계, 어린 시절

공자는 노나라 창평향(昌平鄕) 추읍(陬邑)에서 태어났다. 노 양공(襄公) 22년, 기원전 551년 9월 22일(夏歷 8월 27일)이었다. 아버지는 숙양흘(叔梁紇)이고 어머니는 안징재(顔徵在)다. 공자의 아버지는 이미 초취의 아내와 자식들이 있었고, 환갑이 넘은 늙은이인데다 안씨는 아직 스무 살도 안 된 젊은 처녀였기 때문에 아마도 이 결혼은 당시의 사회에서 정식으로 인정되지 않았는지 모른다. 하여간 사마천의 「공자세가」는 두 사람이 '야합(野合)'했다는 표현을 쓰고 있다. 그러나 이들 부부는 아들을 간절히 원하여 고향에 있는 니구산(尼丘山)에 올라 정성스레 기도를 바쳤고, 마침내 아들을 얻게 되었다. 이름을 구(丘)라고 하고 자를 중니(仲尼)라고 지었다.

공자의 가문은 은왕조의 마지막 왕 주(紂)의 서형인 미자계(微子啓)로 거슬러 올라간다. 은나라를 멸망시킨 주나라 무왕은 그를 송나라의 왕으로 봉했다. 공자의 10대조 불보하(弗父河)는 송조의 왕위를 계승해야 할 입장이었지만, 아우에게 왕좌를 양보하여 세상 사람들을 놀라게 하였다. 불보하의 증손이며 공자의 7대조인 정고보(正考父)는 송나라의 3대 군주를 보좌했으며, 겸손한 행실과 박학한 지식으로 세인의 칭송을 얻었다. 그러나 그의 아들 공보가(孔父嘉)가 정치투쟁에 휘말려 죽자 그 후손이 화를 피하려 노나라로 도망쳐 와 성을 공으로 바꿨다. 그때부터 이 귀족가문은 서서히 몰락해갔다.

공자의 아버지 숙양흘은 비록 귀족의 지위는 잃었지만, 두 차례의 전쟁에 참여하여 혁혁한 전공을 세워서 명성을 얻었다. 그는 가문의 회복을 위하여 노력했지만 불행히도 병을 얻어 공자가 겨우 세 살이 되었을 때 죽고 말았다. 그리하여 공자와 그의 어머니는 고아와 과부가 되었고 일반 평민의 신분으로 전락하고 말았다. 어머니 안씨는 고향을 떠나 노나라의 수도인 곡부시(曲阜市) 궐리(闕里)에 정착했다. 지금 우리에게 알려진 공자의 고택이 있는 곳이다. 이렇게 하여 영광스러운 귀족가문에서 태어난 공자는 어린시절부터 매우 간고한 생활을 하지 않을 수 없는 처지가 되었다.

그런데 공자의 나이 겨우 17세가 되었을 때 어머니마저 죽고 말았다. 그녀는 결국 힘든 삶을 이겨내지 못하고 서른 남짓의 젊은 나이에 세상을 등지고 말았다.

공자가 아직 상중에 있을 때, 노나라의 집정대부 계손씨가 명사들을 초청하여 잔치를 베풀었다. 공자도 이 자리에 상복을 입은 채로 나갔다. 그러나 계씨의 가신 양호(陽虎)가 길을 가로막았다. "우리가 초대한 사람은 지위가 있는 사람이지 당신 같은 사람이 아니오."

이 문전박대는 그에게 깊은 상처를 남겼을 것이다. 그리고 그를 분발시킨 계기가 되었을 것이다.

그 무렵 대부 맹희자(孟釐子)가 병이 나서 죽게 되었을 때, 그는 후계자인 의자(懿子)에게 당부했다. "공구는 훌륭한 귀족의 후예다. 그 조상 불보하는 원래 송나라의 후계자였으나, 아우 여공(厲公)에게 양보하였다. 정고보에 이르러 대공(戴公) · 무공(武公) · 선공(宣公)을 섬길 때, 세 번 명을 받았는데, 매번 명을 받을 때마다 더욱 공손하였다고 한다. 그래서 공가의 정(鼎)에는 다음과 같은 글이 새겨져 있었다. '첫 번째 명에 몸을 숙이고, 두 번째 명에 허리를 굽혀 절하고, 세 번째 명에는 큰 절을 하고 받았다. 길을 걸을 때는 중앙을 걷지 않고 담장가를 따라 다녔지만, 누구도 감히 나를 경멸하지 않았다. 이 솥에 풀과 죽을 쑤어서 청렴하게 살아왔다.' 그 공손함이 이와 같았다. 내가 듣기로 성인의 집에서는 비록 권력자는 안 나와도 반드시 철인이 나온다고 한다. 지금 공구는 나이는 어리나 예를 좋아하니 그가 바로 통달한 자가 아니겠느냐? 내가 죽거든 너는 반드시 그를 스승으로 모시거라." 그가 죽자 아들 의자는 남궁경숙(南宮敬叔: 그의 동생으로 추측됨)과 더불어 공자를 찾아가 공부했다.

젊은 시절, 입신

공자가 자신의 인생의 정신적인 성장 과정을 술회했다고 생각되는 논어의 한 구절을 보면, "나는 15세에 학문에 뜻을 두었고, 30세에 세상에 독자적인 인격으로 섰다."[1]라고 되어 있는데, 이것은 그가 어려운 환경에도 불구하고 학자로서 입신할 것을 목표로 열심히 노력하여 성공했음을 말하고 있다. 물론 이것은 세속적인 의미의 성공은 아니었다. 오히려 그는 젊은 나이에 승전(乘田)과 위리(委吏)라는 낮은 직책의 일을 맡아 봄으로써 호구지책을 해결하면서 공부를 병행해나갔다. 승전이란 가축을 돌보는 일이고, 위리는 창고의 물품과 장부를 관리하는 일이었다. 이뿐만 아니라 생활에 도움이 되는 일이라면 마다하지 않고 했다. 언젠가 자기가 여러 가지 일에 재능이 있는 것은 젊었을 때 가난하게 살았기 때문이라고 말한 적이 있다.

그는 육예(六藝)와 육경(六經)에 통달했고, 많은 명성을 얻었다.

많은 사람들이 그의 제자가 되기를 원했다. 그리하여 그의 집에 조그만 강단을 세우고 제자들을 교육하기 시작했다. 이 강단 주변에 은행나무가 있었기 때문에 이를 행단강학(杏亶講學)이라 불렀다. 당시까지는 교육이 국가기관에서만 이루어졌는데(學在官府), 공자가 사학을 열었다는 데 특별한 의미가 있었다. 그의 교육의 목표는 고대, 특히 주대의 문화전통을 계승하는 것이며, 이러한 정치적 이상을 실현하기 위하여 당시의 왕정에 참여할 수 있는 젊은 지식인을 길러내는 것이었다.

공자는 개인적으로 최초의 사학을 연 사람으로 기록되고 있다. 그리하여 '학재관부'의 전통적인 교육방식을 깨뜨리고 사학의 전통을 개척했으며, 최초로 사(士)의 계층을 확립한 인물로 추정된다. 원래 사란 대부 · 사와 같은 고대사회의 품계였거나 병사를 지칭하는 말이었는데, 생업에 종사하지 않고 벼슬을 하거나 강학만을 하는 '선비'라는 새로운 계급, 즉 사농공상(士農工商)의 사라는 새로운 계급이 출현하는 계기를 공자가 만들었다는 설도 있다.[2]

학문과 교육으로 명성을 얻게 된 공자는 노나라 왕의 후원을 얻어 제자가 된 남궁경숙과 함께 주나라의 수도 낙양을 방문한 일이 있었다. 이때 도가의 창시자인 노자를 만났다고 한다. 노자는 공자와 작별할 때 이러한 말을 했다고 한다. "내가 들으니 부귀한 자는 사람을 전송할 때 재물로써 하고, 어진 사람은 사람을 전송할 때 말로써 한다고 합니다. 나는 부귀하지 못하나 인자로 자처하기를 좋아하니 다음 말로써 그대를 전송하고자 합니다. '총명하고 깊게 관찰하는 사람에게는 죽음의 위험이 따르는데 이는 남을 잘 비판하기 때문이요, 많은 지식을 지니고 재능이 뛰어난 사람은 그 몸이 위태로운데 이는 남의 결점을 잘 지적해내기 때문입니다. 사람의 자녀 된 자는 아버지뻘 되는 사람 앞에서 자기를 낮추고, 사람의 신하된 자는 임금 앞에서 자기를 치켜세우지 않는 법입니다.'"[3]

공자의 일생을 통한 행적을 살펴볼 때 그의 공손한 행실과 조심스러운 처신은 그의 천성이기도 할 것이지만 어쩌면 이와 같은 충고를 겸허히 받아들인 결과인지도 모른다.

공자는 노자에 대한 인상을 이렇게 말했다.

"새는 날고, 물고기는 헤엄치고, 짐승은 달리는 것이라는 것은 나도 잘 알고 있다. 달리는 것은 그물로 잡고, 헤엄치는 것은 낚시로 낚으며, 날아다니는 것은 화살로 떨어뜨릴 수 있지만, 용이라면 나는 그것을 알 수 없다. 그것은 바람과 구름을 타고 하늘에 오른다고 한다. 내 오늘 노자를 만났는데 그러한 용과 같다고나 할까!"[4]

공자는 교육가로서 활동하고 있었지만, 그의 인생의 목표는 그가 학문적으로 터득한 진리를 실제 정치에서 실현하는 것이었다. 그는 행단강학에서 학문과 교육에 전념하면서도 끊임없이 노나라 정치에 참여할 수 있는 기회를 기다리고 있었다. 그러나 노나라의 정치현실은 점점 어지러워지고 있었다. 공자가 기대를 걸고 있었던 노소공이 계손씨, 맹손씨, 숙손씨의 이른바 3가(三家)에게 권력투쟁에서 밀려 제나라로 망명했다. 노나라에서 주대의 정치적 이상을 실현해보고자 했던 공자의 꿈은 물거품이 되었다.

제나라에서의 모색

공자는 제나라로 눈을 돌렸다. 제나라는 지금의 산동지방에서 노나라와 국경을 맞대고 있었던 농업과 상업이 발달하고 물산이 풍부한 나라였다. 또 제나라는 강태공이 주 무왕으로부터 하사받은 봉국으로서 주공의 후예가 다스리는 노나라와 함께 비교적 주대의 제도가 온존되어 있는 나라였다. 일찍이 제 경공이 노나라를 방문했을 때 공자를 만나 대화를 나눈 적이 있었다. 경공이 물었다.

"옛날 진 목공(秦穆公)은 나라도 작고 외진 지역에 위치하였지만 패자가 된 것은 무엇 때문입니까?" 공자가 대답하였다. "진나라는 비록 나라는 작아도 그 뜻이 원대하였고, 비록 외진 곳에 처하였어도 정치를 베푸는 것이 매우 정당하였습니다. 목공은 소먹이 출신인 백리해(百里奚)와 같은 현자를 등용하여 정치를 맡겼으므로 다만 패자가 된 것만으로는 오히려 부족하다고 할 수 있을 것입니다." 경공은 공자의 말에 수긍하는 점이 있었다.

노소공이 3가[5]에 밀려 제나라로 망명한 바로 그해, 35세 되는 기원전 517년에 한 가닥 아련한 희망을 안고 공자는 제나라로 갔다. 경공의 대신인 고소자를 통하여 경공을 알현할 수 있었다. 경공이 정치에 대하여 묻자 공자가 대답했다. "군주는 군주답고, 신하는 신하답고, 아버지는 아버지답고, 자식은 자식다워야 합니다." 이 말은 아마도 노나라에서 3가의 반란으로 왕이 쫓겨난 것을 빗대어 말한 것일 것이다. 경공은 이 말에 깊이 공감했다. "옳은 말이오! 만약 군주가 군주답지 못하고, 신하가 신하답지 못하고, 아버지가 아버지답지 못하고, 자식이 자식답지 못하다면 비록 곡식이 있다 한들 내 어찌 그것을 마음 놓고 먹을 수 있겠소![6] 경공은 공자를 니계(尼谿)의 땅에 봉하여 대신으로 기용하고자 했다. 그러나 제나라의 집정대신인 안영이 반대하고 나섰다. 무릇 유학자란 말이 많고 교만하며, 법을 중시하지 않고 쓸데없이 허례허식만 많아서 실제상의 문제를 해결하는 데는 별 도움이 되지 않는다는 이유에서였다. 경공도 공자를 쓰는 것을 주저하고, 또 제나라에 공자를 해치려는 자들이 많이 생겨나서 공자는 노나라로 돌아오고 말았다.

제나라에 들어온 지 2년이 지나서였다. 공자의 꿈은 순식간에 사라져버렸다.

공자가 제나라에 머무는 동안 제나라의 태사(太師)로부터 주대에 전해지고 있었던 소(韶)음악[7]을 배우고 이해하였던 것은 큰 수확이었다. 공자는 너무 심취한 나머지 "그것을 배우는 3개월 동안 고기맛을 잊을 정도로 몰두했으며, 음악이 이런 경지에 이르리라고는 생각지 못했다."[8]고 술회했다.

득의와 좌절

노나라로 돌아온 공자는 학문과 교육으로 일상을 보내고 있었다. 먼 곳에서도 그를 찾아와 제자가 되기를 원하는 사람들이 많았다. 그의 학문은 더욱 높아져 나이 마흔이 되었을 때 이제 더 이상 아무 것에도 미혹되지 않는다고 술회할 수 있었다(四十而不惑). 그러나 현실정치에 참여하여 그가 학문적으로 닦은 진리를 세상에 실현시키고자 하는 욕망은 없어지지 않았다.

공자의 나이 42세 때(BC 511), 3환에 밀려 제나라에 망명한 노 소공이 망명지 간후에서 죽고 그 뒤를 이어 정공(定公)이 즉위하였다. 정공 5년 여름 3환의 영수인 계평자가 죽고 환자(桓子)가 그 자리를 이었다. 환자에게는 중량회라는 총애하는 신하가 있었다. 그런데 또 하나의 계씨의 가신인 양호와 사이가 좋지 않았다. 양호는 중량회를 축출하려고 하였으나 공산불요의 간섭으로 뜻을 이루지 못했다. 환자가 양호에 반대하자 양호는 결국 둘 다를 체포해버렸다. 양호는 환자를 어떤 조건을 지킨다는 서약을 받고서야 풀어주었다. 계씨는 공실(公室)을 무력화시키고 배신은 또 그 가신에 의하여 모멸을 당하는 지경에 이르러 노나라의 정치는 극도로 혼란스러웠고, 대신에서 서민에 이르기까지 도덕적 혼란상태에 빠지고 말았다. 공자는 이 어지러운 판에 관직에 나아가는 일을 포기하고 오로지 학문에만 전념했다.

기원전 502년, 계씨의 또 다른 가신인 공산불요가 노나라의 비성(費城)을 점거하고 계환자에게 반항하고 있었다. 그는 공자에게 도움을 청했다. 물론 이것은 제후와 같은 공실의 부름이 아니었으므로 공자에게도 적절한 길은 아니었지만, 그럼에도 불구하고 공자의 정치에 대한 열정은 그것을 쉽게 포기하지 못했다. 공자는 "주나라의 문왕과 무왕은 풍과 호 같은 작은 지방에서 왕업을 일으켰다. 지금 비 땅은 비록 작기는 하지만 한번 해보고 싶다"면서 가려고 하였다. 자로가 이를 탐탁하게 여기지 않아 공자를 말렸다. 공자가 말하였다. "그가 나를 불러서 등용할 의사를 갖고 있다면 나는 동방에서 옛 주나라의 제도를 부흥시킬 수 있을 것이다." 그러나 결국 공자는 가지 않았다. 이때 공자의 나이 50이었다. 그는 자기에게 더 이상의 정치참여의 기회는 없을 것이라고 생각했는지 모른다. 그는 "내 나이 쉰, 이제야 천명(天命)을 알았다(五十而知天命)"고 술회했다.

그러나 공자의 꿈을 이룰 수 있는 제대로 된 기회가 금방 찾아왔다. 기원전 501년, 노 정공 9년에 정공은 공자를 중도(中都: 지금의 산동성 문상현)의 재상에 임명하였다. 당시 노나라는 3환과 그 가신들의 세력이 날로 횡포해져서 공자 같은 사람의 재주를 빌려 안정을 꾀할 필요가 있었다. 공자가 중도의 재상이 된 지 얼마 안 되어 중도는 매우 번영한 고을이 되었다. 남녀노소가 각기 제자리와 직분을 찾고, 도덕과 질서를 회복했으며, 사람들이 정직해졌다. 공자는 노나라에서 확고한 정치적 위상을 지니게 되었다. 중도의 재상으로 임명된 지 1년 만에 공자는 사공(司空: 건설공사를 관리하는 장관)으로 승진했고, 이어서 다시 형벌과 치안을 담당하는 사구(司寇)로 승진했다.

정공 10년(BC 500) 봄, 제나라와 화친을 맺었다. 그해 여름 제나라의 대부 여서가 경공에게 말하였다. "노나라가 공구를 중용하였으니 그 세가 반드시 제나라를 위태롭게 할 것입니다." 그리하여 노나라에 사자를 보내어 협곡에서 회맹하기로 했다. 노 정공은 이에 동의하고 아무런 방비도 없이 그곳에 가려고 하였다. 공자가 나서서 말하였다. "신이 듣건대 문사(文事)에는 반드시 무(武)를 갖추어야 하며, 무사(武事)에는 반드시 문(文)을 갖추어야 한다고 하였습니다. 옛날에는 제후가 국경을 나설 때 반드시 문무관원을 수행시켰다고 합니다. 좌우사마를 대동하고 가십시오." 그리하여 정공은 무장들을 거느리고 협곡으로 갔다.

노 정공은 공자 등을 대동하고 제 경공은 안영 등을 대동하고 협곡에서 만났다. 양국의 군주는 의례에 의거하여 계단 세 개 위에 세워진 토성에 올라 회담을 했다. 서로 예를 다하여 술잔을 주고받았지만, 팽팽한 긴장감이 흐르고 있었다. 이때 제나라 측에서 가무대와 궁정악사들을 불러 악기와 연극도구들로 위장한 칼과 창 등으로 노나라 군주에게 위해를 가하려는 음모를 공자가 앞장서서 막았다. "오늘 두 군주께서 친목을 위해서 만나셨는데 어찌하여 여기서 이적의 음악을 연주하려는가. 물러가도록 명하시오!"라고 말하면서 제나라 군신들을 꾸짖었다. 제나라 군신들은 어쩔 수 없이 수긍하면서도 공자의 영민한 대처에 감탄을 금치 못하였다. 경공이 탄식했다. "노나라 사람들은 군주를 보필하여 군자답게 행동하였거늘 너희들은 나에게 오랑캐처럼 행동하기를 가르쳤다. 마침내 나는 노나라 왕 앞에서 면목을 손상하고 말았다." 결국 이 회담은 일찍이 제나라에게 빼앗겼던 세 성지, 운 · 민양 · 구음의 땅을 반환받는 외교적 성과를 얻음으로써 끝을 맺었다. 공자의 정치적 위상은 더욱 높아졌다.

공자의 정치적 목표는 노나라의 정치질서를 본래의 정상적인 모습으로 회복시키는 것이었다. 공자의 정치적 이상은 옛날 주대의 종법제도를 회복하는 것, 즉 현명한 군주 아래서 각기 분봉과 직분에 따라서 인간다운 삶을 살 수 있는 사회제도를 만드는 것이었다. 그것은 예악(禮樂)을 바로잡는 일이었다. "예의는 질서이며 음악은 평화이다." 예의 사회적 기능은 인간의 상하 · 존비 · 귀천의 계급적 차별을 구획하는 것이며, 악은 이러한 차별을 뛰어넘어서 모두를 화합하고 조화시키는 것이다. 그런데 공자가 당면하고 있는 노나라의 정치적 현실은 3환이 군주를 능멸하고 또 3환은 그 가신들에 의하여 그 권위가 도전받고 있었다. "예가 무너지고 악이 붕괴되고 있었다(禮崩樂壞)."

공자는 먼저 공실의 권위를 회복하고자 했다. 정공 12년 여름, 공자는 정공에게 말하였다. "주례에 의하면, 대신은 사적인 군사를 소유하지 못하고 대부는 백치의 성(百雉之城)을 쌓아서는 안 됩니다."[9]

이것은 맹손씨, 숙손씨, 계손씨 3가가 각기 성(郕), 후(郈), 비(費)성을 점거하고 있는 것을 지적한 것이었다. 정공으로서는 너무나도 당연한 일이겠지만, 당시 노나라의 실권은 이들 3환에게 가 있었으므로 정공이 공자의 말을 받아들여 3환으로 하여금 이들 성을 철거하게 한다는 것은 불가능했을 것이다. 그러나 다행히도 3환 중에 세력이 가장 큰 계손씨의 동의를 얻어 이른바 '삼도성(三都

城) 타도'라는 대역사를 시작할 수 있었다. 당시 계손씨의 가신인 공산불요가 비성을 점거하고 있었으므로 계손씨 또한 이 기회를 이용하여 공산불요를 제거하려고 생각했기 때문이다. 이때가 기원전 498년이다.[10]

먼저 숙손씨의 후성이 허물어졌다. 다음으로 비성을 철거하려고 하자 공산불요가 병사를 일으켜 저항하였다. 그는 군대를 거느리고 곡부를 습격하였다. 정공이 놀라서 계손씨의 저택에 숨어들었다. 이렇게 위태로운 상황에서 공자는 신구수와 악기라는 두 대부에게 명하여 공격자들을 맞아 치게 했다. 공산불요의 군대는 완패당해 고멸에서 격파되었다. 결국 공산불요는 제나라로 도망갔으며, 비성도 철거되었다. 마지막으로 맹손씨의 성성이 남았다. 그러나 이 성성은 맹손씨의 가신인 공렴처보의 반대로 끝내 철거되지 못했다. 결국 삼도성 타도는 절반의 승리에 그치고 말았지만, 노나라 공실의 권위를 회복하고 충군존왕(忠君尊王)의 옛 정치질서를 재건한다는 원래의 명분에서는 어느 정도의 목적을 달성했다는 점에서 공자의 정치적 위상은 확고해졌다.

정공 14년, 공자는 대사구로서 재상의 지위를 겸하게 되었다. 그는 정치적 득의와 관직의 영달 이후에도 자신의 도덕적 수양을 게을리하지 않았다. 항상 겸손하고 친절했으며, 정도와 위엄을 지켰다. 그는 정치적 이상을 도덕적 실천을 통하여 이룩하려고 하였다. 그러나 공자도 자신의 업적이 이루어질 때마다 얼굴에 희색이 도는 것을 감추지 못할 때가 있었다. 어떤 제자가 물었다. "제가 듣기에, 군자는 화가 닥쳐도 두려워하지 않고, 복이 찾아와도 기뻐하지 않는다고 하였습니다." 공자가 말하였다. "그런 말이 있다. 그러나 '귀한 신분으로 신분이 낮은 사람을 공손하게 대하는 데에 낙이 있다'라고

도 하지 않았는가?" 그도 득의의 순간에 마음속에서 희열이 솟아오르는 것을 막을 수는 없었다.

대사구가 된 지 얼마 안 되어 공자는 '노나라에서 널리 알려진' 대부 소정묘(少正卯)를 처형하였다. 이 사실은 『사기세가』를 위시하여 공자의 정통적인 기록자들이 기술하고 있는 바이지만 또한 그런 일이 없었다고 주장하는 기록도 있다.[11] 이 사건은 공자의 정치적 신념인 덕치와 예치의 사상에 비추어 볼 때 예상 밖의 충격적인 장면이다. 사실 공자는 훗날 정치의 뜻을 접었을 때 계강자와의 대화에서 이렇게 말한다. "만약 무도한 자를 죽여서 도가 있는 길로 나아갈 수 있다면 어떠하겠습니까?"라고 계강자가 물으니까, 공자는 "그대가 정치를 함에 있어서 어찌 사람 죽이는 일을 생각하는가? 그대가 선을 원하면 백성들 또한 선해질 것이니, 군자의 덕은 바람이요 소인의 덕은 풀이라, 풀 위에 바람이 불면 풀은 반드시 눕게 되어 있다."[12]라고 말하였다.

그러나 이 사건 기록자들의 증언에 의하면 소정묘야말로 노나라의 정치질서를 바로잡는 데 있어서 제거하지 않으면 안 될 간악한 인물로 묘사되고 있다. 그 이유는 그가 대체로 거짓말과 변론을 잘하고, 자신의 지식을 이용하여 그릇된 목적을 위하여 사용하며, 무리를 모아 당파를 이루며, 윗사람에게 아첨하며 아랫사람에게 교만한 소인배라는 것이다. 자공이 "지금 선생님께서 정사에 나오셔서 그를 처음 표적으로 삼아 죽이셨으니, 혹 실수하신 것은 아닌지요?"라고 물었을 때, 공자는 옛날의 성군과 현상들은 모두 그런 자들을 용서하지 않았다고 단호하게 말했다.[13] 오늘날의 법치주의적 안목으로 보면 도저히 죽일 수 없는 사유들이지만, 당시의 인치주의적 관점에서는 집권자의 권력의지적 소행의 표현이라고 할 만한 사건이다. 만약 이 사건이 사실이라면, 여기에서 위대한 한 인간의 생애와 사상의 하나의 시대적 제약성을 볼 수 있다.

하여간 공자가 정치를 맡은 지 3개월도 안 되어 노나라 사람들의 인심은 일신되어 사람들은 예의를 알게 되었고, 장사치들은 값을 속이지 않았고, 국경을 넘나드는 사람들은 불편 없이 여행을 잘할 수 있었다. 이러한 상황을 제나라 사람들은 불편하게 바라보고 있었다. 만약 공자 같은 사람이 계속 정치를 맡게 되면 노나라는 머지않아 패권을 잡게 될 것이며, 그렇게 되면 제나라가 제일 먼저 병탄될 것이라는 생각이 그들을 불안하게 만들었다. 그들은 먼저 노 정공과 계환자를 화해시켰다. 계환자는 삼도성 타도를 계기로 공자를 불안하게 생각하고 있었다. 어떤 사람이 노나라에 땅이라도 미리 떼어주어 우호관계를 굳게 맺어두는 것이 어떻겠느냐는 의견을 냈다. 그때 여서라는 대신이 말했다. "먼저 시험 삼아 노나라의 정사를 방해해보시기 바랍니다. 방해해보아도 되지 않으면 그때 가서 땅을 내놓아도 늦지 않을 것입니다." 그리하여 제나라는 미녀 80명을 뽑아 아름다운 옷을 입히고 가무를 가르쳐서 무늬 있는 말 120필이 끄는 화려한 마차 30대에 태워 노나라 군주에게 보냈다. 이 미녀와 마차들이 곡부 문밖에 와서 머물렀는데 수많은 사람들이 구경 와서 소란을 피웠다. 계환자가 평복차림으로 와서 몰래 구경했다. 계씨의 종용을 받아 노 정공도 지방을 순시한다는 핑계를 대고 그들을 구경했다. 두 사람은 미녀들에게 정신이 팔려 정사를 게을리하기 시작했다. 공자는 서서히 그들의 관심 밖으로 밀려나고 있었다. 자로가 말했다. "선생님께서 노나라를 떠날 때가 된 것 같습니다." 그러나 공자는 아직도 희망을 버리지 않았다. 공자가 말했다. "이제 곧 교제(郊祭)[14]를 지낼 텐데 그들이 예전 같다면 나에게도 제사 제물을 보내줄 것이다. 그러면 아직도 나에게 믿음이 있다고 생각하고 나는 여기에 남을 것이다." 그러나 정공과 환자는 대부들에게 나누어주던 희생제물을 공자에게 보내지 않았으며, 결국 제나라의 미인들을 받아들이고 사흘 동안 조정에 나오지 않았다.

공자는 깊은 절망감을 느꼈다. 그는 무거운 마음을 안고 사임했다. 그리고 제자들을 거느리고 노나라를 떠나 또다시 자신의 정치적 이상을 실현할 수 있는 나라를 찾아보기로 결심했다. 그러나 조국과 고향을 떠난다는 것은 쉬운 일이 아니었다. 그는 노나라 남쪽 둔이라는 곳에서 하루를 묵었다. 악사 기라는 사람이 작별인사를 하러 와서 말하였다. "선생에게는 아무 잘못이 없는데 왜 떠나십니까?" 공자가 말했다. "내가 노래로 대답해도 괜찮겠는가?" 공자는 다음과 같이 노래를 불렀다.

> 군주가 여인의 말을 믿으면 군자는 떠나가고,
> 군주가 여인을 너무 가까이하면 신하와 나라는 망하는도다.
> 유유히 자적하며 이렇게 세월이나 보내리라.[15]

공자는 떨어지지 않는 발길을 내디디며 정든 고국을 떠나 자기를 알아줄 현군을 찾아 정처 없는 길을 나섰다. 이때가 기원전 497년, 공자의 나이 55세 때였다.

14년간의 주류천하: 이상과 현실의 간극

정치적 이상을 실현하기 위한 도정은 자기가 살고 있는 고장에서도 어려운 일이다. 하물며 그것을 외국에서 실현해보겠다는 것은 몽상가의 헛된 꿈이거나 아니면 기약 없는 미완의 여행이 될 공산이

클 것이다. 험난한 길이 그를 기다리고 있었다. 이 고달픈 여정이 14년이라는 긴 기간일 것이라고는 결코 생각지 못했을 것이다. 공자가 그러한 꿈을 가지고 천하를 주류하고자 생각했던 것은 이미 그가 당시의 세계에서 널리 알려져 있었기 때문일 것이다. 공자는 그를 따르는 몇몇 제자들과 함께 서쪽으로 길을 잡았다. 서쪽에 위나라가 있었다. 당시 26세의 청년이었던 염유[16]가 마차를 몰았다. 위나라의 경내에 들어서자 거리에 사람들이 많았다. 공자가 탄복하며 말했다. "사람들이 참으로 많구나." 염유가 물었다. "이 많은 백성들에게 무엇을 해주어야 합니까?" 공자가 말했다. "백성들을 잘살게 해주어야 한다." 염유가 다시 물었다. "이들이 경제적으로 부유하게 되면 그다음에는 무엇을 더 해주어야 합니까?" 공자가 대답했다. "백성들을 교화시켜야 한다."[17] 이 대화는 공자가 생각하는 정치의 기본적인 덕목(백성, 경제, 교육)을 말하고 있다.

위나라에 도착해서 자로의 처형인 안탁추의 집에 머물렀다. 위나라의 도성 제구(帝丘)에서 위나라의 군주 위영공을 만났다. 영공은 그를 환영하고, 공자가 노나라에서 받았던 것과 똑같이 조(곡식) 6만 두의 봉록을 주겠다고 약속했다. 공자는 영공이 혹시 자기가 찾고 있는 현명한 군주가 아닐까 하고 감격했다. 그러나 영공은 현군이 아니었다. 뿐만 아니라 위나라는 영공의 부인 남자(南子)와 아들 괴외의 반목으로 극도의 내홍을 겪고 있었다. 공자가 이곳에 온 지 얼마 안 되어 누군가가 "공자가 저렇게 많은 사람들을 이끌고 온 것을 보니, 아마도 좋은 뜻을 품고 있지는 않은 듯합니다."라고 공자를 참소했다.[18] 영공은 공손여가라는 사람을 시켜 공자를 감시하게 했다. 공자는 이를 떠나라는 의사표시라고 생각하고 열 달을 머문 뒤에 위나라를 떠났다.

공자는 정처 없이 남쪽을 향하여 길을 떠났다. 광(匡)이라는 곳을 지나가고 있었는데, 수레를 몰고 있던 안각이라는 제자가 말채찍으로 한 곳을 가리키며 말했다. "제가 전에 저곳을 통하여 이 성에 들어온 적이 있습니다." 안각이 무심코 내뱉은 이 말이 광 땅 사람들에게 흘러 들어가 엄청난 사건을 불러일으켰다. 기원전 504년에 양호가 군대를 거느리고 이 지역에 쳐들어와 포악한 짓을 저지른 일이 있었다. 광 지역 사람들은 공자를 양호라고 오해하고 공자 일행을 포위하고 5일간을 놓아주지 않았다. 안연이 보이지 않다가 뒤따라 도착하자 공자가 말했다. "나는 난중에 네가 죽은 줄 알았다!" 안연이 말했다. "선생님이 계신데 어떻게 제가 먼저 죽을 수가 있겠습니까?" 형세가 어려워지고 제자들이 두려움에 떨자 공자가 말했다.

"문왕의 도가 나에게 전해지고 있으니, 만약 하늘이 주나라의 도덕과 전통이 후세에 계승되기를 원한다면 광 사람들이 감히 나를 어떻게 할 것인가!"

이 말은 공자가 문왕과 주공이 건설한 주대의 문물제도, 윤리도덕과 문화전통의 계승자임을 자임하고 그것을 현실정치에 부흥시키야 한다는 것을 자신의 존재이유와 정치적 사명으로 자각하고 있다는 것을 절망적으로 표현한 것이다. 그는 이처럼 위험한 상황에서도 자신이 짊어진 역사적 사명을 한시도 잊은 적이 없으며, 자신의 정치적 이상을 저버린 적이 없었다. 결국 광 사람들은 공자가 양호가 아니라는 것을 알고 포위를 풀어주었다.

광성에서 풀려나온 후, 공자는 서쪽으로 나가 진(晉)나라로 들어가 볼까 생각했다. 진나라는 당시 큰 나라였으며, 대부인 조간자가 정권을 장악하고 있었다. 이는 계손씨가 노나라에서 정권을 장악하고 있는 상황과 비슷했다. 황하 근처에 이르러 강을 건너갈 준비를 하고 있는데, 조간자가 어질고 지혜로운 사람인 두명독과 순화를 죽였다는 소식을 들었다.

> 도도히 흐르는 황하수여
> 아름답도다!
> 내 건널 수 없으니
> 아마도 운명인가 보다![19]

두명독과 순화, 이 두 현인은 조간자가 뜻을 이루지 못하고 있을 때 그를 도와준 사람들이었다. 권력을 잡고 나서 그들을 죽여버리는 조간자의 소행을 보니 자기가 가야 할 곳이 아니라고 생각되었다.

공자는 어쩔 수 없이 다시 위나라로 돌아왔다. 이번에는 대부 거백옥의 집에 머물렀다. 한동안 무료한 날을 보내고 있을 무렵 위영공의 총애하는 부인 남자(南子)에게서 사람이 왔다. 왕후가 공자를 만나보고자 한다는 것이다. "사방의 군자들은 우리 군주와 친하게 사귀고 싶은 생각이 있으면 반드시 그 부인을 만납니다. 우리 부인께서 뵙기를 원합니다."

남자는 음탕한 여인이고 영공의 뒤에서 영공을 실질적으로 움직이고 있다는 소문이 있었으므로 공자에게는 그런 여자를 만난다는 것이 매우 난감한 일이었을 것이다. 사실 전에 위나라 대부인 왕손가가 공자에게 이렇게 물어본 일이 있다. "'아랫목 귀신에게 아첨하는 것보다는 차라리 부뚜막 귀신에게 아첨하는 것이 더 낫다.'는 말이 있는데 이것은 무슨 뜻입니까?" 이것은 아마도 실질적으로 영공을 움직일 수 있는 사람에게 부탁하여 관직을 얻으라는 말일 것이다.

여기에서 '아랫목(奧)'은 집 안 깊숙한 곳으로 명목상의 임금을 가리키고, '부뚜막(竈)'은 비록 지위는 낮지만 실질적으로 정사를 좌우하는 자를 비유한다. 이때 공자는 단호하면서도 우회적인 어법으로 "그렇지 않습니다. 사람이 하늘에 죄를 얻으면 빌 곳이 없습니다."라고 대답했다.[20]

그러나 이번에는 왕비가 직접 사자를 보내어 초대했으므로 차마 거절하지 못하여 그에 응하기로 했다. 어쩌면 남자는 공자같이 벼슬을 구하려는 사람은 으레 자기에게 줄을 대려고 할 텐데 통 소식이 없으니 오히려 궁금증이 생겼는지도 모른다. 공자는 마음이 내키지는 않았지만 심부름꾼을 따라 남자를 만났다. 요염한 자태의 절세미녀와 우직하고 강한 천하재사 사이의 호기심과 예의를 다한 만남이었을 것이다.

이 소문이 금방 터져 자로의 귀에 들어갔다. 자로가 공자에게 따져 물었다. "선생님께서 왕비를 만나러 가셨다니 사실입니까?" 공자는 "만약 내가 잘못을 저질렀다면 하늘이 나를 벌할 것이다."라고 하면서 자로에게 의심하지 말 것을 당부한다. 아마도 공자 자신도 영공에게 등용되기를 바라는 일말의 희망 때문에 그런 일이 벌어졌다는 점에 생각이 미쳤다면 자신의 정치적 이상과 현실 사이의 괴리와 배반 사이에서 많은 갈등을 겪었을 것이다.

어느 날 영공이 부인과 같이 수레를 타고 거리구경을 나갈 때 공자에게 뒤 수레를 타고 따라오라고 하였다. 영공은 거드름을 피우며 시내를 지나갔다. 영공은 공자를 뒤 수레에 태우고 다니는 것이 자랑스러운 일인지 모르지만 공자에게는 그것이 모멸감으로 다가왔다. "나는 덕을 좋아하기를 색을 좋아하는 것과 같이하는 자를 보지 못했다." 공자는 쓸쓸히 하늘을 쳐다보며 이렇게 말했다.

어느 날 심난한 마음을 달래기 위하여 집에서 경쇠를 치고 있었다. 삼태기를 메고 문밖을 지나가는 사람이 말했다. "경쇠 소리를 들으니, 마음이 천하에 있구나!" 조금 있다가 또 말했다. "소리가 너무 거센 것을 보니, 마음이 무겁구나! 자기를 알아주지 않으면 그만 둘 뿐이거늘, 물이 깊으면 옷을 벗고, 얕으면 옷을 걷고 건넌다(深則厲 淺則揭)[21]고 하지 않는가." 공자가 이 말을 듣고 말했다. 과감하구나, 말하기는 쉽지만 세상을 잊는 것이 쉬운 일이 아니구나."[22]

공자는 그래도 희망을 버리지 않고 영공을 만나 정치와 치도에 대하여 진언을 하고자 했으나 그는 공자의 말을 새겨들으려 하지 않았다. 공자가 말할 때 그는 하늘을 나는 기러기를 바라보고 있었다. 이 무렵 위나라 궁중에 커다란 변란이 발생했다. 태자인 괴외가 남자를 살해하려다 실패하고 진(晉)나라로 도망쳤다. 진나라에서는 조씨가 실권을 장악하고 있었는데, 이 사람이 괴외를 보호하고 있었다. 영공은 아들을 잡아오기 위해서 조씨와 전쟁을 벌이려 하고 있었다. 영공이 공자에게 진법에 대하여 물었다. "제사에 관한 일이라면 제가 잘 압니다만, 군사에 관한 일은 배우지 못했습니다."라고 공자는 대답했다. 공자는 위나라에서는 더 이상 머무를 수 없다고 생각하고 다음 날 그곳을 떠났다.[23] 그는 "누군가 나를 중용해주는 사람이 있다면, 1년이라 할지라도 어느 정도 기초를 다질 수 있을 것이요 3년이면 큰 성과를 이룰 것이다"[24]라면서 자기를 알아주는 사람이 없는 아쉬움을 토로했다.

공자 일행은 남쪽으로 내려갔다. 위나라 남쪽에는 조(曹)나라가 있고, 그 아래에는 송(宋)나라와 정(鄭)나라가 있었다. 그들은 조나라를 거쳐 송나라를 향하여 갔다. 송나라에 이르렀을 때 공자의 감회는 남다른 바가 있었을 것이다. 그곳은 일찍이 자신의 선조가 영광스런 가문을 형성했던 땅이었기 때문이다. 그러나 그를 기다리고 있는 것은 그에게 원한을 품고 있는 사마환퇴의 칼날이었다. 사마환퇴는 벼락출세한 사람으로서 자기 죽은 후에 영생을 추구하기 위해서 석관을 만들려다가, 이것은 예에 어긋나는 참람한 짓이라는 공자의 비난을 받고 중지한 일이 있어서 공자를 미워하고 있었다.[25] 공자가 길을 가다가 나무 아래서 예에 대하여 이야기를 하고 있었다. 환퇴가 이를 알고 공자를 죽이겠다고 무리를 이끌고 달려왔다. 제자들이 놀라 "빨리 떠나는 것이 좋겠습니다." 하고 말했다. 이때도 공자는 광 땅에서처럼 "하늘이 나에게 덕을 이을 사명을 주셨는데 환퇴 따위가 나를 어찌하겠는가?"라고 하면서 자신의 천명의식을 드러냈다. 허겁지겁 자리를 박차고 그곳을 떠나 정(鄭)나라로 갔는데, 제자들과 서로 길이 어긋나 홀로 정나라 성곽 동문 옆에 서 있었다. 제자들도 공자를 찾지 못하여 애를 태우고 있었다. 한 정나라 사람이 자공에게 말했다. "어떤 사람이 동문 옆에 서 있는데 모양이 범상치 않더군요. 이마는 요임금과 닮았고, 목덜미는 고요와 닮았고, 어깨는 자산과 닮았고, 허리 아래는 우임금을 닮았는데, 멍하니 풀죽어 서 있는 모습은 마치 상갓집 개와 같았습니다." 나중에 자공이 이 말을 공자에게 전했다. "사람의 모습을 보고 무어라고 품평을 하든 상관 없으나, 그날 나를 상갓집 개 같다고 한 것은 틀림없는 말 같구나." 하면서 공자는 유쾌하게 웃었다. 자기를 알아줄 주군을 찾아 천하를 주류하는 내면의 공허함을 외면적인 낙천성이 둘러싸고 있었다. 그들은 다시 남쪽의 진(陣)나라로 향했다.

공자는 드디어 진나라에 이르러 사성정자의 집에 거처를 정했다. 진나라는 수도를 완구에 두고 있었는데, 남쪽의 강국인 초나라와 오나라가 차례로 진나라를 침범하였다. 공자가 진나라에 머문 지 1년 남짓 되었을 때, 오왕 부차가 쳐들어와서 진나라의 세 읍을 빼앗아 돌아갔다. 오나라는 월왕 구천을 회계에서 패배시켰다. 진나라 임금 민공(湣公)은 공자를 박학한 선비로 대접할 뿐 그를 중용하여 나라를 바로잡을 생각은 하지 않았다. 어느 날 매 한 마리가 진나라 궁정에 떨어져 죽었는데, 싸리나무로 만든 화살이 몸에 꽂혀 있었고 화살촉은 돌로 되어 있었으며, 화살의 길이는 1척 8촌이었다. 진민공은 공자에게 사람을 보내어 그 화살의 내력을 알아 오게 하였다. 공자는 말했다. "매는 멀리서 왔습니다. 이것은 북방 숙신국의 화살입니다. 옛날 무왕이 상나라를 정벌했을 때 여러 소수 민족들과 교통하고 각각 그 지방의 특산물을 조공하게 함으로써 그들의 직책과 의무를 잊지 않게 하였습니다. 이때 숙신은 싸리나무로 만든 화살과 돌로 만든 화살촉을 바쳤는데 그 길이가 1척 8촌이었습니다. 선왕께서는 이를 제후국에 나누어주고 그들이 주 왕조를 대신해서 강토를 잘 지키도록 당부하셨습니다. 나는 이 활과 화살을 진나라에도 나눠줬다고 들었습니다."[26] 진민공이 옛 창고에서 그 화살을 찾아보게 하였는데, 과연 그러한 것이 있었다.

이 무렵 진(晉)나라 중모(中牟) 땅을 거점으로 모반을 일으킨 필힐(佛肹)이 공자를 초빙하였다.[27] 공자는 가려고 했다. 자로가 말했다. "제가 전에 선생님께 직접 들은 이야기입니다만, 그 몸으로 친히 불선을 행한 자에게 군자는 들어가지 않는다고 하셨습니다. 필힐은 중모읍을 가지고 반역을 도모하고 있는데 선생님께서 가시려고 하니 도대체 어찌된 일입니까?" 공자가 말했다. "그렇다. 그런 말을 한 적이 있지. 그러나 이런 말도 있지 않으냐? 갈아도 닳아지지 않으니 견고하구나! 검은 물을 들여도 검어지지 않으니 순결하구나! 내가 어찌 호박같이 한곳에 매달려서 먹어주기만을 기다리겠는가?"[28] 공자의 간절한 심경을 표현한 말이다. 공자의 정치적 꿈에 대한 열망과 좌절이 자기도 모르게 스스로의 금도를 무너뜨리는 위기의 순간이었다. 결국 공자는 자신의 판단이 틀렸다는 것을 알게 되었다. 그 스스로 "위태로운 나라에는 들어가지 않고, 어지러운 나라에는 살지 않는다(危邦不入 亂邦不居)"[29]고 말하지 않았던가. 만약 공자가 처음의 뜻대로 필힐의 초청을 받아들였더라면, 그의 운명은 달라졌을지도 모른다. 공자는 참으로 훌륭한 제자를 두었던 것 같다.

공자는 3년 동안 아무 보람도 없이 진나라에 머물렀다. 비록 그의 정치적 이상을 실현해볼 수 있는 기회를 얻지는 못했지만 공자는 공부하고 교육하고 인품을 도야하는 자기수련의 일상을 꾸준히 계속하고 있었다. 그의 고민은 외적으로는 자기를 알아주는 현군을 만나 바람직한 세상을 만드는 것이지만, 내적으로는 자신의 인품을 성숙시키고 완성하는 일이었다. "덕이 닦이지 못하고, 학문이 깊이 연구되지 못하고, 의를 듣고도 이를 실천하지 못하고, 불선을 고칠 수 없는 것, 이것이 나의 참다운 근심이다."라고 공자는 말했다.[30] 그는 정치인이라기보다는 근본적으로 자기 성찰적 인간이었다.

그 무렵 진(晉)과 초(楚)가 싸움을 일으켜 자주 진(陳)나라를 침범하였다. 진민공은 공자와 같은 현자를 초빙하여 국란을 극복하고자 하는 의지가 보이지 않았다. 고국을 떠나 외국에서라도 현군을 만나 자신의 뜻을 펴보고 싶었던 공자의 열렬한 의지도 오랜 방랑생활에서 몹시 지쳐 있었다. 그는 고국에 돌아가서 젊은이들이나 교육을 시키면서 여생을 보내야 하지 않을까 하는 생각을 골똘하게 하기 시작했다. "돌아가자, 돌아가자! 우리 나라의 젊은이들은 뜻은 크지만 재능이 부족하고, 학문의 성취는 볼 만하지만, 그것을 바르게 활용할 줄을 모른다."[31]고 독백하면서 고국을 그리워했다.

기원전 489년에 오나라가 진나라를 공략하였다. 이에 초나라가 진나라를 지원하여 오나라 군대와 성보에서 대치하였다. 전란이 임박하자 공자는 제자들을 거느리고 진나라를 떠나 남쪽 채나라로 피신하였다.[32] 공자 일행은 피난을 가던 도중 오·초의 군사들에게 길이 막혀 진퇴양난의 처지에 이르렀다. 양식이 떨어져 제자들은 굶주림에 지쳤고, 병들어 쓰러지는 사람도 생겼다. 공자를 따라왔던 제자들의 마음에 불안감과 불신이 싹트고 불만의 말들이 쏟아지기 시작했다. 성질이 급한 자로가 얼굴을 붉히면서 공자에게 말했다. "군자도 이처럼 궁한 때가 있습니까?" 공자가 태연하게 대답했다. "군자야말로 진실로 궁한 때가 있지. 소인이 궁하게 되면 기백을 잃어버리고 못할 짓이 없지만, 군자는 그것을 잘 견디지."[33] 공자는 평상심을 버리지 않고 위기를 타개하는 모습을 보여주었다.

초나라의 소공이 현명하다는 소문이 있어서 공자는 자공을 초나라에 보내어 그의 도움을 받고자 했다. 결국 초소왕이 군대를 보내어 공자는 위기를 탈출할 수 있었다.[34] 이러한 공자의 굳건한 모습은 제자들의 흔들리는 마음을 안정시키고 이들에게 용기를 주었다. 그러나 지금부터의 길은 오히려 위·진에 있을 때와는 비교도 되지 않을 정도로 고되고 험난한 것이었다.

공자는 제자들과 어울려 자신의 처지를 되돌아보았다. 먼저 자로에게 물었다. "시경에 이런 말이 있다. '코뿔소도 아니고 호랑이도 아닌 것이 광야에서 헤매고 있다.'라고 했는데, 나의 도에 무슨 잘못이라도 있다는 것인가? 우리가 여기에서 왜 이처럼 곤란을 당해야 한다는 말이냐?” 자로가 대답했다. “아마도 우리가 어질지 못하기 때문이 아니겠습니까? 아마도 우리가 지혜롭지 못하기 때문이 아니겠습니까?” 자로는 공자의 정치적 이상이 참으로 정의롭고 그것을 실천하고자 하는 방법이 지혜로운가를 의심하였다. 공자가 말했다. “그럴 리는 없을 것이다. 만약 어진 사람이 믿음을 얻을 수 있다면 어찌 백이 숙제가 수양산에서 굶어 죽었겠느냐? 만약 지혜가 통용된다면 어찌 비간이 심장을 도려내는 형벌을 받았겠느냐?” 자공이 말하였다. “선생님의 도는 너무 높아 어느 나라에서도 받아들이기 힘든 것 같습니다. 그 이상을 약간 낮추는 것은 어떨지요?” 자공은 이상과 현실의 타협을 제시했다. 공자가 말했다. “훌륭한 농부가 반드시 수확을 잘한다는 보장은 없고, 훌륭한 장인이 반드시 사용자를 만족시키는 것은 아니다. 군자가 그 도를 닦아 기강을 세워서 잘 통리할 수는 있겠지만 반드시 세상에 수용되는 것은 아니다. 지금 너는 너의 도는 닦지 않고서, 스스로의 도를 낮추어서까지 남에게 수용되기를 바라고 있다.” 자로와 자공은 공자의 정치적 이상을 회의하거나 그 현실적 실현방법을 재고해볼 것을 권유했지만, 공자는 거기에서 물러서려 하지 않았다. 안회가 공자의 생각에 부합하는 말을 하였다. “선생님의 도가 지극히 높기 때문에 천하의 어느 국가에서도 선생님을 받아들이지 못합니다. 그러니 그들이 받아들이지 않는다고 해서 무슨 걱정이 되겠습니까? 받아들여지지 않은 연후에 더욱 군자의 참 모습이 드러날 것입니다. 무릇 도를 닦지 않는다는 것은 우리의 치욕입니다. 그리고 무릇 도가 잘 닦인 인재를 등용하지 않는다는 것은 나라를 가진 자의 수치입니다.” 공자는 안회의 말에 기뻤다. “그렇던가, 안씨 집안의 자제여! 자네가 만약 큰 부자가 된다면 나는 자네의 재무관리자가 되겠네.”

공자에게 있어서 정치는 어디까지나 자신의 도와 인격을 실현하는 과정이고, 학문을 통하여 인식한 진리와 이상을 현실화하는 과정이었다.

초나라의 접여라는 사람은 거짓으로 미친 체하며 세상을 피해 사는 은자였는데, 어느 날 공자의 수레 앞을 지나가면서 이런 노래를 불렀다. "봉황이여! 봉황이여! 어찌 이다지도 덕이 쇠하였느뇨. 지난 일은 어쩔 수 없지만, 오는 일은 오히려 선택할 수 있지 않은가. 그만둘지어다. 그만둘지어다. 지금 정치에 종사함은 오직 위험한 일일 뿐."[35] 공자가 급히 수레에서 내려 그를 만나보려 했지만, 그는 공자를 피하여 달아나버렸다. 그는 공자가 이룰 수 없는 이상을 추구하고 있다고 생각하면서, 차라리 자신의 뜻을 단념하고 은둔할 것을 풍자하고 있었다. 그러나 공자는 아직도 그 집념을 버리지 못했다.

『사기세가』에는 공자가 채나라에 3년 동안 머물렀다고(孔子遷于蔡三歲) 되어 있다. 그러나 당시 채나라는 진나라, 오나라, 초나라 3국 사이에서 독립적인 길을 가지 못하고 갈팡질팡하고 있었다. 이 시기에 공자는 오히려 한 나라에 지긋이 눌러 있지 못하고 여러 나라를 넘나들고 있었다.

초나라로 가는 도중 섭현이라는 곳에 도착하였다. 그곳의 현윤(縣尹) 심제량은 자신을 스스로 공이라고 자처하고 있었다. 섭공이 공자에게 정치에 대하여 물었다. 공자가 말했다. "정치란 가까이 있는 사람을 기쁘게 만들고, 멀리 있는 사람을 오게 만드는 것입니다."[36] 섭공은 공자의 말을 이해하지 못했다. 어느 날 섭공은 자로에게 공자는 도대체 어떤 사람인가 하고 물었다. 자로가 뭐라고 바로 대답을 하지 못했다는 말을 듣고, 공자가 말했다. "너는 어찌 대답하지 않았느냐. 그는 자신의 이상을 실현하기 위해서 밥을 먹는 것도 잊고, 진리를 깨달으면 기뻐서 온갖 근심을 잊고, 장차 늙음이 닥쳐 오는 줄도 모르는 사람이라고."37

원래 초나라 소왕은 영특한 임금이었다. 어느 날 오나라 군대와 맞서서 진을 치고 있는데, 하늘에서 빨간 구름이 3일간이나 태양을 가리고 있었다. 소왕은 천문을 맡아 보는 관원을 불러 물어보았다. 관원이 말했다. 초나라 임금에게 불길한 일이 있을 징조이므로 신에게 제사를 지내면 그 재앙이 신하에게 옮겨 갈 것이라는 대답이었다. 소왕이 말하였다. "그렇게 할 수는 없는 일이다. 신하는 내 수족과 같은데 어찌 나를 대신하여 재앙을 받으라고 할 수 있겠느냐? 나에게 잘못이 있다면 하늘이 알아서 나를 벌할 것이어늘 어찌 임금을 대신하여 신하가 벌을 받는단 말이냐?" 소왕은 시름시름 앓기 시작하더니 아무리 약을 써도 낫지 않았다. 점쟁이를 불러 점을 치게 하였더니 황하의 신에게 제사를 드리면 나을 거라고 했다. 소왕이 말했다. "우리나라 국토는 선조 때부터 이 장강(양자강) 상류에 국한되어 있으며 황하와 우리나라와는 아무 관련이 없는데, 어찌하여 황하의 신에게 제사를 지낸단 말이냐?" 하고 일축하였다.38 당시의 대단히 계몽적인 군주였음에 틀림없다. 공자도 이런 이야기를 전해 듣고 소왕에 대한 기대가 컸다.

소왕은 장차 서사의 땅 700리로 공자를 봉하려고 했다.39 그러자 초나라의 재상 자서가 말하였다. "초나라가 주나라로부터 자남작(子男爵)의 봉호를 받았을 때 봉지는 50리였습니다. 지금 공자는 삼황오제의 치국방법을 말하고, 주공·소공의 덕치를 부르짖으며, 자로·자공·안회·재여와 같은 쟁쟁한 제자들이 그를 보필하고 있습니다. 무릇 문왕은 풍 땅에서 일어났고, 무왕은 호 땅에서 일어났지만 백 리밖에 안 되는 작은 땅을 가진 군주가 마침내 천하를 통일하였던 것입니다. 지금 공자가 근거할 땅을 얻고 저렇게 많은 현명한 제자들이 그를 보좌한다면 이것은 우리 초나라에 결코 좋은 일이 못 될 것입니다."

소왕은 이 말을 듣고 본래의 계획을 취소하였다. 그해 가을 초소왕은 성보에서 죽었다.[40] 공자는 다시 위나라로 발길을 돌렸다. 이해 공자의 나이는 63세였고, 때는 기원전 489년 노애공 6년이었다. 위나라로 가는 길은 지금까지 왔던 길을 다시 거슬러 가는 것이다. 왜 고국인 노나라로 가지 않고 위나라로 가는 것일까. 일설에 의하면 위나라에는 공자의 많은 제자들이 벼슬을 하고 있었다고 한다.[41] 그들에게 의탁해볼 생각이 있었던 것일까? 하여간 공자는 자로를 앞세워 말머리를 북쪽으로 향했다. 『논어』「미자편」에는 이때의 정경을 그린 몇 개의 장절이 있다. 초나라에서 채나라로 가는 길에 강가에 이르렀다. 자로가 밭에서 일하고 있는 두 노인에게 다가가 나루가 어디 있는가 물었다. 그중의 한 사람인 장저가 "수레 고삐를 잡고 있는 사람이 누구요?" 하고 물었다. 자로가 공구라고 대답하니, 노나라의 공구라면 나루가 어디 있는가쯤은 알 것이라면서 가르쳐주지 않았다. 다른 사람은 걸익이라는 자인데, 그 자도 나루가 어디 있는지를 가르쳐주지 않았다. 걸익이 자로에게 물었다. "당신도 공구의 무리인가?" "그렇소."라고 대답하니, "천하가 모두 흙탕물처럼 넘쳐 도도한데, 누구와 함께 그것을 변혁시키겠는가? 그대는 사람을 피해 다니는 인사보다는 차라리 세상을 피해 다니는 사람을 따르는 것이 좋지 않겠소?"라고 하면서 하던 일을 멈추지 않았다.

자로가 돌아와서 아뢰니, 공자가 처연한 표정으로 말했다. "사람은 조수와 더불어 살 수 없다. 내가 사람의 무리와 함께하지 않고 누구와 같이하겠는가? 천하에 도가 있다면 나 또한 세상을 바꿔보겠다는 생각을 하지 않을 것이다."[42] 인간과 더불어 함께 사는 세상에 대한 공자의 애착과 정치적 참여에 대한 집념이 절실하게 묻어나는 말이다. 이 장에 이어서 『논어』「미자편」의 바로 다음 장에 다음과 같은 이야기가 이어진다.

어느 날 자로가 공자와 길이 엇갈려 뒤따라가다가 지팡이 끝에 삼태기를 멘 한 장인을 만났다. 자로가 혹시 우리 선생님을 보지 못했느냐고 물었다. 장인은 "사체를 놀리지 않고 오곡을 분간할 줄 모르는 사람을 어떻게 선생님이라고 할 수 있소?"라고 말하면서, 지팡이를 땅에 꽂고 김을 매기 시작하였다. 자로가 무연히 서 있으니까, 그가 자로를 자기 집에 머물게 하여 하룻밤을 재워주고, 닭을 잡아 밥을 해주고, 두 자식을 불러 인사까지 시키면서 융숭하게 대접해주었다. 다음 날 자로가 길을 떠나 공자를 만나 이 사실을 아뢰니 공자가 말했다. "그는 필시 은자일 것이다" 하고 그를 만나 보려고 했다. 그러나 자로가 다시 그 집에 찾아가 보니 그는 떠나고 없었다. 자로가 돌아와 이 사실을 아뢰니 공자가 말했다. "벼슬하지 않는다는 것은 의를 저버리는 것이다. 세상에 장유의 예절도 폐할 수 없는데, 군신의 의를 어떻게 폐할 수 있겠는가? 혼란한 세상에서 자기 자신 한 몸의 깨끗하기만을 바라는 것은 큰 인륜을 어지럽히는 일이다. 군자가 벼슬하는 것은 그 의를 행하는 것이니, 도가 행하여 지지 못한다는 것은 나도 알고 있는 것이다."[43] 피세의 길과 참여의 길, 은자의 길과 벼슬의 길, 정치적 이상과 현실적 절망이 공자에게 마지막 결단과 선택을 압박해오는 것처럼 보인다. 채나라, 진나라, 송나라, 조나라를 거쳐 위나라로 다시 돌아오는 동안 10년 가까이

고국을 떠나 주류하는 긴 여정의 피로와 고뇌가 그의 흉중에 넘쳐 흘렀다.

공자는 위나라로 돌아왔다. 영공은 이미 죽고 없었다. 벌써 4년 전에 공자가 위나라를 떠난 직후 기원전 493년에 영공은 죽었다. 위나라에서는 영공의 뒤를 이어 괴외의 아들 첩이 왕위에 있었다. 앞에서 말한 바와 같이 괴외가 남자를 죽이려다가 실패하고 진(晉)나라에 망명하고 있었다. 영공이 죽자 괴외는 위나라의 왕위를 계승하려고 고국에 들어오려고 했지만, 아들인 첩은 아버지의 귀국을 막고 있었다. 부자간에 왕위계승을 둘러싸고 싸움을 하고 있었다. 공자의 제자들 중에는 위나라에서 벼슬을 하고 있는 사람이 많았고, 위나라 군주인 출공 첩은 공자에게 정사를 맡기고 싶어 하였다. 자로가 말하였다. "위나라 군주가 선생님께 정사를 맡기고자 하는데, 맡으신다면 선생님께서는 장차 무슨 일을 제일 먼저 하시겠습니까?" 공자가 대답하였다. "반드시 명분을 바르게 하겠다." 자로가 말하였다. "세상 사람들이 선생님을 절실하지 못하고 우원(迂遠)하다고 하더니, 정말 그렇습니다. 무슨 명분을 바르게 하신다는 말씀입니까?" 아마 자로의 머리에는 출공과 괴외 사이에 왕위계승을 놓고 부자간에 더러운 싸움을 벌이고 있는 위나라의 현실에서 명분을 바로잡는다(正名)는 공자의 말이 너무나 비현실적인 생각으로 비쳤을 것이다. 공자는 그러한 자로의 생각을 무시하고 자신의 신념을 피력한다. "정말 말이 거칠구나, 유(由)야! 대저 명분이 바르지 않으면 말이 순조롭지 못하고, 말이 순조롭지 못하면 일이 성취되지 않으며, 일이 성취되지 않으면 예악이 일어나지 않는다. 예악이 일어나지 않으면 형벌이 적중하지 않고, 형벌이 적중하지 않으면 백성들이 수족을 어디에 놓을지를 모르고 당황한다. 그래서 군자는 무슨 일을 하든 반드시 명분에 부합되어야 하고, 말을 했으면 반드시 실행해야 한다. 그리고 군자의 말에는 경솔함이 없어야 한다."[44]

할아버지인 위영공의 유지를 받들어 아버지 괴외의 입국을 막고 있는 출공에게 등용되어 자신의 정치적 이상을 펴보고자 하는 생각을 설마 공자가 한 순간이라도 했을 것인가? 아니다. 공자가 위나라에서 등용되어 정사를 할 수 있다면 제일 먼저 명분을 바로잡겠다고 한 것은 하나의 가상적 현상을 상정한 것이었을 뿐이다. 정치는 어느 경우에든 명분을 잃어서는 안 되는 것이며, 특히 주대의 예악문화를 재건하려는 공자의 역사적 소명을 실현하기 위해서는 자신의 이상에 대한 타협이나 후퇴가 있어서는 안 되는 것이었다. 이 점이 바로 공자가 현실정치에 실패할 수밖에 없는 이유였고 또 역사적 인물로 남을 수 있는 이유였다. 공자도 이미 자신이 현실정치에 참여하여 세상을 변혁시키고자 하는 꿈을 접고 있었다. 그는 고국으로 돌아가서 지금까지 그가 평생을 해왔던 학문을 완성하고 젊은이들을 교육하면서 남은 여생을 보낼 결심을 이미 하고 있었다. 진(陳)나라에 있을 때부터 가슴 한쪽에 틀어박혀 있던 생각이었다. 이제는 행도(行道)가 아니라 전도(傳道)가 그가 할 수 있는 일인 것처럼 보였다.

공자가 기나긴 외유의 생활을 하는 동안 노나라의 정세도 많이 달라졌다. 정공은 공자가 노나라를 떠나 온 2년 후 기원전 495년에 죽고 애공이 그 뒤를 이었다. 그로부터 3년 후 기원전 492년에 계환자가 죽고 계강자가 후계자가 되었다. 계환자가 병이 들었을 때 마차에 올라 노나라의 도성을 바라보며 탄식하였다. "이전에 이 나라는 거의 흥성할 수가 있었는데, 내가 공자의 말을 듣지 않아 흥성하지 못하였다." 그리고 후계자인 강자를 돌아보고 말하였다. "내가 죽으면 너는 노나라의 정권을 이어받을 것이다. 그렇게 되거든 반드시 공자를 초청해 오도록 해라." 계환자가 죽고 장례가 끝난 뒤 강자는 공자를 부르려고 하였다. 대부 공지어가 말했다. "지난날에 선군께서 그를 등용하고자 하셨으나 좋은 결과를 거두지 못하여 결국 제후의 웃음거리가 되었습니다. 이제 또 그를 등용하려다가 좋은 결과를 거두지 못하게 되면 이는 또다시 제후들의 웃음거리가 될 것입니다." 강자가 말했다. "그러면 누구를 초빙하면 좋겠소?"[45] 공지어는 공자 대신 그 제자 염구를 추천하였다.

계강자가 사람을 시켜 염구를 부르기 위하여 위나라에 갔을 때, 공자가 이 소식을 듣고, 계강자가 염구를 크게 쓰고자 함을 직감했다. 아마 공자는 제자들이 자기를 떠나 환로에 들어가는 것을 보고 기쁨과 슬픔을 동시에 느꼈을 것이다. 제자들의 앞길이 열린다는 기대감과 아울러 자신의 시대가 끝났다는 좌절감과 고독감 같은 것이었으리라. 자공은 노나라로 떠나는 염구를 전송하면서 염구에게 "노나라에서 자리를 잡게 되면 선생님께서 귀국할 수 있도록 주선해줄 것"을 당부했다. 염구가 노나라에 등용된 지 얼마 안 되어 낭(郎)에서 제나라와 싸움이 벌어졌다. 염구가 장군이 되어 싸움에서 승리했다. 계강자가 말했다. "그대는 군사에 관한 것을 배웠는가? 아니면 본래 그 방면에 재주가 있는 것인가?" 염구가 대답했다. "공자에게서 배웠습니다." 강자가 말했다. "공자는 어떤 사람인가?" 염구가 대답했다. "공자를 등용하면 나라의 명성이 높아지고, 그의 정치방법은 백성들에게 시행하거나 신명에게 고하거나 간에 아무런 유감이 없을 것입니다." "공자를 초빙하고 싶은데 가능하겠소?" "그를 부르고자 하신다면 그를 신임하시어 소인들이 그를 방해하지 못하도록만 하신다면 가능할 것입니다." 그리하여 계강자는 소인들

을 물리치고 예물을 갖추어서 공자를 초빙하였다.[46]

이 무렵 위나라에서는 대부 공어(孔圉)가 대숙(大叔)과 원한을 맺게 되어 장차 대숙을 공격하고자 하는데, 공자에게 그 계책을 물었다.[47] 공자가 그러한 개인적인 원한관계에 이용당하는 것을 허락할 리가 없다. 공자가 전쟁에 대해서는 아는 바가 없다고 말하고 위나라를 떠날 결심을 한다. 망명생활의 대부분을 보낸 위나라에서의 마지막 순간이었다. 공자는 "날아다니는 새도 쉬어 갈 가지를 고르는 법, 나무가 어떻게 새를 고를 수 있을까?"라는 독백을 남기고 제자들과 함께 귀로의 길에 올랐다.

귀국 후의 5년

공자는 노나라를 떠난 지 14년 만에 다시 고국인 노나라로 돌아왔다. 공자의 나이 68세인, 애공 11년 기원전 484년이었다. 공자는 나라로부터 국노(國老)의 대접을 받았다. 지난날 나라에서 경·대부의 벼슬을 지낸 사람으로서 국가에서 원로의 대접을 해주는 것이다. 공자는 애공이나 계강자와 대화를 나눌 기회가 있었지만 그들은 공자의 의견을 직접 들어 정치에 적용할 수 없었다. 노애공이 정치에 관해서 공자에게 물었다. 공자는 "정치의 근본은 신하를 잘 뽑는데 있습니다(政在選臣)."라고 대답했다. 또 "어떻게 하면 백성들을 복종시키겠습니까?"라는 질문에는 이렇게 대답했다. "정직한 사람을 뽑아서 부정직한 사람 위에 놓으면 백성들이 복종하고, 부정직한 사람을 정직한 사람 위에 놓으면 백성들은 복종하지 않을 것입니다."[48] 계강자가 도적이 횡행함을 근심하자 공자가 말하였다. "진실로 당신 자신이 탐욕을 부리지 않는다면, 비록 상을 준다고 해도 백성들은 남의 물건을 훔치지 않을 것입니다."[49] 이렇게 말하는 사람의 이야기를 즐겨 듣고자 하는 권력자는 흔치 않을 것이다. 공자는 결국 현실 정치의 세계에서 물러나지 않을 수 없었으며, 자신이 현실세계에서 실현하고자 하는 이상을 그가 평생의 과업으로 삼았던 학문과 교육의 분야에서 마지막 열정을 불태우게 되었다.

귀로 후의 공자의 말년은 쓸쓸하기 짝이 없었다. 아내는 자기가 타국에서 유랑하던 시절에 죽었고, 귀국 후 1년 만에 외아들 공리가 불과 50의 나이로 세상을 떠났다. 손자 공급(孔伋)이 있다는 것이 그에게 큰 위로가 되었을 것이다. 공자는 개인적인 불행 속에서도 교육과 학문적인 작업을 계속해나갔다. 서른 살 무렵부터 시작된 그의 교육의 역정은 천하를 주류하던 시절에도 끊임이 없었으며, 평생을 통하여 그에게서 교육을 받은 사람이 삼천 명이 넘는다고 전해지고 있다. 그중에서 육례에 정통한 제자가 72인이요, 또 그 가운데서도 덕행 · 언어 · 정사 · 문학에 뛰어난 제자 열 사람을 사과십철(四科十哲)이라고 부른다. 그러나 그의 말년에 그의 학문을 후세에 전할 증삼 · 자유 · 자하 · 유약과 같은 제자들이 그의 가르침을 받게 되었다. 그의 전기의 제자들이 그와 더불어 학문과 정치적 이상을 함께 추구했다면, 그의 말년의 제자들은 공자의 사상을 사상 그 자체로서 후세에 전할 사명을 띠고 있었다.

공자가 조국에 돌아와 죽을 때까지의 5년 동안은 학문과 교육에 있어서 참으로 놀라운 업적을 이룩한 위대한 시기였다. 그는 시 · 서를 정리하고, 역경의 연구를 마무리지었으며, 『춘추』를 완성했다. 그는 자신이 이상적인 규범으로 인식하고 있는 주나라의 예악이 붕괴되는 현실을 통탄하고, 그것을 정치적으로 실현시킬 수는 없다 할지라도 학문적으로 완성해야 한다는 사명감을 가지고 있었다. 그러나 남은 시간은 짧고 형편은 여의치 않았다. 가족은 없어지고 제자들은 떠나갔다. 그는 늙음과 고독 속에서 운명적인 일을 해나갔다. "군자는 죽을 때까지 그 이름이 알려지지 않는 것을 부끄러워한다."[50]고 했는데, 그는 그의 이름을 불후의 학문적 저술을 완성하는 데에 남기려고 생각했는지 모른다.

그는 『시경』을 정리했다. 이것은 중국 고대의 여러 나라의 시와 노래들을 모아서 그중에서 미풍양속과 도덕적인 것을 추려 총 305편의 시가집을 편집한 것이다. 시와 음악에 정통한 공자는 아마도 평생 동안 생활화되고 그의 교육에 응용하여 제자들에게 가르쳤던 내용을 별 어려움 없이 정리한 것이리라. 그는 젊은이들의 교육은 시로부터 시작해야 한다(興於詩)는 것을 강조했다. "시는 사람들의 의지를 감발시키며, 세속의 현실을 관찰할 수 있으며, 사람들과 화합할 수 있으며, 사람들을 판단할 수 있는 방법을 가르쳐주며, 가까이는 부모를 모시고 멀리는 임금을 섬기며, 그 밖에 수많은 종류의 새와 짐승, 초목의 이름을 알려준다."[51]고 그는 제자들에게 말했다. 그는 시경에 있는 시를 한 마디로 표현한다면 '생각에 거짓이 없고 진실한 것(思無邪)'이라고 말했다.[52]

공자는 3대의 제도를 고찰하고, 위로는 요순으로부터 아래로는 진목공(秦穆公)에 이르기까지 그 사적을 정리하고 그 편차를 정돈했다. 그것이 『서경』이라는 책으로서 우하상주(虞夏商周)에 걸친 4대의 역사문헌 선집이다. 아마도 이것은 『춘추』를 지은 역사가로서의 공자의 면모를 보여주는 선구적인 작업이었을 것이다. 역사가로서의 공자는 결국 자신이 흠모하는 주나라의 문화가 하상 2대 문화의 손익을 따져 그 장점을 본받아 성립했으므로 주나라의 문화를 이상형으로 삼아 그것을 현실정치에서 실현하고 보존해야 한다고 생각했다. "주왕조는 하와 은 2대의 제도를 귀감으로 삼았기 때문에 그 문화는 참으로 풍성하고 화려하다! 나는 주나라를 따르겠다."[53] 이것이 공자의 한결같은 사상적 신조였다. 그는 이와 같은 정신으로 노나라의 역사서인 『춘추』를 기록했다. 이것은 노나라 은공 원년(기원전 722년)부터 노나라 애공 14년(기원전 481년)에 이르기까지 242년간의 역사를 기록한 것이다. 이 역사서의 본지는 천자의 나라인 주나라를 종주국으로 하여 제후국이 그 권위와 법도를 지켰는가를 엄격하게 판단하는 것이었다. 춘추시대에 이미 천자국의 지위가 흔들리는 상황에서 주대의 봉건질서를 회복하고자 하는 희망으로 제후들의 봉작 호칭을 엄격히 하고, 그들의 행위에 대한 시비 포폄을 냉철히 하여 후세에 '춘추필법'이란 역사 서술의 전형이 만들어졌다. 공자는 자신의 정치적 이상을 현실에서 실현하지 못하고, 역사 속에서나마 실현하고자 한다는 집착을 가지고 『춘추』를 저술했다. 그리하여 다른 책을 편찬할 때와는 다른 엄숙한 태도를 가지고 집필했다. 그는 다른 책을 쓸 때는 다른 사람들의 의견을 듣기도 했지만, 『춘추』를 쓸 때만은 문장에 능한 자유, 자하와 같은 제자들조차도 간여하지 못했다.

공자는 스스로 『춘추』를 그 자신의 저술의 가장 중요한 것으로 인정했다. "후세의 누군가가 나를 이해한다면, 그것은 아마도 내가 『춘추』를 썼기 때문일 것이다. 또 누군가가 나를 비판한다면, 그것 역시 『춘추』 때문일 것이다."라고 그는 말했다. 훗날 사마천은 주공이 죽고 난 뒤 500년이 되어 공자가 태어났고, 공자가 죽은 지 500년이 되었으며, 이제 시 · 서 · 예 · 악의 근본을 밝히는 자가 다시 나타날 것이니, 지금 감히 그 일을 자신이 감당하려 한다는 포부를 밝히고 있다.[54] 그에게 『춘추』가 사기 저술의 전범이 되었음을 알 수 있다.

공자는 말년에 『역(易)』을 좋아하여 「단(彖)」, 「계(繫)」, 「상(象)」, 「설괘(說卦)」, 「문언(文言)」편을 정리하였다. 그는 죽간을 꿴 가죽끈이 세 번이나 끊어질 만큼 『역』을 많이 읽었다.[55] 『역』은 원래 주나라의 초기부터 전해지던 점복서였다. 그것을 공자는 무속이나 점복적 색채를 없애버리고 합리적인 중국적 사유의 원형으로 만들었다. 그것은 세상을 변화와 변증법적인 관점에서 그리고 도덕적인 관점에서 바라보게 하는 것이다. 그는 역의 공부에 심취한 나머지 "만약 나에게 몇 년의 시간을 더 준다면 『역』을 좀 더 잘 이해할 수 있을 텐데…….."라고 아쉬움을 표했다.

공자의 학문과 교육의 중심에는 '예악'이라는 것이 있었다. 그것은 예절과 음악으로서 모든 사회의 기본적인 질서와 문화를 포괄하는 것이었다. 질서와 예절은 음악에서 완성된다고 공자는 믿었다. 그는 교육은 "시로부터 시작하고, 예절에서 성장하여 음악에서 완성된다."고 말했다.[56] 어려서 시를 배워 선(善)에 대한 감각을 키우고, 젊어서는 예의를 익혀 사회인으로 입신하며, 늙어서는 조화와 순리의 인격을 완성한다는 의미일지도 모른다. 공자는 주대 사람들의 행위규범에 관한 각종 전례와 의식을 기록한 『예경』을 정리했다. 또 음악에 관한 이론을 정리하여 『악경』을 썼다. 공자는 자신이 여러 가지 악기를 연주하고 노래 부르기를 좋아했던 음악인이었다. 그러나 이 책은 전해지지 않는다. 공자에게 있어서 음악은 도덕과 정치의 반영이었다. "그 나라의 음악을 들으면 그 나라의 정치를 알 수 있다."고 말했다. 그는 정나라의 음악을 풍기를 문란하게 만든다는 이유로 물리쳤으며, 제나라에서 순임금의 음악인 소를 들었을 때는 심취하여 석 달 동안 고기맛을 잊어버릴 정도였다. 공자 스스로 "내가 위나라에서 노나라로 돌아온 뒤로 음악이 바르게

되었고, 아와 송(雅頌)이 각각 제자리를 찾게 되었다."고 자부했다.[57]

귀로 후의 공자 말년의 불과 3~4년의 기간은 개인적인 불행의 시기였고, 또한 학자로서 초인적인 노력의 시기였다. 이 시기 동안에 이룩한 학문적 업적은 현대인의 수준으로 평가한다고 해도 엄청난 것이라고 할 수 있다.

공자가 처자식을 잃어버리는 가정적인 슬픔을 억누르고 학문적 저작으로 생을 지탱하고 있을 때, 느닷없이 가장 사랑하는 제자 안회가 죽었다(기원전 481년, 노애공 14년). 평소에 몸이 약하고 자주 아프기도 하고 가난하게 살아 밥을 굶는 일이 허다하기도 했다지만, 40의 나이는 아까운 인생이었다. "이 세상에는 싹을 틔웠으나 애석하게도 꽃을 못 피우는 자도 있고, 꽃은 피었으나 열매를 못 맺는 자도 있다."[58]라고 한 공자의 탄식은 바로 안회의 죽음을 두고 한 말일 것이다. 공자는 안회를 자식처럼 사랑했고 안회는 공자를 아버지처럼 따랐다. 안회가 죽었다는 말을 듣고 공자는 "하늘이 나를 버렸구나!"라고 하면서 통곡했다. 안회는 공자보다 30년 아래의 제자로서 뛰어난 인간이었다. 공자처럼 제자들의 마음을 꿰뚫어 볼 수 있는 혜안을 가진 사람에게 있어서도 안회는 거의 흠을 발견할 수 없는 제자였다. 어느 날 공자가 안연에게 말했다. "써주면 도를 행하고, 버리면 은둔하여 감추어버리는 일을 할 수 있는 사람은 오직 나와 너뿐일 것이다."[59] 논어에 공자의 안회에 대한 칭찬은 끝이 없다. 안연 또한 스승에 대한 존경의 념이 끝이 없었다. 그가 어느 날 크게 탄식하면서 말했다. "선생님의 도는 우러러볼수록 더욱 높고, 뚫고 들어가려 해도 더욱 견고하며, 바라보니 앞에 계시는 것 같더니 홀연 뒤에 계셨다. 선생님께서는 차근차근히 사람을 잘 이끄시어 문(文)으로써 나를 넓혀주시고, 예로써 잡아 주셨다. 공부를 그만두고 싶어도 그럴 수 없어 나의 재주를 다 썼으며, 마치 내 앞에 우뚝 서 계시는 것 같으나 어디서부터 따라야 할지를 모르겠다."[60]

안회가 죽은 지 1년이 지나 다시 자로가 위나라에서 죽었다는 슬픈 소식이 들려왔다. 자로는 공자보다 아홉 살 연하의 제자로서 공자와 평생을 함께한 아우 같은 사람이었다. 14년 동안의 망명 생활을 함께했으며, 감히 다른 제자들이 할 수 없었던 직언을 거침없이 쏟아냈던 호방한 기질의 사나이였다. 이 연이은 참사에 공자의 슬픔은 견디기 어려운 것이었다. 자로는 공자와 같이 긴 주류의 시간을 마감하고 노나라로 돌아왔지만, 노나라에서의 생활은 순탄치 않았다. 자로를 시기하여 헐뜯는 사람이 많이 생겼다. 노나라의 조정에서도 그를 주목하지 않았기 때문에, 자로는 위나라로 가서 당시 위나라의 재상이자 대부인 공회의 읍재가 되었다. 공회는 공문자와 영공의 큰딸인 백희의 아들이었다. 그가 영공의 아들인 괴외와 괴외의 아들인 출공 첩 사이의 12년간의 긴 왕권다툼의 싸움에 연루되어 허무하게 죽는 신세가 되었다. 이때 괴외는 아들 첩을 몰아내고 숙원의 왕좌를 얻어 장공(莊公)이라는 이름으로 즉위하였다. 자로는 주군인 공회를 위하여 죽었겠지만, 결국은 장공을 반대하는 편에 서게 되어 시체는 거리에 내걸리고 젓갈로 담가졌다. 공자는 언젠가 자로의 성격이 너무 강직하여 '온당한 죽음을 얻지 못하지 않을까(不得其死然)'[61] 걱정한 적이 있었다.

자로는 믿음성 있고 충성스럽고 용감하고 결단력이 강한 사람이었다. 그는 "한번 결단한 것은 즉각 실행에 옮기지 않는 법이 없었다." 공자가 말했다. "한 마디 말로써 옥사를 결단할 수 있는 자는 아마도 자로일 것이다."[62] 공자는 항상 그에게 매사를 좀 더 신중하게 생각할 것을 당부했다. 어느 날 자로가 여간해서는 자기를 칭찬해주지 않는 공자에게 물었다. "선생님께서 3군을 통솔하시고 전쟁에 나가신다면, 누구와 함께하시겠습니까?" 공자가 대답했다. "맨손으로 호랑이를 때려잡으려 하고, 맨몸으로 강을 건너려 하다가 죽어도 후회하지 않는 자와는 함께하지 않을 것이다. 나는 반드시 일에 임하여 두려워할 줄 알고, 꼼꼼히 계획을 세워 일을 성사시키는 자와 함께할 것이다."[63] 그러나 공자는 자로에게 의지하는 바가 많았다. 자로가 공자의 문하에 들어온 후에는 공자를 비난하는 자가 없어졌다고 한다. 군자를 알아주는 자를 찾아 천하를 주류하던 때 자로는 항상 그림자처럼 공자를 따랐고, 드디어 정치적 꿈이 좌절되었다는 것을 알게 되었을 때, 공자가 말했다. "나의 도가 실현되지 않으니, 작은 뗏목을 타고 바다로 나가고 싶다. 나를 따라올 사람은 유(由)일 것이다."[64] 공자가 모든 것을 단념하고 어디론가 사라져버리고 싶다고 느꼈을 때 그는 과연 어디로 가야 한다고 생각했을까.

가족과 제자들의 연이은 죽음으로 슬픔에 잠겨 있을 때, 공자를 더욱 외롭게 만든 것은 어려운 시절 자기를 따랐던 제자들이 각기 환로를 찾아 벼슬길에 나아가서 자신이 평생 추구했고 제자들에게 가르쳤던 정치적 이상과는 다른 길을 가는 것이었다. 공자는 그들과 점점 소원해졌고, 그중에서도 특히 염구와 멀어졌다.

이미 계씨의 가신으로 일하고 있었던 염구가 공자가 노나라로 돌아오자 조세 문제로 공자의 의견을 물었다. 계강자가 새로운 세법을 만들어 조세를 더 거두어들이려 하였다. 공자는 선왕의 법도를 따라, 증세하고 새로운 세금을 만들어내는 것에 반대했다. 그러나 염구는 계씨의 야욕을 저지시킬 수 없었다. 한번은 계씨가 노나라의 속국인 전유를 정벌하려고 하자 염유와 자로가 함께 공자를 찾아와 상의하였다. 공자는 전유는 노나라의 국경 안에 있고 노나라의 신하국인데 무슨 명분으로 정벌하려는가 하고 반대하였다. 염구는 그것은 계씨가 원하는 것이지, 자기들은 원하지 않는다고 말했다. 공자가 말하였다. "옛날 주임이라는 사관은 '벼슬에 나가 힘을 다해 일하지만, 능력이 되지 못하면 그만둔다'고 하였다. 위태로운데도 붙잡지 못하고 넘어지는데도 잡아주지 못한다면 도대체 너희들은 무엇을 돕는다는 것인가?" 하고 질책한다.[65] 그러나 염구는 공자와 의견을 완전히 달리하였다. 결국 그는 "지금 전유는 성곽이 견고하고 비읍과 가까이 있으니, 지금 공격하여 빼앗지 않으면 후세에 자손들의 근심거리가 될 것입니다."라면서 속내를 드러내고 말았다. 계씨가 태산에서 여제(旅祭)[66]를 지냈다. 공자가 염유에게 물었다. "너는 왜 이 일을 말리지 못했느냐?" 염구가 대답했다. "불가능했습니다."

젊은 시절에 염구는 겸손하고 소극적이고 스승의 가르침에 순종하는 제자였다. 어느 날 염구는 공자에게 하소연했다. "선생님의 도를 좋아하지 않는 것이 아니라 단지 힘이 부족할 따름입니다!" 그러자 공자가 대답했다. "능력이 부족하다는 것은 중도에서 포기해 버리는 것이다. 이제는 너도 안 된다고 스스로 선을 긋는구나."[67]

오랫동안 고락을 같이했던 제자들이 각기 제 갈 길을 가면서 그 이상과 지향에 있어서 실망스러운 일이 생긴다는 것은 무엇보다도 스승의 입장에서는 괴로운 일이었을 것이다. 그러나 세상은 변하는 것이고 주나라의 제도를 부활시킨다는 공자의 이상은 춘추시대의 급변하는 변화 속에서 제자들에게도 수긍하기 어려운 점이 있었을 것이다.

그러나 조세 문제로 염구에 대한 공자의 분노가 폭발했다. "계씨는 주공보다 부유한데도, 염구는 계씨를 위하여 세금을 더 거둬들여 그의 재산을 늘려주었으니, 염구는 우리 편이 아니다. 너희들은 북을 울려 그를 치는 것이 마땅할 것이다."[68]라고 하면서 제자들에게 그를 성토할 것을 촉구했다.

공자는 제자들을 믿고 그들이 자신의 도를 실현하는 데 도움이 되기를 기대했다. 그러나 한편으로 그들의 한계를 알고 있었다. 어느 날 계강자가 자로, 자공, 염구 세 사람에 대하여 "그들에게 정사를 맡겨도 되겠습니까?" 하고 물었다. 공자는 주저 없이 대답했다. 자로는 과단성(果)이 있고, 자공은 사리에 통달(達)하고, 염구는 다재다능(藝)하니 "정치를 맡기는 데 무슨 문제가 있겠습니까"라면서 그들에 대한 신뢰를 보여주었다.[69] 계자연이라는 사람이 자로와 염구에 대하여 물었다. "그들은 대신(大臣)이라고 할 만한 사람들입니까?" 공자는 그렇지 않다고 말한다. "이른바 대신이란 도로써 임금을 섬기다가 불가능하면 그만두는 것인데, 지금 자로와 염구는 겨우 숫자만 채우는 신하(具臣)라고 말할 수 있습니다." 그렇다면 "그들은 무조건 임금의 뜻을 따르기만 하는 사람들입니까?"라는 질문에 공자는 단호하게 말한다. 그들이 아무리 주군의 말을 따른다고 하더라도 "아버지와 임금을 시해하는 일 따위는 하지 않을 것입니다."[70] 공자는 제자들에게 '임금을 따르는 것이 아니라 도를 따르는 것'이 신하된 사람의 직분이라는 새로운 정치윤리를 가르쳤다.

기원전 481년 노애공 14년, 공자의 나이 71세 때, 이웃 제나라에서 대부 진항이 그 임금 간공(簡公)을 시해하는 사건이 발생했다. 이것은 제나라의 세족 진씨가 참람함을 극해서 그 임금을 죽이기에까지 이른 춘추시대 후기의 커다란 사회변동의 변곡점을 찍는 사건이었다. 천자의 나라인 주나라의 법통을 계승한다는 공자의 정치적 이상에 어긋나는 일이기 때문에 공자는 이것을 응징하여 명분을 바로잡지 않으면 안 된다고 생각했다. 그러나 다른 사람들은 아무도 그 일에 대하여 왈가왈부하지 않았다. 공자는 비록 벼슬을 하고 있지 않았지만, 입을 다물고 있을 일이 아니라고 판단하여 목욕재계하고 노구를 이끌고 조정에 나가 애공에게 말했다. "진항이 그 임금을 시해하였으니, 토벌하소서." 그러나 노나라도 제나라와 마찬가지로 이미 권력이 세족들에게 가 있었기 때문에 자기가 결정할 일이 아니었다. 애공이 말했다. "저 3자에게 말해보라." 명실 공히 임금이라면 세족들인 3가에게 명령을 내려야 할 것이거늘 나는 못하겠으니 그들에게 가서 말해보라고 할 지경이라면 이미 왕으로서의 지위는 잃어버렸다고 해야 할 것이다. 아마 공자는 당시의 정치적 현실을 뼈저리게 통감했을 것이다. 자신이 정치에 참여하여 제대로 된 나라를 만들어보겠다는 젊은 날의 포부가 그의 나이와 함께 시간 속으로 사라지고 있음을 다시 한 번 절감했을 것이다. 그럼에도 불구하고 공자는 3가를 찾아가 그 뜻을 이야기했다. 그러나 노나라의 세족이 제나라의 세족을 응징하기 위하여 군사를 일으킬 까닭이 없다. 물론 공자도 잘 알고 있는 일이다. 공자가 씁쓸하게 말했다. "내가 명색이 대부의 반열에 있는 한 사람이기 때문에 감히 임금에게 고하지 않을 수 없었을 뿐이다."[71]

노애공 14년 봄에 대야에서 수렵을 하였다. 숙손씨의 마부 서상이 괴상한 짐승을 잡았는데, 사람들은 이것을 상서로운 일이 아니라고 여겼다.[72] 공자가 그것을 보고 그 짐승이 기린이라는 것을 알았다. 기린은 전설 속에 나오는 어진 짐승으로 사람에게 잡혀 죽으면 조짐이 안 좋다는 이야기가 있었다. 공자는 자신의 생명이 끝나가고 있다는 것을 예감했다. 공자는 이때를 기점으로 생의 최후의 열정을 바쳐 쓰고 있었던 『춘추』를 중단했다. 이른바 '획린절필(獲麟絶筆)'이라는 것이다. 공자는 갑자기 더 늙고 기력이 떨어지기 시작했다. 가족과 제자들이 죽거나 멀어져갔다. 아마도 공자는 자신의 여명이 얼마 남아 있지 않다는 것을 알았으리라. 공자가 탄식했다. "봉황이 날아오지 않고, 황하에서 도상(圖象)이 떠오르지 않으니 나도 끝나는가 보다!"[73] 그의 도가 행해지지 않는다는 좌절감과 더불어 그 자신이 노쇠했다는 것이 그를 더욱 쓸쓸하게 만들었다. 그는 자신이 늙었다는 것을 인정하지 않을 수 없었다. "나의 쇠약함이 이 정도로 심했는가! 내가 다시 주공을 꿈에 보지 못한 지도 오래되었구나." 이 세상은 자기를 받아주지 않았고, 자신의 인생은 끝나가려 하고 있다. 그는 조용히 자기의 한 평생을 돌아보았다. 끊임없이 공부하고 일하고 뜻을 펴보고자 몸부림친 일생이었다.

도와 수신이라고 하는 점에서 매우 솔직하고 노력하는 인간으로서 그런대로 자부할 수 있는 삶이었다고 생각할 수 있다. 그러나 끝내 자신의 정치적 이상을 실현하여 좋은 세상을 만든다는 점에서는 아쉬움을 금할 수 없었다. 어느 날 공자는 자공에게 이 공허한 심사를 털어놓았다. "아! 나를 알아주는 사람이 없구나." 자공이 말했다. "어찌하여 선생님을 알아주는 사람이 없다고 하십니까?" 공자가 말했다. "나는 하늘을 원망하지도 않고, 사람을 탓하지도 않는다. 다만 아래에서 인간사를 배워 위로 천리에 통달하고자 했을 뿐이다. 그러므로 나를 알아주는 이는 저 하늘일 것이다."[74]

해가 바뀌고 추운 겨울이 가고 봄이 왔다. 만물이 소생하는 신춘의 계절이지만, 공자의 몸은 점점 더 쇠약해지기만 했다. 공자는 자리에서 일어나 뜰에 내려 정원을 몇 걸음 걸었다. 자기의 생이 끝나는 것을 예감하면서 나직하게 탄식했다.

태산은 무너지고	泰山壞乎
기둥은 쓰러지고	梁柱摧乎
철인은 시들어버리는구나!	哲人萎乎

안연과 자로가 세상을 뜬 후로 자공이 많은 시간을 공자 곁을 지키고 있었다. 공자가 자공에게 말했다. “사야! 천하에 도가 없어진 지 오래되었구나! 아무도 나의 주장을 받아들이지 않았다. 옛날 하나라 사람은 장사를 치를 때 유해를 동쪽 계단 위에 놓았고, 주나라 사람은 서쪽 계단 위에 놓았으며, 은나라 사람은 양쪽 기둥 사이에 놓았다. 어젯밤 나는 꿈속에서 양 기둥 사이에 앉아 있는 나에게 사람들이 제사 지내는 모습을 보았다. 내 조상은 원래 은나라 사람이었다. 나는 곧 죽을 것이다.” 일생의 꿈과 가문에 대한 고뇌가 생의 마지막 순간까지도 공자의 가슴속에 남아 있었다. 그로부터 7일 후 공자는 손자와 제자들의 울음소리를 뒤로 하고 세상을 떠났다. 기원전 479년 노애공 16년 4월 18일이었다.[75] 향년 73세였다.

장례는 성대하게 치러졌으며, 유해는 곡부성 북쪽 약 1리의 사수(泗水) 가에 안장되었다. 지금 ‘공림(孔林)’이라고 알려져 있는 곳이다. 제자들은 마치 부모가 돌아가신 것처럼 3년상을 입고 공자의 무덤 옆에 여막을 짓고 살았다. 3년상을 마치고 모두 친구들과 울며 이별을 고하고 헤어졌는데, 자공만은 3년을 더 무덤 곁을 지키다가 6년을 지나서야 그곳을 떠났다.

공자가 죽은 지 거의 350여 년이 지난 후 한무제 때의 사관이었던 사마천(BC 145-86)이 「공자세가」의 말미에 이렇게 적었다. "나는 공자의 저술을 읽어보고 그 사람됨이 얼마나 위대한가를 상상할 수 있었다. 노나라에 가서 공자의 묘당, 수레, 의복, 예기를 참관하였고, 여러 유생들이 때때로 그 집에서 예를 익히고 있음을 보았다. (…) 공자는 포의로 평생을 보냈지만 10여 세대를 지나왔어도 여전히 학자들이 그를 추앙한다. 천자, 왕후로부터 나라 안의 육예(六藝)를 담론하는 모든 사람에 이르기까지 다 공자의 말씀을 판단 기준으로 삼고 있으니, 그는 참으로 최고의 성인이라고 할 수 있겠다."[76] 그러나 풍우란은 『중국철학사』에서 "당시 전한시대의 일반인들은 바야흐로 공자를 신으로 여기던 터여서 사마천이 공자를 사람으로 본 것은 오히려 특별한 식견이었다."라고 쓰고 있다.[77]

공자는 당시에 족출했던 제자백가들 가운데서 가장 뛰어난 학자였으며, 중국사 전체를 통하여 여러 학파들의 쟁명을 압도하는 유학의 종주가 되었다. 그의 학설은 그의 후기 제자들과 100여 년 후에 맹자와 같은 추종자를 얻어 면면히 계승되고 발전되어 드디어 역대 왕조의 관학으로 승격되었고, 중국을 대표하는 정통적인 사상이 되었다. 그는 비록 현실정치에서 "무도한 제후를 물리치고 불손한 대부의 죄를 다스리지는 못했지만, 그의 이론은 한대로부터 청조 말에 이르기까지 역사 속에서 천자의 잘못까지도 비판할 수 있는" 정치적 이데올로기가 되었다. 그리하여 비록 현실세계에서 권력을 잡지는 못했지만, 가상세계에서 역사를 심판하는 이른바 '소왕(素王)'의 지위를 획득하였다.[78] 그는 정신세계의 왕이었다. 중국에 공산주의 정권이 수립된 후 공자는 봉건사상을 대표하는 사람으로서 비판되고 배척당했지만[공자의 고향인 곡부의 '공부(孔俯)'는 문화혁명의 대광란 속에서도 다행히 살아남았다], 중국의 개혁개방 이후 급속한 경제성장과 아울러 G2 국가로 부활한 오늘날 중국은 다시 중국을 상징할 수 있는 가장 적합한 인물로 공자를 내세우고 있다. 공자는 중국, 나아가서는 동양사상의 얼굴로 세계사의 전면에 다시 부각되고 있다.

2. 소크라테스

어린 시절과 아테네

소크라테스는 기원전 470년 그리스의 도시국가 아테네에서 탄생했다. 아테네의 남부지역에 있는 알로페케라는 중간 크기의 부락(deme)이다. 공자가 죽은 지 9년 후다. 그의 아버지 소프로니스쿠스는 석수장이(또는 조각가)였으며, 아테네의 유명한 정치가이자 장군인 아리스티데스의 가족과 가까운 친구였고, 아크로폴리스 언덕에 있는 여러 가지 조각상을 만드는 데 참여했다고 알려졌다. 어머니 파에나레테는 좋은 집안 출신이었으며, 유능한 산파였다고 전해진다. 그는 어머니를 자랑스럽게 생각했다.

공자가 가난하지만 귀족가문에서 태어난 것과는 달리, 소크라테스는 중류계급—'제우기테스'라는 아테네의 계급제도에서 세 번째이자 마지막 계급—출신이었다.[79] 공자는 당대의 명사로서 수많은 제자들에 둘러싸여 고귀한 죽음을 맞았지만, 소크라테스는 만년에 많은 비난과 모함 속에서 살다가 마침내는 사형판결을 받고 감옥에서 죽었다. 이와 같이 다른 배경에도 불구하고 그들은 모두 그들의 평생을 교육에 대한 열정을 가지고 살았다. 그들에게 있어서 교육이란 그들의 사회에서 가장 가치 있는 모든 것을 배우는 것이었으며, 또 그것은 단순한 지식을 넘어서 덕 또는 좋은 삶을 영위하기 위한 능력을 획득하는 과정이었다. 소크라테스는 교육은—그는 어쩌면 교육이라는 말보다는 철학이라는 말을 더 선호했겠지만—사람들로 하여금 덕을 갖게 만듦으로써 행복에 이르는 가장 분명한 길이라고 믿었다. 그는 무엇이 인간을 행복하게 만들며, 그러한 행복이 어떻게 얻어질 수 있는가에 대하여 깊이 생각한 최초의 현인이었다.

공자가 스스로 방대한 학문적 저작을 남기고, 그의 많은 제자들이 그의 어록과 그에 관한 상세한 기록을 남겨 그의 사상이 후세에 전해지게 된 것과는 달리, 소크라테스는 거의 아무것도 써놓지 않았다. 소크라테스가 죽은 지 얼마 되지 않아 몇 사람의 제자들이 그에 관한 기록을 남겼는데, 그중에서도 그의 젊은 제자인 플라톤이 그 방대한 저작을 통하여 소크라테스를 재현시켰다. 그러나 플라톤의 저작—특히 그의 후기 저작—속에는 자기 자신의 사상을 은연중에 소크라테스의 것으로 위장하고 이상하게 변형시킨 것들이 있어서 소크라테스 연구에 있어서 무엇이 진정한 소크라테스이고 무엇이 플라톤적인 것인가를 구별해야 하는 어려운 과제가 놓여 있다.

플라톤은 그 자신의 사상을 형성했고 그것을 체계화시켰다. 그는 소크라테스를 자신의 사상을 전파시키는 데 이용했다. 그의 초기 대화편에서 플라톤은 소크라테스를 살아서 숨쉬고 생각하는 진정한 인간으로 그렸다. 그러나 그가 성장하여 유명하게 되었을 때, 그는 소크라테스를 자신의 이야기를 말하고 있는 복화술사의 정교한 나무인형(ventriloquist doll)으로 만들어버렸다고 폴 존슨은 말한다.[80]

플라톤의 대화편에서 소크라테스는 아주 괴팍하고 악마적인 철학자로 등장한다. 그러나 소크라테스는 평범한 보통사람이었으며, 따뜻한 마음과 순결한 성품을 지닌 인간이었다. 이 두 사람 사이를 구별해내는 보편적인 결론은 없고, 이 주제에 대하여 글을 쓰고자 하는 사람은 자기 나름의 마음을 정하는 수밖에 없다고 존슨은 말한다.

소크라테스는 아테네인으로 태어난 것을 자랑으로 여겼다. 그는 그 도시에서 전생애를 보냈고, 군인으로서 복무할 때 이외에는 그곳을 떠난 적이 없었다. 그는 종종 아테네인들의 생활방식과 그 지도자들에 대하여 비판적인 태도를 취했지만, 아테네가 모든 도시 중에서 가장 살기 좋은 곳이라는 신념이 흔들려본 적은 결코 없었다. 기원전 5세기의 그리스는 도시국가들의 모임이었다. 그중에서 아테네가 가장 크고 부유하고 강했다.

소크라테스가 태어나기 20년 전인 기원전 490년에 페르시아 전쟁이 발발했다. 당시 세계최대의 제국이었던 페르시아가 그리스를 침공했다. 그러나 마라톤 전투에서 격퇴당했다. 소크라테스의 친구인 헤로도투스에 의하면 페르시아인들은 6,400명을 잃었고 아테네인들은 192명을 잃었다. 이 전투에 그리스 3대 비극시인 중의 한 사람인 아이스킬로스와 소크라테스의 아버지 소프로니스쿠스도 참전했다.

페르시아인들은 기원전 480년에 3만 명의 대군과 600척의 함선을 가지고 다시 침략했다. 도시가 불타고 아크로폴리스에 있는 신전이 무너져 내렸지만 아테네와 스파르타의 동맹군은 플라타이아이의 전투에서 페르시아군을 격퇴했다. 페리클레스의 아버지 크산티푸스(Xanthippus)의 지휘하에 아테네군은 해전에서 결정적인 승리를 거두었다. 기원전 479년에 아테네는 그리스의 지도적인 세력이 되었다. 기원전 477년에 그리스 국가들의 델로스 동맹이 결성되었고, 이것은 아테네의 우월성을 확인하는 제국의 기반이 되었다.

기원전 463년에 밀티아데스의 아들인 키몬이 페르시아의 위협을 종식시켰다. 이때부터 아테네의 위대한 시대가 열렸다. 이때가 소크라테스가 일곱 살이 되는 시기였다.

소크라테스가 자랐던 아테네는 민주정체를 형성하고 있었다. 지중해 지역에 자리 잡은 고대의 한 도시국가에서 일찍이 '민주정(democracy)'이라는 정치형태가 출현했다는 것은 인류의 문명사에서 경이로운 일이다. 그리스와 페르시아와의 전쟁은 보스포루스 해협과 발칸 반도를 가로지르는 지리적 경계를 넘어 서방적 민주정과 동방적 군주정의 대립과 갈등이라는 정신적 · 문화적 원천을 감지할 수 있다. 도시국가는 오랫동안 '무장하고 있는 인간들(people in arms)', 즉 기병과 상인을 산출하는 귀족집단, 공인과 장인, 중무장 보병(hoplite)을 형성하고 자신의 갑옷과 무기를 소유하는 그 밖의 인민들과 동일시되었다.

민주적 헌정의 기초는 소크라테스가 태어나기 전 세대에 클라이스테네스에 의하여 시민권을 의미하는 평등(isonomia)이라는 표현을 사용하면서 확립되었다. 소크라테스가 어린이였을 때 에피알테스의 지도 아래 보다 많은 민주적 조치가 취해졌다. 그러나 그가 기원전 462년에 살해됨으로써 정치는 계급전쟁의 양상을 띠었으며, 위험하고 야만적인 일이 되었다. 불행히도 그러한 양상은 소크라테스의 일생 동안 계속되었다.

당시 헬라스라고 지칭되었던 그리스는 1,000여 개의 도시국가가 느슨한 연합체를 이루고 있었다. 아테네의 인구, 즉 민회(ecclesia)에서 투표할 수 있고, 장군(strategos)이나 집정관(archon)으로서 관직을 가질 수 있고, 배심원이 될 수 있는 완전한 시민권을 가진 사람들의 수는 기원전 430년경 대략 12만 명 정도였고, 소크라테스가 중년에 이르렀을 때는 18만 명 정도로 올라갔다가 그가 죽을 무렵에는 10만 명 정도로 떨어졌다. 거기에다가 많은 이방인들(metics)—그들 중에는 시민권자도 있었다—이 거주했다. 그들과 원래의 태생적 시민권자와의 비율은 6분의 1에서 5분의 2에 달했다. 또 3만에서 10만에 달하는 시민권이 없는 노예도 있었다. 아테네의 인구는 소크라테스의 생애 동안 25만을 넘지 않았다. 이것은 베니스의 전성기 때 그리고 17세기 말의 런던의 인구와 같은 규모다. 1700년 아메리카 식민지의 전체인구는 27만 5천 명이었다.[81]

플라톤의 대화편『크리톤』에 의하면 소크라테스의 아버지는 그의 아들에게 김나지움에서 좋은 교육을 시켰다고 한다. 그는 거기에서 읽기, 쓰기, 운동, 음악 등을 배웠다. 당시의 전통에 따라서 소크라테스도 그의 아버지의 직업을 잇는, 돌을 다루는 일을 했다. 아크로폴리스의 어떤 조각은 소크라테스의 작품이라는 주장도 있지만, 그것은 분명하지 않다. 그러나 소크라테스가 조각가였는지는 모르지만, 조각과 예술에 대하여 토론하기를 좋아했던 것만은 확실하다. 그는 조각가 클레이톤과 화가 파라시우스와 이런 대화를 나누었다는 이야기가 있다. "겸손과 복종, 숙려와 이해, 오만과 야비가 모두 얼굴에 나타나고, 조용하게 있든 움직이든 몸의 자세에 반영되어 있어, 그것은 예술가에 의하여 포착될 수 있다."[82] 그러나 소크라테스는 그의 예술론과는 달리 얼굴에 희로애락의 감정을 드러내지 않았던 것 같다. 그의 시대로부터 4세기 후의, 소크라테스에 관하여 지금 사람들보다 훨씬 많은 것을 알고 있다고 생각되는 키케로는 이렇게 말했다. "얼굴에 공포심이나 욕심을 드러내는 것은 품위 없는 일이다. 소크라테스처럼 항상 똑같은 표정을 유지하라."

소크라테스가 석수라던가 조각가였다는 사실은 분명하지 않지만,

그가 훌륭한 군인이었다는 것은 많은 자료가 증명하고 있다. 그는 평화주의자는 아니었고 무력 사용의 필요성을 인정했다. 그는 그가 사랑하는 아테네의 시민으로서 그 나라가 전쟁을 할 때에는 싸울 의무가 있다고 생각했다. 기원전 430년 한때 코린토스의 식민지였고 견고한 성채인 포티다에아가 반란을 일으켰을 때, 그것을 진압하기 위한 공격에 소크라테스도 참여했다. 기원전 437년과 436년 사이에는 북에게해 연안의 식민지인 암피폴리스에서도 싸웠다.

기원전 432년 아테네 군대는 포티다에아로부터 철수하지 않을 수 없었다. 춥고 고통스러운 겨울이었다. 그는 놀라운 인내와 용기를 보여주었다. 당시 노령에 속하는 40세의 나이를 감안할 때 더욱 찬탄할 만한 일이었다. 그의 젊은 귀족 친구였던 알키비아데스의 증언을 들으면, 소크라테스는 적을 물리치고 부상당한 친구를 구출했다고 한다. 그는 추위와 눈 위에서 얇은 옷차림과 맨발이었다고 한다. 부족한 식량이나 불편함이 그를 실망시키지 않는 것처럼 보였다. 그는 뛰어난 전사였다.

절제와 금욕의 일생

옷, 음식, 집, 따뜻함 등의 육체적 안락에 대한 소크라테스의 무관심은 그의 전 생애를 통하여 특징적이다. 그것은 한편으로는 그의 기질이기도 했고, 또 한편으로는 스스로의 훈련으로부터 온 것이었다. 그는 일찍부터 교사가 되기로 결심했다. 그의 표현으로는 인간의 '검사관(examiner)'이라는 것이며, 그것은 직업(profession)이 아니라 일(occupation)이었다. 그는 이 일을 하는 데 돈을 받지 않았다. 그의 생활의 목표는 필요한 것을 최소한도로 줄이는 것이었다. 그는 항상 친구를 좋아했고 필요로 했다. 그는 아테네의 시장

(agora)에 진열되어 있는 물건을 구경하기를 좋아했다. 그가 한 말이 여러 가지 형태로 전해진다.

"어떤 사람들은 먹기 위해서 산다. 나는 살기 위해서 먹는다."

"시장은 최고의 반찬이다."

"나는 목이 마를 때만 마신다."

당시의 그리스의 분위기에 따라서 그는 운동장과 체육관에서 신체를 단련했다.

"건강한 몸은 최고의 축복이다."

그는 춤추고 술마시기를 좋아했지만 결코 취하는 일이 없었다.

"술을 많이 마시는 사람은 좋은 포도주 맛을 모른다."

'젊은이를 덕스러운 사람으로 만드는 것은 무엇인가?'라는 질문에 "무엇이든 과도함을 피하라."고 대답했다.

"가난은 자제에 이르는 지름길이다."

"한가는 가장 값진 소유물이다."

"악에 이르는 쉬운 길 가운데 부와 고귀한 출생보다 더 좋은 것은 없다."

소크라테스는 기원전 5세기의 그리스의 기준으로 볼 때 대체로 추한 모습을 띤 편이었다. 여러 가지 문헌과 자료를 보면, 그는 털이 많고 긴 수염과 평평한 코, 튀어 나온 눈 그리고 두터운 입술을 가진 인물이었다. 그리스인들은 균형 있는 체격과 잘 생긴 얼굴에 높은 가치를 두었다. 뛰어난 용모를 가진 알키비아데스는 그를 실레누스에 비유했다. 실레누스는 사튀루스와 함께 반인반수의 거친 정신을 대표했다. 그것들은 아테네 희극의 오랜 기원이었다. 지금까지 전해지는 실레누스의 조각들은 소크라테스의 흉상과 대단히 비슷하다. 소크라테스는 이 비유에 대하여 전혀 신경을 쓰지 않았다.

크세노폰의 『심포지움』[83]에는 그가 크리토불루스에게 누가 아름다운가에 대하여 이야기하는 대목이 나온다. 그는 예의 그 습관적인 아이러니와 자기비하의 어법으로 농담을 하고 있다.

"크리토불루스! 자네는 나보다 잘생겼다고 자네의 아름다움을 자랑하고 있는가? 사람만 잘생길 수 있는가? 아니네. 말이나 황소도 잘생길 수 있다네. 그리고 창도. 그것들이 그 목적을 위해서 인공적으로나 자연적으로 잘 만들어졌다면 말일세. 눈은 무엇 때문에 있는가? 보기 위해서 있겠지. 그렇다면 나의 눈은 자네의 것보다 더 잘생겼네. 자네 눈은 한쪽만 볼 수 있지만, 내 눈은 튀어나왔기 때문에 양쪽을 다 볼 수 있네. 내 코는 자네 것보다 더 냄새를 잘 맡을 수 있네. 자네의 콧구멍은 아래를 향하고 있지만, 내 것은 위를 향하고 있고 넓어서 모든 방향의 냄새를 잘 맡을 수 있네. 나는 자네의 입이 잘생겼다는 것을 인정하네. 자네의 입은 내 입보다도 세 배나 더 많이 먹기에 충분할 정도로 크네. 그러나 나의 입술은 두텁기 때문에 나의 키스는 더 달콤하고 감미롭다네."

크리토불루스는 말한다. "소크라테스! 나는 아름다움에 있어서 자네보다 못하다는 것을 알고 있네. 그러므로 나는 실레누스보다도 더 추하게 생겼어야 했네."[84]

소크라테스는 추하게 생겼고 중년 이후에는 배불뚝이였다. 그는 안짱다리에다가 옆쪽으로 걷는 경향이 있었다. 그는 아테네에서 모든 사람이 알아볼 수 있는 인물이었지만, 희극적이고 초라한 평판을 받았으며 놀림감이 되기도 했다. 사람들로부터 이런 대접을 받는 것에 대하여 분개하지 않는가고 물으면, "당나귀가 당신을 차면, 당신은 당나귀를 상대로 소송을 걸 겁니까?" 또는 "어떤 사람이 내 빰을 때리면 그는 나에게 악을 행하는 것이 아니라 오직 그 자신에게 할 뿐이다."라고 대답했다.

그는 항상 침착하고 평정을 유지했다. 그를 슬프게 하는 일이 많았지만, 어떤 것도 그를 의기소침하게 만들지 못했다. 그는 화가 나는 때에 그것을 나타내지 않았다. 다른 사람들이 큰 소리를 칠 때 그는 목소리를 낮추었다. 그는 온화한 사람이었고, 그를 아는 사람들에게 그는 싫어하거나 사랑하지 않기가 어려운 사람이었다.

그의 아내가 그를 사랑했는가는 알 수 없다. 기록을 통하여 알 수 있는 것은 그가 아마도 50을 넘어서 크산티페라는 여인과 결혼하여 아이 셋을 두었다는 것이다. 그가 70으로 죽을 때 큰 아이는 17~18세였고 다른 아이들은 그보다 어렸을 것이다. 크산티페는 소크라테스와 마지막 밤을 감옥에서 보냈다. 그때 그녀는 어린아이를 안고 있었다. 플라톤과 크세노폰은 그녀의 성격에 대하여 별 이야기를 하지 않지만, 다른 전승은 그녀를 바가지 긁는 여인 그리고 소크라테스를 매우 힘들게 하는 여인으로 나타내고 있다. 어느 날 그녀가 집안에서 실컷 소리지르고, 그가 밖으로 나올 때 지붕에서 구정물을 퍼부었다. 그는 "천둥이 친 다음에는 항상 비가 온다"면서 그 장면을 태연하게 받아넘겼다. 왜 보다 온순한 여자와 결혼하지 않았느냐고 물으면, "말을 길들이는 사람은 어려운 말을 고른다. 그것이 보다 흥미 있는 문제들을 제기해주기 때문"이라고 대답했다. 그는 그녀와 행복했을까? 알 수 없는 일이지만, 크산티페는 대책 없는 남편을 만나 집안 살림을 자기가 맡아 하지 않으면 안 되었고, 소크라테스는 60대까지 섹스를 하고 아이를 낳았다. 특출한 공인 또는 선인과 함께 사는 것은 어려운 일이다. 성인의 아내는 순교자라는 말도 있다. 크산티페는 소크라테스로 하여금 여성의 능력에 대한 높은 평가 그리고 남성과 여성의 평등이란 신념을 갖는 데 기여했을

지 모른다.

헬라스의 학교: 그 정체와 문화

소크라테스가 성년이 되었을 때, 아테네는 전체 그리스를 거대한 페르시아 제국에 대항해서 압도적인 승리로 이끌었던 영광의 시기였다. 아테네는 참으로 자율적으로 단련된 사회였다. 그러나 그 규율은 지적 자유에 의하여 균형을 이루고 있었다. 사회는 개방되었고 권력의 행사는 투명했다. 권력을 잡은 자의 비밀은 없으며, 자율적으로 복종하는 자들 사이의 의심도 없었다. 그러므로 아테네는 그리스 다른 나라의 모델이 되어 '헬라스의 학교'라는 이름을 얻었다. 페리클레스(BC 495~429)는 최고집정관에 선출되어 한 세대 동안 그 자리에 있었다. 펠로폰네소스 전쟁이 시작된 첫 해에 전몰용사들의 장례식에서 추도사를 하게 되었다. 이 연설의 내용을 투키디데스가 『펠로폰네소스 전쟁사』에서 충실하게 기록해놓았다. 그 연설의 주요내용은, "아테네의 정체는 권력이 소수의 손에 있지 않고 다수의 손에 있기 때문에 민주주의이며, 우리의 법은 모든 사람을 동등하고 정당하게 취급한다. 사회적 지위는 능력을 중요시 할 뿐 계급이나 빈부를 따지지 않는다. 공적인 생활에서 모든 사람에게 자유로운 활동을 보장해주듯이 우리의 매일매일의 대인관계에서도 동일한 정신이 적용된다.[85] 인간은 운명의 무기력한 희생자가 아니고 자신의 운명의 주인이다. 병사들이 아테네를 수호하다가 죽는 것은 최고의 영광이다. 왜냐하면 모든 아테네인들은 그들을 궁극적으로 통제하는 법과 정부에 자발적으로 복종하기 때문이다."라는 것 등이다. 이 연설은 소크라테스뿐만 아니라, 극작가 소포클레스와 에우리피데스, 조각가 피디아스, 화가 제욱시스가 들었을 것이다.[86]

그것은 소크라테스에게 많은 감명을 주었을 것이며 그의 사상의 좋은 밑거름이 되었을 것이다.

페리클레스가 아테네의 인간중심주의(humanism)의 장엄한 비전을 제시했을 때 그의 주위에는 그와 뜻을 같이하는 위대한 인물들이 있었다. 그중에는 기원전 456년에 죽은 아에스킬러스(Aeschylus)가 있었다. 그는 페리클레스가 집권한 5년에 『프로메테우스의 속박(Prometheus Bound)』을 썼다. 프로메테우스는 인간에게 불과 기술을 전해주었기 때문에 제우스로부터 벌을 받았는데, 그는 억압받는 자와 불굴의 독립적 사상가의 수호자로 표현되었다. 이들 가운데는 또 소포클레스가 있었다. 그는 소크라테스보다 4반세기를 앞선 사람이지만, 『안티고네』(BC 441)와 같은 그의 절망적 비극은 소크라테스에게 깊은 감명을 주었고, 안티고네는 고귀한 인간으로서 아테네 사람들의 찬송의 대상이었다. 그의 작품들은 매우 성공적이었으며, 페리클레스는 그를 공직 후보자로 올려 그가 군사령관(strategos)이 되었을 때 소포클레스는 장군으로 선출되었다(BC 440). 이 집단 가운데서 가장 중요한 인물은 프로타고라스(BC 485~415)였다. 그는 트라스의 압데라 출신이지만 페리클레스 시대의 아테네에 와서 기원전 455년경부터 소피스트로서 활동했다. 그는 최고의 이론가였고 페리클레스의 인간중심주의 이론의 완성자였다. 플라톤의 『테아테투스』에는 그가 "인간은 만물의 척도다"라는 유명한 말을 한 것으로 인용된다. 그는 무신론에 가까운 사상을 가지고 있었다. "신들에 대하여 나는 그들이 존재하는지 않는지 알 수 있는 수단이 없다. 또 그들이 어떤 모양을 하고 있는지, 그 주제의 진짜 어려움, 인간 생명의 짧음을 포함하여 많은 것들이 우리로 하여금 그것을 알지 못하게 막는다"라고 말하기도 했는데,

당시의 아테네가 이런 생각을 허용하고 있었다는 것은 주목할 만한 일이다.[87] 소크라테스는 대부분의 아테네 사람들처럼 프로타고라스가 돈 많은 귀족 젊은이들에게 덕(arete)을 가르치고, 그것도 세속적인 방법으로, 먹고살기 위한 수단으로 가르친다는 것을 좋게 생각하지 않았다. 그는 많은 수업료를 받고 부자가 되었다. 프로타고라스는 매우 합리적이고 절제적이고 지각 있는 사람이었다. 그의 세속적 속물근성은 비록 소크라테스의 비위에는 맞지 않았지만, 상식을 벗어나지 않는 악의 없는 꾸밈과 신랄한 풍자와 날카로운 통찰력과 더불어 표출되었다. 페리클레스는 그것을 높이 평가했다. 그는 프로타고라스에게 진보에 관한 대중강연을 하도록 했고(BC 443), 아테네의 새로운 식민지 투리이(Thurii)의 헌법을 기초하도록 했다.

폴리스의 문화적 삶은 하나의 전체(a whole)가 되어야 한다는 것이 아테네인들의 정신에 깊이 뿌리박혀 있는 신념이라고 페리클레스는 생각했다. 그리고 지각 있는 시민들은 그들의 도시와 그 자신에 대한 의무로서 폴리스의 모든 일에 참여해야 한다고 생각했다. 그리스의 도시들은 역사상 처음으로 지성적이고 합목적적 방법으로 계획되고 정돈되었다. 기원전 5세기경에 그리스인들은 도시를 바둑판 모형으로 건설했다. 모든 시설들—의회, 극장, 학교, 체육관, 운동장, 아고라와 상점 등—은 서로 편리하게 연결되었다. 모든 시설들은 보통 전체 성인 남자들을 수용할 수 있었다.

아테네는 상하 좌우로 신분이동이 가능한 사회(mobile society)였다. 소크라테스가 40세 때 태어난 파시온이라는 젊은 노예는 그가 심부름 다녔던 은행에서 열심히 일해서 자유를 얻게 되었고, 후에는 의회로부터 시민권을 획득했으며, 마침내 그리스 제일의 부자가 되었다. 소크라테스 시대에는 레슬링 챔피온이 유명한 철학자가 되기도 했고, 극작가와 역사가가 장군이 되고, 장군이 역사가가 되기도 했다. 시인이 정치가가 되고 정치인이 연극을 썼다. 건축가가 식민지를 개척하고 램프를 만드는 사람이 도시를 다스렸다. 플라톤은 그의 삶을 책을 쓰는 데 바쳤다. 소크라테스는 한때 공직을 맡는 일을 진지하게 생각했다. 결국 그의 이성의 소리와 일치하는 하늘로부터의 어떤 표징을 보고 그 생각을 포기했다. 기원전 5세기의 아테네는 재능 있는 사람이 매우 쉽게 그 직업적 · 전문적 울타리를 뛰어넘을 수 있었다는 점에서 역사상 독특한 사회였다.

페리클레스의 전성시대에는 민주주의, 제국, 문화적 우월감이 혼합된 승리주의(triumphalism) 정신이 지배했다. 페리클레스는 아크로폴리스 언덕에 황금과 상아로 만든 아테네 여신의 조상을 안치하는 거대한 신전을 건설했다. 이것은 전쟁으로 파괴된 아테네를 재건하기 위한 계획의 일부였는데, 이 일을 완수하기 위하여는 말할 나위도 없이 돈이 필요했다. 페르시아의 침략에 대비하기 위하여 그리스 국가들은 연합하여 델로스 동맹(The Delian League)을 결성하고, 동맹을 구성하는 국가와 식민지들은 기금을 조성하여 그것을 아테네가 관리하도록 했다. 아테네는 델로스 동맹의 중심국가이고, 하나의 제국이 되었다. 그런데 페리클레스가 이 기금을 아테네 재건에 사용함으로써 동맹국들의 불신을 사고, 동맹이 해체되는 단초를 제공했다. 그는 동맹의 돈은 동맹을 형성하는 모든 국가들의 이익을 위하여 사용되어야 하고, 아테나 여신은 모든 도시국가의 수호신이며 그리스 정신을 대표하는 것이라고 주장했지만, 다른 동맹국가들은 아테네의 재건을 위하여 각 도시가 비용을 부담해야 한다는 것에는 동의하려 하지 않았다. 아무튼 페리클레스는 자신의 계획을 밀어붙였고, 아테네를 고대세계의 예술적 · 건축적 중심으로 만들기 위해서 그 돈을 사용했다.

기술자와 예술가들이 사방에서 모여들었다. 석공을 가업으로 삼았던 소크라테스 부자도 이 사업에 참여했다. 페리클레스는 이 문화적 건설계획의 총책임을 그의 친구인 피디아스(Phidias, BC 490~432)에게 맡겼다. 그는 조각가였지만, 그림이건 건물이건 예술적 기능과 판단, 전체적 상상을 요구하는 것이면 무엇이든지 해낼 수 있는 뛰어난 능력의 소유자였다. 그는 이미 10미터 높이의 아테나 동상을 아크로폴리스의 가장 높은 곳에 설치하여 항해자들의 등대가 되게 한 사람이었다.

파르테논 신전 안에 세워진 아테나 여신상은 금과 상아로 입혀졌으며, 그 조상 안에는 금을 숨겨두는 비밀 장소가 있었다. 그것은 신상임과 동시에 도시국가의 중앙은행이기도 했다. 파르테논은 도릭 양식의 최고 걸작이며, 파라오시대 이집트의 건축양식을 모방하여 발전시킨 것이었다.[88] 그것은 단순하고 엄숙하고 종교적인 성격을 띠었고, 기원전 5세기경에 있어서도 고대적인 건물이었다. 이 거대한 작업은 기원전 447년에 시작하여 10년 만에 완성되었다(BC 438). 파르테논 신전을 건축한 사람은 익티누스였다. 그는 아르카디아의 바싸에(Bassae)에 있는 아폴로 신전의 건축가이고 건축에 관한 책을 쓴 저술가이기도 했다.

파르테논은 당시의 어떠한 국가나 민족들의 작품보다도 뛰어났으며, 2천5백 년 이상을 살아남았다. 그것은 고대 그리스 예술의 절정을 나타낸다. 그리스 신전은 신들의 집이며, 그 장식은 불사의 존재의 활동을 묘사했다. 파르테논의 소벽(小壁: frieze)에는 유한한 아테네 시민들이 아테나 신에게 공물을 바치는 행렬을 그려

놓았다. 그것은 페리클레스 시대 휴머니즘의 하나의 특성이라고 할 수 있다. 소크라테스에게는 이것이 페리클레스의 문화적 업적의 가장 의미 있는 특성으로 비쳤다.

그리스인들은 현으로 된 리라와 플루트, 또는 두 개의 파이프를 가진 아울로스 같은 악기와 함께 시를 음송하거나 합창을 하고 독창을 하면서 문화적이고 절제되고 훈련된 소리를 창조했다.

그리스인들은 산문을 배우기 전에 시를 읊조리거나 노래를 불렀다. 음악은 윤리를 가르치기 전의 도덕적 훈련의 한 가지 형태였다. 기원전 5세기에 음악의 거대한 정서적 힘을 의식한 그리스인들은 그 지적인 측면을 체계적으로 탐구하기 시작했다. 피타고라스는 이탈리아에서 음정과 수학과의 관계를 발견했고, 다몬은 아테네에서 음악이 사람들에게 미치는 윤리적 영향을 기술했다. 플라톤은 소크라테스의 인도로 음악적 윤리에 관한 이론을 전개했다. 지혜와 덕을 추구하는 사람은 음악을 듣지 않으면 안 된다고 그는 말했다. 철학은 가장 좋은 종류의 음악이라고 주장했다. 그는 노년에 리라를 배우려고 노력했고 다몬의 음악을 열심히 들었다. 다몬은 페리클레스의 스승이었다. 음악은 공공행사에 있어서 남녀노소를 불문하고 많은 시민들을 움직일 수 있는 독특한 힘을 가지고 있었다.

노래하고 연주하는 음악행사와 함께 끊임없는 종교적 행렬이 이어지고 있었다. 아테네의 디필론(Dipylon) 게이트 옆에 폼페이온이라는 특별한 건물이 세워졌고, 거기에서 집회가 이루어졌다. 처녀들이 행렬의 앞에서 신성한 기구를 운반했고, 노인들은 푸른 나뭇가지를 들고, 젊은이들은 희생제물을 날랐다. 전차와 말 탄 사람들이 그 뒤를 따랐다. 경찰이 질서를 유지했다. 오케스트라는 모든 행렬의 일부였다.

페리클레스 시대에 음악은 군사적 찬가로 공공행사에서 많이 사용되었다. 페리클레스 자신이 전쟁 영웅으로 그려지기를 바랐다. 그는 헬멧을 쓰고 면갑을 올린 군건하고 아름다운 용모로 자신을 조각하도록 했다. 그 때문에 음악은 아테네인들의 생활에서 더욱 중요한 요소가 되었다. 델피에서는 아울로스 연주자들을 축하하는 피티안 게임과 같은 음악 경연대회가 있었다. 페리클레스는 아테네에서 '파나테나에아'라는 음악축제를 만들었다. 이런 분위기 속에서 소크라테스도 음악과 그 윤리적 관계에 관한 관심을 키웠다.

그리스인들은 그들이 문자를 알기 오래 전부터 시를 알고 있었다. 모든 시는 종교적 기원을 갖는다. 그것은 신들의 행동 그리고 그들과 인간과의 관계를 다룬다. 시인들은 그들의 일을 암송하고 관중들은 그것을 듣고 암송한다. 호머의 작품은 절반은 종교적이다. 그것은 유태인들이 토라에 대하여 갖는 관계와 비슷하다. 그들은 그들의 역사에 대하여 이야기하고 동시에 삶의 방식과 도덕을 가르친다.

아테네에는 극장(theater)과 음악당(odeon)이 분리되어 있었지만, 음악과 연극은 분리되지 않았다. 음악 연주는 연극적 요소를 가지고 있었고, 음악이 없는 연극은 공연되지 않았다. 그리스인들은 음악의 리듬과 시적 운률의 차이를 느끼지 못했고, 연극의 기본적인 요소는 화음과 노래의 합창이었다. 음악 또한 디오니소스의 의식으로부터 발생하는 종교적 기원을 가지고 있었다. 반인반수(半人半獸)의 술을 좋아하는, 사튀르 같은 디오니소스 신은 야만족들의 과거로 그 기원을 거슬러 올라갈 수 있다. 그것은 유대-기독교적 종교의식과는 다른 것이다. 감정적이고 시끄럽고 노래하고 박수치고 소리 지르고 춤추는 격렬한 종교의식이 그리스적 연극의 진정한 기원이었다. 처음에는 음악이 주된 역할을 했고, 공연의 주된 내용을 이루는 것은 합창이었다.

원래의 디오니소스 연극에서는 신에게 바치는 찬송인 디티람보스와 아테네인들이 신에게 경의를 표하는 합창과 제사를 올리는 행위가 있었다. 점차로 디오니소스적인 것은 사라지고, 인형극의 일종인 희극이 남게 되었다. 한편 그리스 신화와 전설로부터 나온 일화와 서정시 속에 연극이 나타났고, 합창은 이야기를 보충해주고 도덕을 지적하는 역할을 했다. 종교적 성격을 가진 연극은 소크라테스의 생애와 기원전 4세기 동안 지속되었다. 그 주제는 인간과 그들의 운명을 좌우하는 신들과의 관계였다.

그리스인들은 영생과 영혼의 불멸이라는 사상을 믿고 있었다. 이것은 소크라테스 사상의 중심적 주제였다. 디오니소스 연극은 그 비극적 형식 속에서 이 믿음을 강화시켰다. 디오니소스는 여러 영혼들의 왕이었다. 영생과 영혼의 구원에 관한 이러한 관념은 기원전 5세기의 다른 문명사회—특히 이집트나 헤브라이 팔레스타인 같은—에서도 활발히 움직이고 있었다.

소크라테스 시대 이후로 극장의 무대장치는 많은 발전을 이룩했다. 에피다우로스에는 극장의 맨 뒷좌석에 앉아 있는 사람이 무대에서 속삭이는 소리를 들을 수 있을 정도의 고도로 발전된 음향장치가 있었다. 연극의 경연은 보통 관중의 박수갈채에 의하여 결정되었다. 아테네는 열 개의 구역(원래는 부족)으로 나누어졌고, 각 구역에서 나온 승리자는 비석에 그 이름이 새겨졌다.

소크라테스와 플라톤 그리고 나중에는 아리스토텔레스까지 그들은 모두 연극의 발전에 깊은 관심을 가지고 있었다. 기원전 5세기의 그리스 비극은 인간성—그 성격과 긴장감 속에서 이루어지는 행태—에 대한 깊은 관심을 보여주었다. 아에스킬러스는 인간성의 여러 형태를 제시했고, 소포클레스는 엄청난 압력을 받고 있는 귀족들을 주로 다루었으며, 에우리피데스는 비정상적이거나 극단적인 정신적 소유자의 심리를 탐구했다. 아테네인들이 무대에서 보기 시작했던 것은 단지 몸이 아니라 영혼의 구현이었다. 이것이 바로 소크라테스의 세계였고, 그는 심리학자이며 동시에 철학자였다. 일반적으로 비극작가와 철학자는 같은 영역 속에서 움직였으며, 플라톤도 소크라테스의 영향하에 있을 때는 거의 비극시인이었다. 소크라테스도 말년에는 시작에 몰두했다. 에우리피데스의 연극은 그에 의해서 많이 '고쳐졌다(patched up)'고 한다. 우수한 연극작가의 작품을 성공적으로 고쳐줄 수 있는 사람은 분명히 꾸준히 연극을 보러 다니는 사람이 아니면 안 되고, 그 매체와 철저히 친근한 사람이 아니면 안 될 것이다. 실제로 그가 이런 일을 했다는 증거가 없다고 할지라도 소크라테스는 디오니소스적인 외모, 아이러니의 감각, 기지(wit) 그리고 인생의 거의 모든 분야에 대한 비판적 접근 때문에 연극을 구상할 수 있는 능력의 소유자라고 생각되었다.

기원전 423년에 아리스토파네스는 『구름』이라는 작품을 발표했는데, 그는 이 작품에서 아테네의 소피스트, 지식인들, 철학자들을 공격했고, 특히 소크라테스가 그 표적이었다. 우리는 수정된 형태로만 그 내용을 알 수 있고, 원래의 실제 작품에 대해서는 정확히 알 수 없지만, 그것은 실제의 소크라테스와 그의 견해 또는 그가 살았던 실제의 삶과는 관계 없이 그를 매우 불쾌하고 사악한 인간으로 묘사하고 있다. 플라톤은 『향연』에서 아리스토파네스를 소크라테스의 친구로, 그리고 후에는 매력적인 인간으로 그리고 있다. 아마도 아리스토파네스가 그 작품을 썼을 때에는 아직 소크라테스를 만나기 전으로 당시의 악의적인 소문만을 듣고 썼을 것이라고 추측된다. 소크라테스를 만나고 난 후 그의 견해는 극적으로 바뀌었다. 소크라테스는 그에게 원한을 품지 않았다. 그는 "만약 비판이 정당하다면 나는 나 자신을 개선하도록 노력하지 않으면 안 되며, 그것이 진실하지 않다면 문제될 것이 없다"고 말했다.

아리스토파네스는 기원전 424년에 『기사들(Knights)』이라는 작품을 써서 당시까지 최연소의 나이로 1등상을 받았다. 이 작품은 당시의 유명한 선동정치가인 클레온(Kleon)을 공격하는 것이었다. 그는 실제의 인간들, 현실적 사건들, 그리고 당시의 풍습을 과장된 형태로 다루었다. 그는 클레온과 같은 매우 힘 있는 사람들을 무대에 올렸다. 그가 기소나 추방, 사형 같은 형벌을 받지 않은 것은 놀라운 일이기도 하고 운이 좋았다고도 할 수 있을 것이다. 아리스토파네스는 어떤 작품(Acharnians)에서 페리클레스에 대한 강한 비판적 입장을 취하고 있다. 그는 개인적으로 불행과 파괴와 학살의 원인으로서 전쟁을 증오하고 있었는데, 그러한 전쟁이 페리클레스의 제국주의와 헛된 영광에 의하여 불가피하게 일어나게 된다고 믿었다.[89]

아테네의 몰락과 인간 중심주의의 퇴조

아테네의 문화적 융성 이면에는 아테네가 그리스의 패자가 되고자 하는 야망이 숨어 있었고, 그것은 결국 스파르타와의 일전으로 이어졌다. 그것은 필연적으로 양자 중 하나의 파멸을 가져오지 않을 수 없었다. 결국 누가 그리스의 최고 권력을 가져야 할 것인가를 결정하는 펠로폰네소스 전쟁이 기원전 431년에 발발했다. 페리클레스의 그 유명한 연설은 그다음 해에 행해졌고, 그것은 페리클레스의 영향력의 절정이었다. 그 후로 아테네는 내리막 길에 들어섰다. 반세기 이전 아테네-페르시아 전쟁이 동서 제국의 문명적 충돌이라면, 그리스반도 내부에서의 아테네-스파르타의 전쟁은 민주정적 아테네와 과두정적 스파르타와의 체제대결의 성격을 띤다.

기원전 430년 마치 전쟁의 직접적인 결과라도 되는 것처럼, 아테네는 역사상 최악의 역병(페스트) 피해를 받았다. 수천 명의 아테네인들이 죽었다. 역병은 시민들의 목숨뿐만 아니라 그 정신(morale)을 파괴했다. 페리클레스 시대의 휴머니즘에 의하여 신들에 대한 홀대의 대가가 아닌가 하는 의혹의 분위기가 만연했다. 그들의 휴머니즘은 많은 사람들의 마음속에 무신론을 심어놓은 것처럼 보였다. 페리클레스가 좋아하는 철학자 아낙사고라스는 그의 우주론에 의하여 불경한 것처럼 보였고, 그의 문화적 대변자였던 피디아스는 파르테논 신전의 소벽(Frieze)에 인간의 형상을 그려 놓았다 해서 비난을 받았다. 프로타고라스가 만든 "인간이 만물의 척도다"라는 경구는 신성에 대한 불신의 명백한 선언으로 간주되었다. 페리클레스 체제의 역사가 투키디데스는 이미 역사적인 위대한 사건의 진행에 있어서 어떠한 신의 역할도 부정하는 것으로 알려졌다.

흑사병이 침입했던 그해 마지막에 대중적 감정의 급변은 페리클레스를 권좌에서 끌어내렸다. 그는 횡령으로 기소되고 벌금을 물었다. 그 환란 가운데서 그의 두 아들도 역병으로 죽었다. 이듬해 봄에 여론은 다시 한 번 변했고, 그는 또다시 스트라테고스에 선출되었다. 그러나 그는 페스트균에 감염되었고, 재선된 지 6개월 만에 죽었다. 그의 측근에 대한 마녀사냥이 시작되었다. 피디아스는 거대한 아테나 여신상을 만들 때 공금을 횡령했다는 이유로 기소되었다. 그는 이 사건에서는 무죄로 풀려났지만, 불경죄로 기소되어 투옥되고 결국 감옥에서 죽었다. 프로타고라스와 아낙사고라스도 추적을 받았다.[90] 페리클레스의 연인이었던 아스파시아도 기소당했다. 기원전 428년에 이르러서 인간의 이름으로 아테네를 경영하고 장식했던 휴머니스트 그룹들은 괴멸되고 흩어졌다.

소크라테스는 흑사병으로부터 살아남았다. 많은 사람들이 도시를 떠나거나 집에만 갇혀 있을 때 그는 평상시처럼 길거리를 돌아다니며 사람들과 이야기를 나누었다. 친구들은 그가 흑사병에 감염되지 않은 것을 놀랍게 생각했다. 그의 건강한 생활습관과 운동 덕분이라고 생각했다. 그는 40의 중년이 되었고, 그 나름으로 아테네의 명사가 되어 있었다.

관심의 이동: 우주에서 인간으로

흑사병의 창궐, 페리클레스의 죽음, 그의 정권의 붕괴와 문화적 프로그램의 중단, 그의 추종자들에 대한 박해, 아테네의 정치적 불안 등은 소크라테스의 개인생활에 깊은 영향을 미쳤다. 그는 그의 삶의 방향에 대하여 진지하게 생각해보지 않을 수 없었다. 그는 항상 사상가였고 동료 아테네 시민과 이야기하고 토론하기를 좋아했지만, 결코 직업을 가져본 적은 없었다. 그러나 이제 무엇인가 인생의 사명을 가져야 한다고 느끼기 시작했다. 페리클레스 시대는 많은 면에서 성공을 거두었다. 건축, 그림, 음악, 연극, 도자기 등의 문화 예술분야와 수공업과 상업 등에서 찬란한 업적을 성취했다. 그러나 무언가 아쉬운 점이 있었다. “인간은 만물의 척도다”라는 슬로건이 반복되고, 인간은 무력한 신들의 노리개가 아니고 그들의 운명의 주인이라는 주장이 유행하고 있었다. 그러나 인간을 개선시키는 것은 무엇인가? 그것은 가능한 일인가? 그렇다면 어떻게? 그러한 질문은 지금까지 던져진 적이 없었다. 그러나 그것은 반드시 질문되어야 할 문제라고 소크라테스는 생각했다.

그리스인들이 언제나 질문하고 탐구한 것은 세계와 우주에 관한 것이었다. 그것들이 어떻게 창조되었으며, 어떻게 작용하는가 하는 것이다. 소크라테스도 젊었을 때는 그러한 질문에 매달렸다. 그리고 그에 관하여 상당한 지식을 얻었지만, 점차로 그것이 헛된 지식(pseudo-knowlege)으로 보였다. 그리스 이오니아 지방의 동쪽, 오늘날의 터키 서해안 지역인 밀레토스에 기원전 580년경 탈레스라는 학자가 있었다. 그는 헤브라이인 아니면 셈족 사람이라고 생각되는데, 후에 아리스토텔레스에 의해서 자연과학(physical science)의 창시자라고 불렸다. 그는 이집트의 측량법 체계를 이용하여 기하학의 기술을 발명했다. 그는 할리스 전투(BC 585)가 벌어지는 동안 일어났던 일식에 대하여 예언했다고 전해진다. 그는 셈족 세계에서 지식을 흡수한 박학한 사람이었다. 그러나 그의 추측은 기묘한 데가 있었다. 예를 들면 그는 금속이 영혼을 가지고 있다고 믿었고, 지구가 물 위에 떠 있다고 믿었다. 그의 제자 가운데에는 아낙시만드로스가 있었고, 또 이 제자의 제자에는 아낙시메네스가 있었다. 아낙시만드로스는 "지구가 만약 물 위에 떠 있다면, 물은 무엇이 떠받치고 있는가?"라고 물으면서, 그것은 한가운데 모든 것으로부터 떨어져 있으며, 긴장 속에서 유지되고 있기 때문에 무엇이 떠받치고 있을 필요는 없다고 대답했다. 모든 것은 갈등과 긴장 속에 있으며, 이것이 우주적 안정성의 원칙이라고 했다. 이것은 과학에 있어서 선험적 추론의 최초의 예로서 기술된다. 동방의 에페수스에는 헤라클레이토스가 있었다. 그는 활과 리라가 기능하는 것도 이 긴장임을 지적하면서 이 이론을 확장시켰다. 그에게 긴장의 원칙은 영원성의 상징인 로고스로 나타났다. 그는 "신은 낮과 밤, 겨울과 여름, 전쟁과 평화, 풍요와 기근 등 사물을 유지하는 모든 상반되는 것들이다. 인간은 로고스나 법에 복종하지 않으면 안 되는 어리석은 존재이다. (…) 사람들은 방어벽을 위해서처럼 법을 위해서 싸우지 않으면 안 된다. 왜냐하면 인간의 모든 법은 하나인 신에 의해서 길러지기 때문이다."라고 말했다. 그의 가장 많이 알려진 말로는 "당신은 같은 강물 속으로 두 번 들어갈 수 없다."는 것이 있다. 오늘날의 이탈리아 서부지역인 엘레아에는 파르메니데스와 제논이 살고 있었다. 그들은 소크라테스보다 5~60세 연상이었다. 데모크리토스는 소크라테스와 동시대인이다.

소크라테스는 젊었을 때 과학적 지식의 한계를 알게 되었다. 그는 그것을 더욱 밀고나갈 길을 찾을 수 없었다. 우주는 말이 없다. 볼 수는 있지만 말할 수 없고, 질문에 대답할 수 없다. 그것이 소크라테스에게는 외부세계를 연구할 수 없는 가장 큰 장애였다. 그는 위대한 질문의 대가(the Great Question Master)였다.[91] 그의 가장 깊은 본능은 질문하는 것이었다. 그의 내면에 깃든 힘찬 본능은 물어보는 것이었고, 그 대답을 이용하여 또 다른 질문을 만들어내는 것이었다. 그가 젊은 시절에 심혈을 기울였던 과학 또는 외부세계에 대한 탐구는 그에게 유익하지 않았다는 것을 깨달았다. 그러나 인간의 내면세계에 대한 탐구는 그가 할 수 있고, 하고자 하는 일이었다. 그는 아테네 거리를 돌아다니기를 좋아했고, 아고라에서 소요하고 교외의 공원에서 운동하는 것이 습관이 되었다. 그는 이와 같은 장소에서 일하는 사람들의 활동을 관찰하기를 좋아했다. 무두장이, 금속업자, 가게주인, 물장수, 도부장수, 필경사들, 환전상들, 행상인들 등등. 피레우스 항구로 가거나 아테네 주변의 시골길을 걸으면서 그는 선원들, 농부들, 말조련사들, 포도원의 올리브 숲과 낙농장에서 일하는 사람들을 관찰했다. 이 사람들은 모두 혀를 가지고 있었고, 그는 이들이 그것을 사용하는 것을 행복하게 여긴다는 것을 알게 되었다. 그래서 그는 그들에게 질문했고, 그들은 대답했다. 이웃들과 동료들이 모여들었다. 소크라테스는 매력을 가지고 있었다. 최저층부터 최고위에 이르기까지 그는 모든 종류와 계급의 사람들과 좋은 관계를 맺었다. 그는 농담을 잘했고 늘 미소를 지었다. 그는 결코 화를 내지 않았다. 그는 예의가 있었다. 질문을 하는 사람이나 대답을 하는 사람이 다같이 자신을 중요하게 느끼도록 만들었다. 그리고 그는 그들의 대답이 가치가 있다는 것을 알았다.

소크라테스가 이런 일을 할 수 있다는 것을 알게 되자, 그의 이성은 이것이 그의 인생의 일이라는 것을 알려주었다. 어떤 내면의 목소리가 이것을 확인시켜주었다. 사람들은 그가 사람들에게 이야기하기를 좋아하고, 좋은 평판을 얻는 재능을 가지고 태어났기 때문에 공직을 맡아야 한다고 말하기도 했지만, 그의 내면의 목소리는 그래서는 안 된다고 말했다. 그것은 그가 정치적 경력을 갖는 데 강하게 반대했다.

다음은 그의 말이라고 전해 내려오는 단편들이다.

"신은 나에게 철학하면서, 나 자신과 다른 사람들을 성찰하면서 살라고 명했다."

"철학을 실천한다는 것은 점 · 꿈 그리고 신의 명령이 누구에겐가 무엇을 하라고 말하는 모든 수단을 통하여 신에 의하여 나에게 지시된 것이다."

"자연과학에는 내가 해야 할 몫이 없다."

"나는 내가 이성으로 추론할 때 최선의 것으로 나타나는 그러한 주장 이외에는 어떠한 것에 의하여도 설득되지 않는 그러한 인간이다."

"철학은 이성의 극장이다."

아태네에서 철학이라는 형태의 일에 종사하는 사람들 가운데는 소크라테스 말고도 소피스트라고 불리는 일단의 지적 교사들이 있었다. 그들은 법원이나 의회 또는 회의실에서 유용하게 쓰이는 수사학이나 설득의 기술을 가르쳤다. 그리고 많은 수업료를 받았다. 아테네의 사정이 좋지 않게 돌아갈 그 세기말쯤 그들은 무모한 젊은이들을 공적 생활에 진출시키고, 그들에게 추종자들이 따르도록 하고, 아테네를 혼란으로 빠뜨렸다는 명목으로 비난을 받았다.

유명한 소피스트인 고르기아스는 잘 훈련된 수사학자나 변호사는 어떤 법적·정치적 사건에서 아무리 근거가 박약할지라도 그럴듯한 논거를 끌어다 댈 수 있다고 말한 것으로 유명하다. 그는 제자들에게 소송에서 간결하고 대칭적인 표현으로 그리고 단어들을 교묘하게 이용하여 분명히 들을 수 있도록 말하는 법을 가르쳤다. 그는 수사학이란 인간의 주요한 덕목이라고 말한다. 왜냐하면 성공적인 공적 지도자나 정치가는 무엇이 행해져야 할 것인가를 아는 것이 아니라, 사람들로 하여금 그것을 하도록 설득하는 것이 중요하기 때문이다. 설사 그것이 정의롭지 않다 할지라도 사람들로 하여금 그것을 하도록 만드는 재능이 없다면 그는 일급의 연설가라고는 할 수 없다는 것이다. 그러나 소크라테스는 부정의를 행하기보다는 차라리 자기가 파멸하는 것이 더 낫다는 생각을 가지고 있었다.

아리스토파네스가 『구름』에서 소크라테스를 공격한 것은 그가 소피스트들 중의 한 사람이라고 생각해서였다. 그러나 소크라테스를 실제로 잘 아는 사람들은 그가 어떤 의미에서도 결코 소피스트는 아니라고 생각했다. 왜냐하면 그는 첫째로 보수를 받지 않았다. 그는 특별히 누구에겐가 무엇을 가르치려고 하지 않았다. 그는 일생을 통하여 공개적인 강의를 하지 않았다. 그는 그가 말하고자 하는 것을 무료로 제공했으며, 그는 대부분의 시간을 질문하는 데 소비했다. 그는 어떤 종류의 선생이나 교사로 묘사될 수 없었다. 그가 사람들에게 주기를 원했던 것은 어떻게 하면 성공할 것인가와 같은 소피스트의 세속적 지혜가 아니었다. 그가 의식적으로 무엇인가를 가르치고자 했다면 그것은 선(善: goodness)이라는 것이었다. 플라톤으로부터 소크라테스에 관하여 모든 것을 들은 아리스토텔레스는 "소크라테스는 전체로서의 자연이 아니라 윤리학에 자신을 바쳤다"라고 썼다. 소크라테스는 부유한 젊은이들이 의회를 지배하는 방법과 아테네의 투표자들을 설득하는 방법을 가르치는 것이 아니라 모든 계급과 직업의 사람들에게 무엇이든지 말하기를 좋아했다.

소크라테스에 관하여 현대인들이 볼 수 없는 많은 자료를 접할 수 있었던 키케로는 그를 이렇게 묘사했다. "그는 철학을 하늘로부터 끌어내리고, 그것을 사람이 살고 있는 마을과 집에 이끌어 오고, 그것으로 하여금 일상적인 삶과 윤리, 선과 악을 탐구하도록 만든 최초의 사람이었다." 플루타르크는 "그는 어느 때나 어느 장소에서나 모든 종류의 사람들 사이에 그리고 모든 경험과 활동 속에 삶이 철학에 개방되어 있다는 것을 보여준 최초의 사람이었다"고 덧붙였다. 소크라테스가 유명해지자 부유한 사람들을 포함한 많은 사람들이 그를 찾게 되었고 그를 향연이나 만찬에 초대했다. 플라톤은 그가 유명인사가 된 10여 년 사이의 제자이기 때문에 그의 인생의 이러한 측면을 부각시킨 면이 있다. 플라톤의 대화편에 나오는 기록은 소크라테스의 민주적 협상의 정신과 무계급성을 공유하지 못하는 면이 있다. 소크라테스가 에피루스(Epirus)에서 선장과 이야기하고, 교외에서 채소장수와 또는 아테네의 풀무간에서 칼과 방패를 만드는 사람과 대화를 나누는 장면을 상상하는 것은 그를 이해하는 데 아주 중요한 일이다.

소크라테스는 평생 동안 사람들에게 주로 질문하면서 거리를 돌아다녔다. 그는 일과 직업에 관심을 가졌고, 남녀의 의무에 대하여 묻기를 좋아했지만, 도덕이나 신앙과 같은 복잡한 문제는 선불리 건드리려 하지 않았다. 그는 전문적인 일에 흥미를 가졌고 그에 관한 많은 정보를 가지고 있었지만, 그는 그런 것을 지식이라고 생각하지 않았다. 그에게 있어서 지식 또는 앎이란 지혜나 통찰력 같은 것을 의미했다. 그러나 자기에게는 그런 지식이 없다고 생각했다. 카에레폰(Chaerephon)이라는 그의 친구가 델피의 신전을 방문하여 "소크라테스보다 현명한 사람이 있는가?"라고 물어보았다. "없다"라는 대답이 나왔다. 이 말을 들었을 때 소크라테스는 당황했다. 그는 결국 그 신탁이 의미하는 것은, 그의 지혜란 그가 자신의 무지를 알고 있다는 것이라고 결론지었다. 다른 사람들은,—소피스트들을 포함해서—설사 소크라테스보다 지혜가 모자란다 할지라도 결코 그것을 인정하려 하지 않았다. 이 신탁의 결정은 그로 하여금 더욱 더 진지하고 체계적으로 그의 탐구에 몰두하도록 만들었다. 플라톤은 『테아테투스』에서 소크라테스가 자신을 산파에 비유하고 있음을 보여준다. 그는 자신이 지혜롭지 못하기 때문에 남에게 지혜를 가르칠 수는 없다. 아이를 낳을 수 없는 것처럼 지혜를 생산할 수는 없다. 그러나 누군가가 자기의 내면에 지혜를 가지고 있다면, 질문을 함으로써 그들이 자기의 마음속에 있는 진리를 발견할 수 있도록 도와줄 수는 있다고 생각했다.

근본적으로 구별되는 두 종류의 철학자를 생각해볼 수 있다.

하나는 무엇을 생각할까(what to think)를 말한다. 다른 하나는 어떻게 생각할까(how to think)를 말한다. 소크라테스는 정서적으로 두 번째의 타입에 속한다. 그는 이념보다는 사람에 관심을 갖는다. 그는 사람들이 어떻게 생각하며, 그들이 보다 명확하고 유용하게 사고하는 것을 도와주고자 한다. 그는 어떤 주제에 대해서든지—특히 정의, 우정, 용기, 덕 등 그가 다루는 큰 주제들—일반적으로 받아들여지고 있는 의견이 거의 언제나 잘못이 있고, 가끔은 전적으로 그릇되다는 것을 보여주려 한다. 그는 단순한 질문을 던지고, 일상적인 대답을 듣고, 광범한 내용의 업무, 인간과 자연, 역사와 문학으로부터 흘러나오는 더욱 많은 질문을 던짐으로써, 일상적인 대답이 그 질문 속에 내재해 있는 모든 상황에 적합하지 않을 뿐만 아니라 분석적 이유나 상식에도 모순된다는 것을 보여준다. 소크라테스는 항상 명백하다고 생각되는 것에 대하여 의심을 품었다. 그는 언제나 명백한 것처럼 보이는 것이 반드시 진실한 것은 아니며, 진리가 명백한 경우는 매우 드물다는 것을 보여주었다. 그가 이런 일을 할 수 있는 방법은 토론이라는 도구였고, 그는 토론에 자극과 동력을 부여했다. 결론에 도달하는 것은 그의 목적이 아니었다. 그의 목적은 오히려 그가 말하고 있는 사람들에게 생각하는 방법, 특히 그들 자신을 위하여 어떻게 생각할까를 가르치는 것이었다.

그는 '옳은 대답(right answer)'이 아니라, 옳은 대답이 있다는 바로 그 고정관념에 적의를 가지고 있었다. 개인의 독단적인 사고는 그가 평생을 통하여 저항했던 정신적 지향이었다. 소크라테스는 사람들, 특히 (가끔 영향력 있는 가문 출신의) 젊은 사람들을 스스로 생각하도록 가르침으로써 위험한 길을 가고 있었다. 아테네는 (대부분의 시간 동안) 어느 정도의 민주주의 체제였고 자유로운 사회였다. 그 제도는 합의(consensus)에 근거했으며, 만약 그 합의가 빨리 도출되지 않으면 불안정했다. 수사적 웅변에 의해서 의회가 흔들리는 것도 불안한 일이었다. 그에 대하여는 양해가 이루어질 수 있었다. 그러나 모든 시민이 각기 스스로 생각한다면, 그들에게 일반적으로 받아들여지고 있는 지혜를 불신하도록 그리고 문제에 대한 올바른 해답이라는 관념을 거부하도록 가르친다면, 합의, 특히 올바른 합의에 이르는 것은 설사 불가능하지는 않다 하더라도 어렵게 될 것이다. 이것이 젊은 사람들 사이에 소크라테스의 활동을 비판하도록 만든, 그리고 그것이 절정에 이르렀을 때 그를 기소하고 재판하고 사형으로 이끈 강력한 이유인지 모른다.

그의 기질과 사명 그리고 신앙

활력, 정력, 생동감, 명랑, 쾌활, 원기왕성함, 인생에 대한 열정과 그것을 다른 사람들에게 전달하고자 하는 욕구, 전장에서의 용기와 기백. 이런 것들이 소크라테스의 성격의 일면을 보여주는 말이라고 할 수 있다. 그의 젊은 친구 알키비아데스는 한번 물려버리면 감각이 마비되는 시끈(전기)가오리로 그를 비유했다. 이것은 그가 대화 중에 물어뜯는다는 것이 아니라, "깊이 생각하지 않은 사고로부터 우러난 진술에 대한 성찰"을 행한다는 것이다. 그는 "검토되지 않는 삶은 살 가치가 없는 것이다(An unexamined life is a life not worth living)"라고 말했다. 그러나 그의 검토, 반대질문은 정중하고 따뜻하기까지 한 것이었다. 그와 대화를 나눈 사람은 결국 소크라테스가 그를 바보로 만들었다고 생각할지 모른다. 그러나 깊이 생각해보면 그가 대화를 통하여 어리석음에 빠졌다고 느끼지는 않을 것 같다. 소크라테스는 사람을 좋아했다. 그의 인간과 동료에 대한 사랑은 의식적인 것이 아니고 자연적 성품으로부터 우러나온 것이었다.

그는 무신론자가 아니었다. 그는 인간의 연약함과 부족함을 잘 알고 있었기 때문에 인간이 신을 대신할 수 있다고 생각하지 않았다. 소크라테스는 신을 믿었다. 그가 일생을 철학에 바쳤던 것은 바로 신을 믿었기 때문이었다. 그에게는 철학이 신의 목적을 실현하기 위한 인간의 욕망에 가깝다고 생각되었다. 그는 이것을 하도록 명받았으며, 아테네의 거리를 돌아다니면서 사람들에게 말하고, 그들에게 질문하고, 자기 자신을 성찰하는 것이 신이 자기에게 부여한 명령을 실행하는 것이라고 믿었다. 나중에 그에게 고소가 제기되었을 때 그의 혐의는 무신론이 아니라 "아테네 사람들이 믿고 있는 신들을 믿지 않는다"는 것이었다. 그것은 진실이다. 소크라테스는 특별한 의식으로 특징지어지고, 진정한 종교보다는 신화나 허구적 요소가 많은 난잡한 생활 속으로 이끌어가는 그리스의 판테온에 있는 신들을 믿지 않았다. 소크라테스가 가장 깊은 신앙심 속에 있을 때, 그는 항상 '신'이나 '그 신'을 말했지 '신들'을 말하지 않았다.[92] 그는 다신론자가 아니라 유일신론자였다.

소크라테스는 정중하고 섬세한 사람으로서, 항상 솔직하게 일반 민중 또는 상류층의 미신에 경의를 표했다. 그는 그런 것을 공격하려고 하지 않았다. 그는 민중 종교의 고유한 풍습을 존중했다. "닭 한 마리를 아스클레피우스에게 빚졌다"는 그의 유명한 마지막 말은 그런 예의 하나일 것이다. 실용적인 사람이고 경험주의자로서 그는 민중 종교는 최악의 경우에도 해롭지는 않고, 최선의 경우에는 사회에서 평화와 질서를 부여해주는 요소라고 생각했다. 그는 공적인 일에서 미신을 과감하게 추방한 페리클레스처럼 극단적이지 않았다. 그러나 그는 온건하면서도 미신이 발을 붙여서는 안 되는 경우를 분명히 알고 있었다. 군사적 결정에 점쟁이나 예언자가 끼어들어서는 안 된다고 생각했다. 전쟁에서는 점쟁이가 아니라 장군의 명령에 따라야 한다. 그러나 공적인 업무에 있어서 종교의 역할은 소크라테스의 주요 관심사가 아니었다. 그가 추구했던 것은 개별적 인간들을 도덕적으로 향상시킬 수 있도록 도와주는 일이었다. 이것은 그가 진정으로 믿는바, 신이 그에게 부여한 일생의 사명이었다. 그는 신에게 가깝게 있다고 느꼈다. 신은 '다이몬'이라는 영적인 소리를 통하여 그에게 말했다. 만약 소크라테스가 본질적으로 어떤 인격적 신에 관한 강한 의식, 즉 유일신론자라고 한다 해도, 그는 히브리인들이 믿는 것과 같은 전능한 신을 믿지 않았다. 그리스인들은 일반적으로 신의 능력에 한계를 부여했다. 그들은 신과 인간들 사이의 간격을 좁혔고, 인간의 신격화(apotheosis)에 의해서 양자를 연결시킬 수 있었다. 영웅적 인간들은 신들과 같이 행동하기도 했고, 신들이 시기 · 질투 · 잔인성 같은 감정을 노출시킴으로써 인간들처럼 행동하기도 했다. 소크라테스는 이와 같은 터무니없는 생각은 가지지 않았다.

그는 라이프니츠가 신의 속성이라고 생각했던, 악에 대하여 정의 · 성스러움 같은 것을 옹호하는 신정론(神正論: theodicy)적인 이론을 가지고 있었다. 신은 인간에 대하여 정당한 일을 하지만 전능한 것은 아니다. "신은 좋은 것의 원인이지만 모든 것의 원인은 될 수 없다. 그것은 악한 것의 원인은 아니다."[93] 그는 이렇게 말하면서 그리스 사람들이 소중하게 생각하는 많은 사건들과 가치들을 부정했다. 그는 선악의 2원론이나 마니교의 사상을 받아들이지 않았다. 그는 악의 문제는 미해결인 채로 놓아두고 선의 문제에만 집중했다. 좋은 삶과 어떻게 그것을 얻을 수 있는가 하는 것이 소크라테스의 관심사였다. 좋은 삶을 사는 것이 인간이 사는 동안 어느 정도의 만족을 얻을 수 있고, 영원 속에서 행복을 얻는 길이라고 믿었다.

정의와 도덕에 대한 인식과 의지

소크라테스는 인간성에 대한 낙관적인 태도를 가지고 있었다. 많은 사람들은 잘살고 싶어 하고, 비행은 보통 무지나 그릇된 가르침의 결과라고 그는 믿었다. 사람들이 일단 진실을 알게 되면, 그의 본능은 옳은 것을 하고자 할 것이다. 그러므로 지식은 직접적으로 덕으로 나아가게 된다. 이것은 교육의 중요성을 밑받침한다. 그는 '검사 기법(examination technique)'이라는 독특한 교육방법을 구사했는데, 이것은 각 사람에게 그가 생각하고 있는 것보다 훨씬 적은 지식을 가지고 있다는 것을 가르치며, 따라서 더 많은 지식을 가지도록 용기를 주기 위해서 고안된 것이다.

사람들이 세상을 살아가는 데, 그리고 잘 살아가기 위해서 꼭 가져야 할 지식은 '정의(正義: justice)'다. 그리스 사람들은 정의를 좋아한다. 그러나 정의가 무엇인지를 아는 사람은 매우 적다. 더 곤란한 것은 많은 사람들이 생각하는 정의가 사실은 소크라테스가 보기에는 그 반대라는 것이다. 그러나 이것은 오늘날에도 흔히 볼 수 있는 현상이며, 아직도 여전히 해결되지 않은 문제이다.

소크라테스는 추상적 의미의 정의에 대하여는 관심을 갖지 않았다. 그가 관심을 가지고 있었던 것은 항상 실제적 행동이었다. 그리고 그가 재삼재사 분명히 하고자 했던 것은, 정당하게 행동한다는 것은 다른 어떤 고려사항보다도 우선한다는 것이었다. 의롭지 않게 행동하기보다는 차라리 어떤 고통, 심지어는 죽음까지도 감내하는 것이 낫다. 그는 『변명』에서 말한다. "인간이 어떤 가치가 있다면, 그는 의롭지 않게 행동하기보다는 차라리 어떤 고려사항에도—죽음조차도—가치를 두려고 하지 않는 것이다." 사람이 행동할 때 가장 중요한 것은 '그의 행동이 의로운가? 의롭지 못한가?', '선인의 행위인가? 악인의 행위인가?'이다. 이소크라테스는 소크라테스의 정의로운 행동의 최고성에 대한 이러한 관념을 두 세대 후에 이렇게 표현했다. "정의를 위반하여 얻은 승리는 도덕적으로 정당하게 패배하는 것보다 더 비열하다."

당시의 그리스인들의 정의에 대한 공통적인 생각은 대부분 이기심의 형태를 띠고 있었다. "바른 사람(just man)이란 어떤 사람인가?"라고 물으면, 그리스 사람들은 이렇게 대답할 것이다. "친구들에게는 좋은 일을 하고, 적에게는 나쁜 일을 하는 사람"이라고. 그러나 소크라테스는 이렇게 대답할 것이다. "바른 사람은 분명히 친구들에게 좋은 일을 하는 사람이다. 그러나 그는 또한 그에게 해를 끼치는 사람에게도 악을 행하지는 않는다." 소크라테스는 『크리톤』에서 "어떤 경우를 막론하고 부정을 하는 것은 옳지 않고, 또 부정으로 갚는 것도 옳지 않으며, 남이 나에게 해악을 끼쳤을 때, 그 보복으로 악을 행하면서까지 자기를 방위하는 것도 옳지 못하다"고 말한다.[94] 소크라테스가 어떠한 외관이나 상황에서도 도덕적 상대주의에 등을 돌리고, 도덕적 절대주의(moral absolutism)를 확고하게 견지한 것은 바로 이와 같은 생각 때문이었다. 이러한 원칙은 소크라테스를 다른 역사적 도덕적 분수령으로 건너가도록 만들었다. 그는 당시 그리스인들의 의식 속에 깊이 뿌리박혀 있었던 복수의 법칙을 절대적으로 거부했다. 당시에 복수의 법칙은 그리스만의 독특한 제도는 아니었고, 야만과 종족주의로부터 발생하는 모든 사회의 관습이었다. 그리스의 시인 헤시오드의 시대에 해당하는 기원전 700년경에 성립된 탈출기(21: 23-25)에는 이런 구절이 있다. "사람들이 서로 싸우다 임신한 여자와 부딪쳤을 경우, 그 여자가 유산만 하고 다른 해가 없으면, 가해자는 그 여자의 남편이 요구하는 대로 벌금형을 받아야 한다. (…) 그러나 다른 해가 뒤따르게 되면, 목숨은 목숨으로 갚아야 하고, 눈은 눈으로, 이는 이로, 손은 손으로, 발은 발로, 화상은 화상으로, 멍은 멍으로 갚아야 한다." 헤시오드는 이보다 더 가혹한 보복을 요구한다. "어떤 적이 말이나 행위로 너에게 해로운 일을 한다면, 너는 그에게 두 배로 갚아주어야 한다." 이것은 '눈에는 눈으로' 오직 한 번만 탈리오(talio: 동해보복)를 허용한 것보다 더 복수심이 강한 것이다. 소크라테스는 이것은 옳지 않다고 생각했다.

소크라테스는 복수의 이론과 실천에 대하여 전적으로 등을 돌렸다. 『크리톤』에서의 그의 주장은 대체로 다음과 같이 요약될 수 있다. 우리는 부정의를 행해서는 안 된다. 그러므로 우리는 부정의를 되돌려주어서도 안 된다. 우리는 어떤 사람에게 악을 행해서는 안 된다. 그러므로 악에 대하여 악을 되돌려주어서는 안 된다. 요컨대 인간에게 악을 행한다는 것은 부정하게 행동하는 것과 다르지 않다는 것이다. 소크라테스는 그리스의 도덕과 정의를 부정한다는 것의 중대한 성격을 잘 알고 있었다. "이 원칙을 믿거나 믿으려 하는 자는 적다. 그리고 그것을 믿는 자와 믿지 않는 자 사이에는 공통적인 이해의 기반이라는 것이 있을 수 없다. 각자는 다른 자에 대하여 경멸감을 느낀다."라고 그는 말했다.

기원전 427년, 전쟁과 정치의 현실세계에서 가장 놀라운 방식으로 이 문제가 제기되었다. 페리클레스가 역병으로 죽은 후 동지중해의 도시국가들은 아테네가 흔들리고 있다는 것을 알아차리고 동요하기 시작했다. 레스보스 섬의 첫 번째 도시국가인 미틸레네가 반란을 일으켰고, 아테네 군대는 이 반란을 진압했다. 아테네 의회에서 이 문제의 사후처리에 대하여 논의가 이루어졌다. 선동가 클레온에 의하여 군 지휘관에게 미틸레네에 있는 모든 남자들을 처형하고, 모든 여자와 어린이를 노예로 팔아버리라는 명령이 떨어졌다. 클레온은 즉시 배를 띄워 장군들에게 그 명령을 시행하도록 전령을 보냈지만, 온건파들 사이에 열띤 토론을 한 끝에 다음 날 그 결정은 번복되었다. 온건파들—그 가운데는 아마도 소크라테스도 끼어 있었을 것이다—의 리더인 디오도투스는 미틸레네에서 반역을 시도한 자들은 과두파 지도자(oligarch)들이었고, 민중들은 아니었으며, 과두파들이 죄가 있을지언정 민중들은 죄가 없으며, 파멸시켜서는 안 되는 사람들을 파멸시키는 것보다는 우리 스스로 고통을 당하는 것이 낫다고 의회를 설득했다.[95] 결국 의회의 결정은 번복되었고, 즉시 빠른 갤리선을 띄워 앞의 명령을 취소하는 전령을 보냈다. 그리하여 다행히 아테네의 명예와 미틸레네의 무고한 인명을 구할 수 있었다.

이것은 소크라테스의 철학적 생애에 있어서 가장 중요한 사건이었고, 그가 현실정치에 진정한 정의의 이름으로 영향을 끼친 중대한 사건이었다. 소크라테스가 주장했던 것은 매우 비타협적인 것이었다. 그것은 가장 엄격한 의미의 도덕적 절대주의였다. 그는 사실상 이런 이야기를 하고 있는 것이다. 만약 당신이 어떤 사람에게, 또는 많은 사람에게 무엇인가 잘못을 저지른다면 그것은 그 자체로 나쁜 것이며, 당신에게도 매우 나쁜 것이기 때문에, 그것이 가져다주는 어떤 좋은 점도 당신이 행한 악을 보상해줄 수 없다. 그것은 승리를 얻을 수도 있고 또는 전쟁을 이길 수도 있을 것이다. 그것은 당신이 가치 있다고 생각하는 것—즐거움, 안락함, 안전, 장수 등—을 당신에게 가져다줄 수 있을 것이다. 그것은 당신이 사랑하는 사람들—가족들, 친구들—의 동의를 얻을 수 있을 것이다. 그것은 당신이 생각하기에 그들과 당신 자신의 보전을 위하여 필요한 것일 지도 모른다. 그러나 그것이 잘못이라면 당신은 그것을 해서는 안 된다. 그것이 전 세계를 얻을 수 있는 것이라 할지라도. 당신이 타인에게 해악을 끼침으로써만 그것을 보존할 수 있다면 당신의 삶 자체가 살 만한 가치가 없을 것이다.

이것은 지키기 어려운 가르침이다. 설사 그것을 원리적으로 받아들인다고 하더라도 인류 역사는 그것이 따르기 어려운 이론이라는 것을 보여주고 있다. 사실 소크라테스는 복수, 복구 등 그것을 어떻게 표현하든 그런 것은 잘못(악)이며, 결코 받아들이거나 옹호되어서는 안 된다는 도덕적 원칙을 파악하고 인정한 유일한 그리스인이었다. 그는 그 원칙을 분명하게 표현하고, 세상의 일반적인 견해에 반하여(contra mundum) 그것을 주장한 최초의 사람이었다. 소크라테스가 발견하고 규정한 이 새로운 도덕법은 인간의 법에 대립하는 신의 법이라고 해야 할지 모른다. 그것은 인간과 국가—그 형태가 무엇이든—에 의하여 무수히 파괴되어왔다. 그러나 그때마다 '이렇게 해도 되는가?' 또는 '이것이 정당한가?' 하는 끊임없는 의문과 토론이 발생하는 것은 인류의 양심에 대한 소크라테스의 계시와 계몽에 힘입고 있다고 할 수 있다.

소크라테스 말년의 아테네 상황:
시켈리아 원정의 실패와 아르기누사이의 쓰라린 승리

페리클레스 시대의 고양되고 빛났던 세월은 다시 회복되지 못했다. 페리클레스 자신과 그 가족의 대부분을 죽음으로 몰아넣었던 역병은 아테네인들의 오만에 대한 심판인 것처럼 보였다. 그것은 아테네의 더할 나위 없는 자존심을 파괴했다. 그것은 엘리트 계급, 그중에서도 가장 유능한 사람들을 많이 죽였다. 그것은 전투에서의 손상을 보충하기 어려울 정도로 육군과 해군력에 심각한 타격을 입혔다. 아테네 인구의 괄목할 만한 성장의 시기는 끝났다. 흑사병은 아테네의 인구를 4분의 1로 감소시켰다. 소크라테스의 생애 동안에 그것을 회복할 기미는 거의 보이지 않았다. 왕성한 정력과 비전을 가지고 펠로폰네소스 전쟁(431~404 BC)을 성공적으로 수행할 끈기를 가진, 페리클레스를 대신할 지도자는 발견되지 않았다.

그를 이어 클레온이 등장했다. 그는 기원전 422년에 트라스(Thrase)를 침공했지만 패배했고, 암피폴리스에서 살해당했다. 그다음에 소크라테스의 친구이자 숭배자였던 알키비아데스가 권력을 잡았다. 기원전 416~415년 사이에 그는 스파르타의 중요한 동맹국인 시라큐즈를 정복하기 위하여 시켈리아에 육군과 해군을 보내는 거대한 원정계획을 세웠다. 그 계획은 온건파인 니키아스의 반대에 부딪혔지만, 결국 채택되었고 니키아스와 알키비아데스가 공동으로 원정군의 지휘를 맡게 되었다. 소크라테스는 이 계획을 불안한 눈으로 바라보고 있었다. 그는 스파르타와 끝까지 싸우는 것은 현명하지 못할 뿐 아니라 자살행위라고 생각했다. 두 사람이 다 소크라테스의 친구라는 것이 그의 입장을 어렵게 만들었다.

전쟁 중에 알키비아데스는 엘레우시스 제의(Eleusinian Mysteries)

를 더럽혔다는 이유로 소환되었다. 유죄판결과 처형이 두려워서 그는 아테네를 버리고 스파르타에 귀순하여 자기가 계획하고 지휘한 원정대를 파괴하는 일에 협조했다. 그는 또 스파르타와도 불화를 일으켜서, 다시 페르시아 측에 붙었으며, 이들 사이를 오락가락하다가 기원전 404년에 프리기아에서 살해당했다. 그는 끝까지 소크라테스와의 관계나 그에 대한 존경심을 부인하지 않았다. 그러나 조국의 배반자로 낙인찍힌 자와 가까운 관계라는 것은 60대 중반의 노철학자에게 중대한 위험이 되었다. 니키아스는 재능이 없고 우유부단한 장군이었다. 그는 철군하고 싶었지만 점쟁이의 말을 듣고 망설이다가 적의 공격을 받았다. 시켈리아 원정대는 결국 참패했고, 병사들은 아시나로스강과 시라큐즈 외곽의 채석장에서 살해되거나 굶어 죽었다. 니키아스와 그 지휘관들도 처형되었다. 투키디데스는 이 전쟁을 '헬라스 역사 전체에서 가장 커다란 사건'이라고 명명했으며, 아테네는 여기에서 5만 명 가까운 동맹군과 216척의 삼단노선을 잃었다.[96]

기원전 406년 아테네의 함대는 레스보스 섬과 소아시아 대륙 사이의 전투에서 승리했다. '아르기누사이의 승리'라고 일컬어진다. 스파르타의 함대는 전멸했고, 아테네는 25척의 배와 4천 명의 병사를 잃었다. 이것은 전략적으로 중요한 승리였지만, 아테네인들은 그 공적을 과소평가했다. 전투가 벌어질 때 바다에 거센 폭풍과 악천후가 밀려와 장군들은 사상자들을 제대로 수습할 수가 없었다. 폭풍이 계속되어 장군들은 잔해를 수습하지 못한 채 귀국길에 오를 수밖에 없었다. 그래도 그들은 승리했기 때문에 민중들의 환영을 받으리라고 기대했다. 그러나 민중들은 승전을 축하해주는 대신 병사들의 생명을 구하지 못한 데 대하여 지휘관들의 과실을 기소했다. 기소와 재판은 격렬한 것이었고, 두 가지 점에서 정상을 벗어난 것이었다. 첫째는 평결이 선서를 한 배심원들에 의해서 내려진 것이 아니고, 민회에서 시민들에 의한 단순한 투표에 의하여 행해졌다. 둘째로 재판이 8명의 피고인에 대하여 개별적으로 심리되지 않고, 민회에서의 한 번의 투표에 의하여 집단적으로 행해졌다. 이것은 전례 없는 일이었고, 아테네 사법제도의 기본원리에 반하는 불법적인 일이었다.

소크라테스는 이 문제로 많은 사건에 개입했다. 그는 평생 정치에 관여하려고 하지 않았지만, 이번만은 태도를 바꾼 것 같았다. 그는 민회의 의제를 결정하는 집행위원회(prytanes or committee of procedure)에 참여했다. 소크라테스는 이 위원회에서 그 재판 절차의 위법성과 위헌성을 다투었다. 그러나 죽은 병사들의 가족에 의하여 형성되고, 군중의 지지를 받는 정치인들이 위원회의 위원들을 기소하고 처형하겠다고 겁박하여 그들은 하나둘씩 입장을 바꾸기 시작했다. 결국 소크라테스 혼자만이 원래의 의견을 고수하게 되었다. 이것은 용기를 요하는 일이고 위험한 일이지만, 어쨌든 여기에서 살아남을 수 있었다는 것만도 다행이었다. 모든 지휘관들은 일괄적으로 유죄판결을 받고, 그중 6명이 바로 처형되었다. 좌우간 국가의 존망이 걸린 전투에서 승리한 장군들을 죽여야 하는 이 비극은 분명 아테네의 미래를 들여다볼 수 있는 어두운 창이 되었다. 이것은 또한 이러한 불법의 와중에서 유일하게 법치주의를 떠받치고 있었던 소크라테스의 운명을 들여다볼 수 있는 어두운 전조라고 할 수 있었다.

민주정의 종언과 소크라테스의 기소

스파르타의 유능한 지휘관인 리산데르가 기원전 405년 아에고스 포타미에서 아테네의 남아 있는 해군을 격파했다. 그리고 피레우스 항구를 봉쇄하고, 404년 아테네를 항복시켰다. 그는 아테네의 식민지와 동맹국들을 접수하고, 아테네의 민주적 헌정을 정지시키고, 거기에 과두정적 귀족들의 혁명위원회(junta)를 대치했다. 플라톤의 어머니의 사촌이고, 소크라테스도 잘 알고 있는 크리티아스가 혁명위원회의 지도자가 되었다. 그는 좀 더 온건한 반민주파인 테라메네스와 제휴하여 아크로폴리스를 점령하고 있는 리산데르의 지원을 받았다. 리산데르는 민회가 기존 헌법을 정지하고, 새로운 헌법을 제정할 것과 도시를 통치할 30인 독재자 단체를 지명할 것을 강요했다. 크리티아스를 우두머리로 한 30인이 독재적 권력을 장악했다. 그들은 그들의 지배하에 있는 새로운 집행부를 구성하고, 피레우스를 지배할 10인 위원회를 설치하고, 민주파들을 모든 공직에서 제거하고, 그들의 적들에 대한 공포정치를 시작했다. 테라메네스는 그 정권에 정통성을 부여할 수 있도록 새로운 민회를 구성할 것을 요구하고 3천 명의 시민명부를 작성했다. 결국 크리티아스는 1,500명의 다른 정적들과 함께 테라메네스까지도 처형했다. 다른 사람들은 추방되거나 도피했다.

소크라테스는 이런 상황을 불길하게 생각하고 있었지만, 불행하게도 크리티아스는 그의 제자였고, 그의 주협력자였던 카르미데스는 플라톤의 외숙이었다. 소크라테스는 30인회에 소환되어, 젊은이들과의 대화를 즉시 그만둘 것을 요구받았다. 그는 거절했다. 크리티아스는 그를 처형할 수도 있었지만, 그는 소크라테스를 그들의 정부에 끌어들여 협력자로 만들고 싶어 했다. 소크라테스는 그들에게 협조하지 않았다. 그는 아테네를 탈출할 수도 있었지만, 그렇게 하지 않았다. 그해 말에 크리티아스는 피레우스의 한 전투에서 죽었다. 그의 동료들도 실각하고, 권력은 민주파들과 협상하는 온건파들에게 넘어갔다. 민주체제는 기원전 403년 여름에 회복되었다. 독재자들 중 남은 자들은 엘레우시스로 도피했고, 3년 후에 거기에서 모두 살해되었다.

그리스 역사에 있어서 이 참담한 시기는 막을 내렸지만, 그것은 소크라테스의 인생에 깊은 영향을 미쳤다. 아테네의 실패와 굴욕의 시기에 역할을 했던 알키비아데스, 크리티아스, 카르미데스. 이 세 사람의 정치인들과 가까운 관계에 있었던 소크라테스가 그 비난의 상당한 부분을 함께 받아야 했다는 것은 불행한 일이다. 이제 이 세 사람은 죽었다. 그러나 엄격하게 말한다면 아테네 법의 적정한 절차에 따라서 처벌받은 것은 아니다. 30인 독재체제 하에서 죽은 1,500여 명의 가족과 지지자들은 복수의 원한으로 들끓고 있었다. 이 때문에 희생양으로 선택된 사람이 소크라테스가 아니었을까?

아테네가 펠로폰네소스 전쟁에서 패하여 스파르타의 괴뢰정부인 30인 과두독재정권이 들어섰지만, 그 체제는 불과 8개월 동안 지탱되었다. 민주파들은 피레우스에 근거지를 두고 저항을 계속했으며, 결국 스파르타의 섭정가들은 과두정권을 버리고 민주파들과 타협하게 되었다. 그리하여 민주주의가 회복되고 소크라테스는 민주체제에서 기소되었다.[97]

민주파들이 권력을 장악했을 때 그들이 취했던 첫 번째 조치는 30인 독재와 스파르타의 지배하에서 혼란 속에 빠졌던 전체적인 법체계를 수정하고 개혁하는 것이었다. 이 작업은 기원전 400년까지도 끝나지 않았다. 살해된 희생자들의 가족에 의하여, 그들이 빼앗긴 재산의 회복을 위하여 제기된 사적 소송이 법원에 쇄도했다. 아테네에는 소크라테스를 처벌하거나 적어도 아테네를 떠나도록 만드는 것이 그들의 도덕적 의무라고 생각하는 사람들이 있었다. 그들 중에 부유한 민주파인 아니투스가 있었다. 그는 소크라테스를 소피스트라고 생각했다. 아마도 그의 이러한 생각은 아리스토파네스가 『구름』에서 소크라테스를 소피스트로 형상화한 것과 연관이 있을 것이다. 악의적인 허위의 풍자작품이 얼마나 인간에게 위험한 영향을 끼칠 수 있는가를 보여주는 좋은 예다. 그는 기원전 409년에 장군으로 지명되었지만, 필로스를 지키는 데 실패했다. 기소당할 위험에 처했지만 뇌물을 써서 모면했다.

아니투스는 젊은 멜레투스를 사주하여 공식적인 기소자로 나서게 하였다. 그는 종교적 광신자였고, 유명인사를 '불경죄'로 고발하는 것을 좋아하였다. 그는 알키비아데스의 동료인 안도키데스를 기소하는 데도 관여하였다. 직업적 웅변가로 알려진 리콘이라는 세 번째 사람이 이 팀에 가담하였다. 이 세 사람은 세상에 알려지지 않은 보잘것없는 집단이었다. 법원 기록의 필사자였던 디오게네스 라에르티우스는 다음과 같은 기록을 남겼다.

"피투스 구의 멜레투스는 알로페케 구의 소프로니쿠스의 아들 소크라테스를 다음과 같이 엄숙히 기소합니다. 소크라테스는 첫째로 국가가 숭배하는 신들을 숭배하지 않고 새롭고 낯선 종교적 관습을 도입했으며, 둘째로 젊은이들을 부패시켰다는 이유로 유죄입니다. 기소자는 사형을 요구합니다."

이 기소의 직접적인 이유는 무엇이었을까? 그것은 소크라테스의 친 스파르타적 성향 또는 30인 독재에 관여한 사람들과의 개인적인 친분 등이 소크라테스를 기소한 진짜 이유인지 모른다. 그러나 여기의 기소내용에는 그것이 빠져 있다. 그것은 과두체제에서 민주체제로 회복되는 과정에서 이 짧은 기간 동안에 자행되었던 모든 정치적 범죄에 대한 특별사면이 이루어졌기 때문이다. 이 대사면령은 기원전 404년에서 403년까지의 독재체제에서 벌어진 사건에 대하여 고소하지 못하도록 했다. 그것은 아마도 내전의 상처를 치유하기 위한 30인 독재체제의 협조자들과 민주파들 사이의 타협의 산물일 것이다. 그리하여 소크라테스에 대한 아테네인들의 정치적 반감은 신에 대한 불경죄와 젊은이들을 오도했다는 개인적 일탈로 대치되었다.[98]

이러한 기소는 우리가 판단하기에는 지나치다고 생각되지만, 기원전 5세기의 아테네에서는 드믄 일이 아니었다. 전쟁이나 정치 또는 사업에서 뛰어난 업적을 이룬 매우 소수의 사람들도 이와 같은 법의 연루를 피하지 못했다. 아테네 민주정의 창시자라고 생각되는 클레이스테네스는 그의 정적인 이사고라스에 의하여 기소되고 추방되었다. 아테네의 정치인과 장군으로서 큰 성공을 거두었던 키몬도 4년 동안 도편추방 되었다. 페리클레스도 횡령과 사기로 기소되고 재판을 받았다. 델로스 동맹의 건설자인 아리스테스는 기원전 483년에 추방되었다. 테미스토클레스는 471년에 도편추방 되었다. 건축가 피디아스는 불경죄와 파르테논 신전의 상아를 훔쳤다는 죄목으로 기소되고, 감옥에서 죽었다. 아낙사고라스는 불경죄로 기소되어 람페두사로 도피했다. 프로타고라스는 두 번이나 정치적 기소의 위험에 처했다. 극작가 소포클레스와 에우리피데스, 아스파시아와 그의 아들 페리클레스, 정치가 에피알테스, 데마고그 클레온, 크리티아스, 알키비아데스 등도 기소되었다. 기원전 322년에 엘레우시스 사제들이 아리스토텔레스를 불경죄로 고소했다. 아리스토텔레스는 목숨을 부지하기 위해서 자발적인 추방의 길을 택하면서 "아테네인들이 철학에 대하여 두 번째의 범죄를 저지르지 않기를 바란다"는 뼈아픈 말을 남겼다. 물론 첫 번째의 범죄는 소크라테스에 대한 기소와 재판 그리고 사형이었다.

소크라테스의 재판과 죽음은 고대사의 커다란 정치적 · 도덕적 사건이다. 그러나 우리가 가지고 있는 정보가 얼마나 진실에 접근하고 있는가는 그렇게 만족스럽지 못하다. 다만 우리는 플라톤의 몇 개의 대화편을 통하여 그 사건의 전말을 그려볼 수 있을 뿐이다.

첫 번째 대화편은 『에우튀프론』이다. 이것은 소크라테스가 불경죄로 기소되었다는 사실을 알고, 무엇이 신에 대한 불경인가에 대하여 이야기하는 것이다. 신을 공경한다는 것은 신들을 기쁘게 하기 위하여 희생을 바치는 것인가? 소크라테스는 본성상 그리고 이성적으로 유일신론자였다. 그는 아마도 인간은 진실로 전능한 신에게 지상에서의 순수하고 유덕한 삶을 바침으로써 그를 기쁘게 할 수 있으며, 그것이야말로 육체적 쾌락이나 온갖 방종을 떠나서 신에게 바칠 수 있는 유일한 희생이라고 주장했을 것이다. 그러나 이러한 주장은 그의 법적 반대자들의 적의를 불러일으켰을 뿐이다. 다음은 『소크라테스의 변명』으로 플라톤이 참석해서 본 소크라테스 재판에 관한 사실적 기록이다. 세 번째는 『크리톤』으로, 감옥에서 그의 친구 크리톤이 소크라테스에게 탈옥하여 잠시 외국에 망명할 것을 권유하지만, 소크라테스가 그것을 거부하는 내용이다. 마지막으로 『파이돈』은 소크라테스가 독배를 드는 마지막 시간에 영혼의 불멸과 죽음의 성격에 대하여 논하는 것이다.

소크라테스의 재판

이 재판은 기원전 399년의 늦은 봄 아니면 초여름에 열렸다. 아테네에 스파르타의 점령에 의하여 만들어진 매국적 정부인 30인 독재의 잔인하고 피비린내 나는 사건들의 여파가 아직도 가라앉지 않은 때였다. 이 흉포한 체제하에서 살해된 1,500명의 저명한 시민들은 아테네 전체 남자 시민들의 상당한 부분이었고, 더구나 공적 생활을 적극적으로 하는 사람들이 높은 비중을 이루고 있었다. 재판이 열리고 있었던 그 시간은 민주주의와 법의 지배가 3년 동안 회복되고 있었던 시기였으며, 법원은 재산의 몰수나 시민권의 상실을 포함하는 30인 체제하에서의 엄혹한 사건으로 발생한 소송으로 넘쳐났다. 이런 사건들에 비하면 소크라테스의 문제는 사소한 사건일 수도 있다. 공적 기소제도가 있었다면 이런 사건은 문제 삼지 않을 수도 있었을 것이다. 그러나 아테네에는 공적 기소와 사적 소송을 달리 취급하는 제도가 없었다. 소크라테스 또한 아테네의 법에 충실히 따르겠다는 생각을 가지고 있었다. 아테네에 대한 그의 사랑은 한이 없었다. 그가 거리를 자유롭게 걷고, 사람들과 자유롭게 이야기하고 논쟁할 수 있는, 자유인으로서의 특권에 부여한 가치는 그의 삶과 모든 활동의 원천이었다. 그는 그것 없이는 살 수 없었다. 그러므로 결코 외국으로 도피한다는 생각을 하지 않았다. 그에게 있어서 아테네는 삶 그 자체였다. 소크라테스는 이 재판을 아테네의 법과 민주주의의 완전히 합당한 표현으로 받아들였다. 많은 사람들이 그가 외국으로 망명하지 않을까 생각했지만, 그는 그런 생각을 갖지 않았다. 그는 법에 대하여 학식이 있는 사람과 상의하지 않았다. 어떠한 사람도 자기를 변호해주도록 끌어들이지 않았다. 그는 참된 겸손(genuine humility)과 완고한 자부심(obstinate pride)의 신기

한 혼합이었다.[99]

그는 지식이나 덕에 관하여 자신의 우위를 주장하지 않았다. 다만 정의를 믿고, 자기 자신에게 불공정하게 되지 않으려고 했다. 그는 사람들을 시험하고 개선시키려는 사명을 신으로부터 부여받았다고 믿었다. 지상의 어떤 권력도, 그의 자유나 생명을 빼앗으려는 어떤 위협도 신이 지시한 목표를 추구하지 못하도록 그를 비켜가게 할 수 없었다.

이 재판의 상황은 그에게 유리하지 않았다. 그는 야외에서, 다수의 관중들이 참석한 자리에서 500명의 배심원에게 자기의 입장을 변호해야 했다. 우리는 2,500년 전 15만 명 정도 되는 시골의 도시에서 압도적으로 편향되어 있는 문화적 정치적 관념과 좁은 세계관을 갖고 있던 사람들 속으로 들어가 봐야 한다. 대부분의 아테네 사람들은 소크라테스라는 사람의 이야기를 들었을 것이다. 그는 열심히 돌아다니면서 말하고, 지혜로운 사람이라고 알려져 있었다. 그들은 그가 왜 신발도 신지 않고, 넝마 같은 옷을 입고 다니면서 그렇게 살았는가를 새삼스럽게 생각해보았을 것이다.

"과연 그는 지혜로운 사람이었는가?"

소크라테스의 변론의 중점은 그에 대하여 편견을 가지고 있는 사람들에 대하여 설득을 하려거나, 그에 대하여 무관심한 사람들에 대하여 동정을 사려는 것이 아니었다. 그의 가장 강력한 언설의 힘인 완곡하고 끈질긴 어법은 청중들에게 먹혀들지 않았다. 그의 습관적인 반어법(아이러니)은 결정적인 핸디캡이었다. 그의 최선의 전략은 첫째로 그가 아테네 종교의 외적 형태를 준수했다는 것을 증언하고, 둘째로 유덕한 시민의 자격에 대한 강한 애정을 갖도록 사람들을 가르쳤다고 그의 무죄를 증언하는 증인들을 데려

오는 것이었을 게다. 이것은 어려운 일이 아니었다. 그러나 그는 그렇게 하지 않았다. 그것은 지난 50년 동안 그가 인생에서 추구해 왔던 원칙에 반하는 것이었다. 그는 종교의 외면적 의식에 대해서는 조금도 관심이 없었고, 그 내면적 내용에 대해서만 관심이 있었다. 그는 젊은이나 늙은이를 시민의 덕성이나 그 밖의 어떤 것에 관하여 결코 가르치려고 하지 않았다. 그의 목적은 사람들을 가르치려는 것이 아니라 그의 관찰방법(examining method)에 의하여 사람들이 스스로 생각할 수 있도록 도우려는 것이었다. 아테네의 우둔한 대중인 배심원들에게 그가 하고자 했던 것을 설명하려는 소크라테스의 시도는 두 가지 점에서 위험했다.

첫째로 그들에게 신으로부터 듣는다는 그 내면의 목소리에 대하여 설명하는 일이었다. 그 신은 소크라테스에게 그가 이해하는 것과 같은 철학적 사유를 하기를 명했다. 이것은 그것 자체로 그가 무신론자가 아니라는 충분한 증거였다. 그는 멜레투스에 대한 반대신문에서 그 젊은 광신자가 그를 무신론자라고 기소했다는 것을 상기시켰다. 이 부분은 어느 정도 논박되었다. 그러나 배심원들은 이 점에 대하여 별 관심이 없었다. 그들에게 중요했던 것은—소크라테스에게는 불리하게—그가 어떤 특별한 신적 명령에 의하여 인도받았다는 주장이었다. 그런 경험을 갖지 못한 보통사람들은 신성에 대한 사적인 접근방법을 갖고 있다고 주장하는 사람들을 좋아하지 않는다. 그들은 거기에서 주제넘음과 오만의 냄새를 맡는다. 만약 소크라테스가 그의 변론에서 이야기한 것처럼, 이 특별한 신의 목소리가 시민들이 믿고 있는 통상적인 신들보다도 우월한 명령을 그에게 주었다고 한다면, 그러한 사람은 틀림없이 공공의 귀찮은 존재가 되기 십상일 것이라고 그들은 느꼈다. 여기에서 소크라테스가 그의 새로운 신을 아테네의 전통적인 신들에 대치시키려고 했다는 기소의 내용을 확인하는 것처럼 보인다.

둘째로 더 나쁜 것은 그가 아테네에서 소크라테스보다 더 현명한 사람은 없다고 선언한 델피의 여신관 이야기를 다시 꺼냈다는 것이다. 배심원들 가운데는 그런 이야기를 들은 사람도 있었고 듣지 못한 사람도 있었겠지만, 그들 모두는 재판과정에서 그런 이야기를 꺼낸다는 사실에 충격을 받았고 또다시 오만함을 느꼈을 것이다. 플라톤을 통하여 소크라테스 사상의 전 과정을 이해하고 있는 사람들에게는 그 말이 반어법으로 받아들여졌겠지만, 대부분의 청중들은 그가 단지 자신을 칭찬하는 어떤 비뚤어진 방법을 찾고 있다고 생각했다.[100]

무분별한 아테네인들의 표적 또는 희생양?

소크라테스의 이러한 변명을 듣고 그의 친구들은 아마도 질겁했을 것이다. 그는 그의 솔직함과 위험한 반어법으로 그의 적들을 유리하게 만들어주었다. 그러나 그를 유죄평결로 내몰았던 것은 그의 방어방법의 부적절함이 아니라 그의 교우관계였다. 기원전 399년에 아테네인들이 제일 증오하는 이름은 알키비아데스와 크리티아스였다. 알키비아데스는 부자이고 잘생기고 유능한 사람이었지만, 무모하고 자만심이 강한 사람이었다. 그는 아테네에 미증유의 군사적 재난을 불러일으켰다. 또 사악하고 유치한 방법으로 아테네인들의 가장 성스러운 종교의식인 엘레우시스 제전을 모독했다. 그리고 스파르타로 도피하여 반역자가 되었다. 한때 용서받고 장군의 지위를 회복하여 성공을 거두기도 했지만, 또다시 실패하여 페르시아로 도주했다가 살해되었다.

기원전 460년에 태어난 크리티아스는 알키비아데스보다 10년 연상이었고, 반종교적이고 정치적인 행보에서 그의 추종자이고 협력자였다. 알키비아데스가 기질상 민주주의자이고 포퓰리스트인 반면, 크리티아스는 귀족주의자와의 유대가 깊은 엘리티스트였다. 기원전 404년 펠로폰네소스 전쟁에서 아테네가 스파르타에 항복했을 때, 그는 친스파르타 30인 독재의 열렬한 지지자였고, 그들의 폭정에서 현저한 역할을 수행했다. 크세노폰의 말에 의하면 그는 그 극단주의 그룹의 리더였다. 그는 403년 봄의 민주주의자들과의 싸움에서 살해당했다. 그들은 모두 죽었다. 그래서 아테네인들은 그들에게 복수할 수 없었다. 더구나 그들 두 사람, 특히 크리티아스의 협조자들 중 살아 있는 자들은 아테네의 상처를 치유하고 산산조각 난 정치적 통합을 회복하기 위한 목적으로 아니투스와 다른 온건한 민주주의자들이 403년에 발의해서 통과시킨 사면법에 의하여 보호를 받았다. 그리하여 아테네인들은 크리티아스와 알키비아데스의 범죄에 대하여 복수할, 사면법이 적용되지 않는 다른 적절한 희생양이 필요하게 되었다.[101] 아니투스는 그의 친구들로부터 소크라테스를 공격하기 위한 지원을 받았다.

소크라테스는 404~403년의 사건에 관여하지 않았다. 그렇기 때문에 사면법의 적용대상이 아니었다. 그가 한 일은 그보다 훨씬 전에 두 사람에게 경건하지 못하고 비도덕적인 행동을 하도록 가르쳤다는 것이고, 결국은 반역과 대량학살의 열매를 맺는 악의 씨앗을 뿌렸다는 것이었다. 직접적으로 소크라테스의 기소를 불러일으킨 것은 이와 같은 아테네인들의 정치적 분위기와 사고방식이었다. 이 두 사람이 일반적인 의미에서 소크라테스의 제자였는가는 의문이지만, 그들이 때때로 그와 친밀하게 지냈다는 것은 사실이다.

알키비아데스는 공공연히 소크라테스를 존경한다고 자랑했고, 크리티아스는 소크라테스의 애제자인 플라톤의 친척이기 때문에, 사람들은 소크라테스와 크리티아스는 친구지간이라고 믿었다.

소크라테스는 정치에 연루되기를 싫어했다. 지극히 사적으로 친한 친구 사이가 아니라면 아테네의 정치와 그 통치자들에 대하여 언급하지 않았다. 그는 페리클레스와 그의 정부에 대하여 좋은 일이건 나쁜 일이건 말하지 않았다. 그는 펠로폰네소스 전쟁을 지지도 반대도 하지 않았다. 그는 알키비아데스의 과도한 행동에 대하여 이야기하지 않았고, 그의 성공을 찬양하지도, 그의 어리석음과 실패를 비난하지도 않았다. 그는 아테네의 몰락과 30인 독재의 살인적인 체제에 대하여 공적인 언급을 하지 않았다. 30인 참주는 그를 끌어들이기 위해서 소크라테스에게 살라미스에 가서 한때 민주파의 장군직을 맡았던 레온을 죽이라고 명령했지만, 그는 이를 단호히 거절했다.[102] 그러면서도 그는 아테네에 머물렀다. 시민들의 피로 거리가 물들 때에도 그가 열정적으로 거기에 남아 있으려고 했다는 것을 이해하는 사람은 드물었다. 그는 현실정치에 말려들기를 원치 않았으며, 어떠한 불의와도 타협하지 않았다. 그가 30인 독재체제에 협력했다는 어떠한 족적도 발견할 수 없었다.

소크라테스는 역사상, 공식적인 재판에서 연좌제(guilt by association)의 희생자가 된 최초의 사람이라고 할 수 있다. 그는 크리티아스와 알키비아데스의 친구였고, 비록 그들을 가르쳤다고 할 수는 없지만, 그렇다고 아무런 우정이 없었다고 부정할 수도 없었다. 법원은 유죄의 평결을 내렸다. 500명의 배심원 중 280명이 유죄 쪽에 표를 던졌고, 220명이 무죄 쪽에 표를 던졌다. 60명이 더 유죄의 편을 들었다. 이것은 전체 배심원들의 수를 고려하면

근소한 차이에 지나지 않는다. 아테네 법에서는 평결뿐만 아니라 형량까지도 배심원들이 결정했다.[103] 그리고 피고는 기소자들이 요구하는 사형판결에 대하여 다른 대안을 제시할 수가 있었다. 소크라테스가 추방형을 선택하지 않을까, 사람들은 기대했다. 그러나 이것은 다음과 같은 두 가지 이유로 그에게는 받아들일 수 없는 것이었다. 첫째로, 그것은 아테네를 떠나는 것을 의미했다. 그것은 소크라테스에게는 죽음보다 더 큰 형벌이었다. 둘째로, 법원이 받아들일 수 있는 대안적 형벌을 제안한다는 것은 소크라테스에게는 무엇보다도 평결과 전체적인 기소과정의 정당성을 인정하는 것이었다.

그는 여기에서 매우 도발적이고, 습관적인 반어법으로 엉뚱한 반대제안을 한다. 자신이 아테네 시민들—젊은이들을 포함하여—에게 철학적 행위를 한 것은 그의 조국에 실제적인 이익을 준 것이므로 상을 받아야 할 일이지 벌을 받을 일이 아니라는 것이다. 그가 아테네에 한 선행은 올림픽 게임의 승자나 조국에 특별한 봉사를 한 장군 또는 정치가처럼 대우받아야 하며, 프리타네움(Prytaneum: 아고라에 위치한 국민적 영웅이나 명사들을 대접하는 건물)에서 특별한 식사를 대접받고, 흔치 않은 특권이 일생 동안 부여되어야 할 일이라는 것이다. 이 제안은 법원과 그 평결에 경멸을 보여주기 위한 것이었다. 그들의 분노 앞에서 소크라테스는 방침을 바꾸어 다른 제안을 한다. 그는 1미나의 벌금을 내겠다고 했다. 그것이 그의 전 재산이라고 했다. 만약 법원이 30미나의 벌금을 부과한다면, 친구들이 보증을 서줄 것이라고 덧붙였다. 이 금액은 결코 하찮은 것이 아니었다. 1미나는 시장에서 잘 제본된 책을 살 수 있고, 30미나는 중간계급의 신부를 얻기 위한 지참금이 될 만한 금액이었다.

그러나 그러한 벌금은 일반적으로 사형판결에 대한 진지한 대안이 될 수는 없으며, 그러한 제안은 공적인 식탁에 영원히 앉고자 하는 반어적 요구처럼 하나의 모욕으로 보였다.

소크라테스의 이러한 행동은 많은 사람들에게 그를 경망한 사람으로 보이게 만들었다. 이 실수는 그의 선고에 대한 최종투표에서 반영되었다. 80명의 배심원이 기소자 편으로 돌아섰다. 360대 140으로 사형이 확정되었다. 이 결과에 대하여 소크라테스는 심한 마음의 상처를 받았을 것이다. 그러나 그의 행동은 이 재판이 진행되고 있는 긴 하루 동안 침착하고 느긋한 모습이었다. 그는 마치 어떤 자기만의 소명을 가진 사람처럼 이 역전을 철학적으로 받아들였다. 그는 많은 시간 동안 자신의 지혜의 부족함을 성찰했다.

철학의 이상과 철학자의 죽음

아테네의 관습법에 의하면, 사형판결은 그것이 선고된 다음 날에 집행하게 되어 있었다. 반면에 축제의 정화 기간 동안에는 집행이 금지되었다. 마침 테세우스에 의한 아테네의 구원을 기념하는 연례 축제의식이 재판 전날에 시작되었다. 이를 기념하기 위하여 델로스 섬의 아폴로 신전에 파견된 신성한 배가 돌아올 때까지 사형집행이 연기되었다. 소크라테스의 친구인 크리톤이 자기의 보증하에 배가 돌아올 때까지 그를 자유롭게 해달라고 법원에 청원했지만 거절당했다. 대신에 그는 감옥에 수감되고 밤에는 족쇄를 채우기로 했다. 이것은 70을 넘은 노인에게 가혹한 것처럼 보이지만, 그때는 그런 시기였다. 패전과 스파르타의 점령, 30인 참주의 공포정치, 한바탕의 내전이 한때 그렇게 자신에 차 있고, 매사가 잘 되어갔던 도시의 사기를 심각하게 떨어뜨렸다. 대부분의 아테네 가족들이 지난 3,

4년 동안 폭력의 위협 속에 살았고, 아직도 피살된 아버지와 형제들을 위하여 비탄에 잠겨 있었다.

소크라테스는 낮에는 어떤 방문자든 만날 수 있었다. 국내외에서 죽음을 앞둔 이 현자를 만나기 위해서 많은 사람들이 찾아왔다. 해상의 바람이 순조롭지 못하여 한 달 동안 배가 돌아오지 못했다. 소크라테스는 이 시기를 그에게 가장 기쁨을 주는 방법, 즉 그가 존경하고 사랑하는 사람과 덕 · 지혜 · 영혼 · 죽음과 같은 중요한 문제에 대하여 묻고 이야기하는 것으로 보냈다. 그는 그 밖에도 아폴로에게 드리는 송가(paean)를 쓰고, 이솝(Aesop: 620~564 BC)의 우화를 시귀로 바꾸었다. 그는 무엇인가가 '음악을 하라'고 명령하는 것과 같은 꿈을 자주 꾸었는데, 그는 이것을 '철학을 하라'는 뜻으로 해석했다. 지혜를 찾는다는 것은 최고의 음악이라고 생각했기 때문이다. 그의 꿈을 좀 더 문학적 의미로 받아들인다면 언어의 음악을 하는 것이라고 느꼈기 때문이다.

플라톤의 소크라테스 이야기를 읽은 사람들은 감옥에서 철학을 한다는 것이 불가능한 일이 아니라고 느낀다. 반대로 소크라테스의 사고와 그것을 표현하는 힘은 감옥에 있는 동안에 정점에 달했다. 그것은 마치 몸에 대한 물리적 제한이 그가 좋아하는 역설처럼, 그의 정신과 영혼을 그가 전에는 알지 못했던 자유 속으로 해방시키는 것 같았다. 그의 사고는 전보다 더 정확하고 명료했으며, 그의 표현은 플라톤이 전해주는 것과 같은 아름다움을 가졌다. 자신의 의견을 표현할 권리를 위해서 죽으려고 하는, 옥중에서의 소크라테스는 모든 시대의 철학의 귀감이다. 그것은 플라톤의 상상력을 사로잡고, 그의 모든 힘을 불러일으켰다. 그 힘 덕택으로 사상의 중요성과 통찰력에 관심을 가지는 그 후의 모든 사람들의 상상력을 사로잡았다. 죽음을 눈앞에 두고 압도적인 영향력을 가진, 정의로운 인간의 사고하는 생생한 모습은 인간의 역사에 있어서 철학의 원형이 되었다. 모든 미래의 철학자들은 어떤 의미에서는 이 영상과 경쟁하지 않으면 안 되고, 그것에 종속하지 않으면 안 된다.[104]

소크라테스는 감옥에서의 마지막 밤을 크산티페와 함께 보냈다. 그녀는 그의 세 번째 아들을 팔에 안고 있었다. 소크라테스는 죽음과 영혼의 불사에 관한 대화를 시작한다. 마지막 대화편 『파이돈』은 소크라테스의 오묘한 지성과 고대 그리스의 아름다움을 보여주는 최고의 작품으로 알려져 있다. 우리에게 가장 문제가 되는 일에 의식을 집중한다는 것이 철학자 소크라테스의 위대한 장점이었다. 옛날이나 지금이나 진정으로 중요한 것은 인간의 존재에 관한 문제이다. 죽음과 그다음에 오는 것, 다음 생에 대한 우리의 인식은 분명하지 않고 구름 속에 휩싸여 있다. 우리는 그를 통하여 죽음과 미지의 미래에 품위와 용기를 가지고 명예롭게 접근하는 방법을 배우게 되었다. 소크라테스는 진정한 철학자는 죽음에 대한 공포나 그것에 저항하려는 욕망을 가져서는 안 된다고 말했다. 왜냐하면 그는 그가 살기 위해서 노력해왔던 원칙을 유지하면서 죽으려 하고 있기 때문이다. 그에게 있어서 현명하게 살려고 노력하는 사람을 의미하는 철학자는, 죽은 다음에 정의를 무엇보다도 높이 평가하는 신의 보살핌을 받을 것이며, 안락하고 안전하게 될 것이라고 믿는다. 그렇다면 죽음은 두려워할 것이 아니라 지상에서의 생의 자연적인 종말로서 그리고 보다 영광스러운 무한한 무엇인가의 시작으로서 환영받아야 할 것이다.

소크라테스 생애의 최대의 교훈은 자신의 지혜에 따라서 정의를 행하는 것은 타고나거나 습관적으로 주어진 그 어떤 것보다도 더 중요하다는 것이다. 소크라테스가 가지고 있었던 하나의 특별한 덕이 있다면 그것은 전장에서 법정에 이르기까지의 모든 상황에서 그리고 사형이 선고된 그의 마지막 시간에 보여준 용기였다. 불멸의 영혼, 육체를 떠난 후의 영혼의 삶을 위한 통렬한 논의, 자신의 전적인 내적 확신을 표현한 주장 덕분에 소크라테스의 정신은 그의 마지막 시간 동안에도, 죽음이 임박한 그 시간까지도 좌절하지 않고 다시 일어났다. 그것은 낙관주의와 기대의 풍부한 원천 속에서 흘러넘쳤다. 그는 죽음을 형벌이 아니라 상으로 껴안았다. 그것은 그의 전 생애를 완결하고 숭고하고 밝게 만들었다.

땅거미가 지자 이야기는 자연적으로 결말이 났다. 간수가 와서 독을 들 시간이 되었다고 말한다. 자유로운 투표에 의해서 결정된 법은 시민들에 의해서 자유롭게 실행되어야 한다는 것이 아테네 민주정의 원칙이었다. 그 독약은 헴록이라고 알려져 있다. 그것은 단순히 독성이 있는 식물을 끓인 것이 아니라 빨리 그리고 고통없이 죽게 만들기 위하여 무엇인가를 혼합한 것이었다. 간수는 거기에 참석해 있는 사람들에게 소크라테스가 그 장소에서 자기가 본 사람들 중 가장 고상하고 겸손하고 용감한 사람이었다고 말했다.

독약을 들기 전에 소크라테스는 목욕을 하고 그의 아내와 아이들에게 작별을 고했다. 독을 들고 온 사람에게 어떻게 해야 하는가 하고 묻자, "그냥 들이키시고, 다리가 무거워질 때까지 걸어 다니십시오. 그리고 자리에 누우면 독이 퍼질 것입니다."라고 간수가 말했다. 소크라테스는 신에게 기도하기 위해서 독을 땅에 조금 떨어뜨릴 수 있는지 물었다. 간수는 컵에 들어 있는 독은 그럴 만한 여분이 없다고 대답했다. 그가 말했다. "나는 이 세상으로부터의 떠남이 지혜롭기를 빌고, 나의 기도가 받아들여지기를 빈다." 그는 조용하게 그리고 천천히 독약을 들이마셨다. 친구들이 울기 시작했다. 소크라테스가 책망하듯 말했다. "사내들이 도대체 왜 그러고 있나! 이런 장면을 보기 싫어서 여자들을 내보냈다네. 나는 고귀한 침묵 속에서 죽고 싶다네. 여러분의 눈물이 나를 억지로 웃게 만드네. 조용히, 용기 있게 기도해주게."

그는 잠시 동안 이리저리 걷다가 다리가 무겁다면서 자리에 누웠다. 간수가 다리와 발을 눌러보았다. 소크라테스는 감각이 없다고 말했다. 마비가 심장 가까이 오면 죽는 것이다. 소크라테스가 갑자기 얼굴을 들고 말했다. "크리톤, 우리는 아스클레피우스에게 닭 한 마리를 바쳐야 하네. 꼭 잊지 말고 그렇게 해주게." 이것이 그의 마지막 말이었다. 초기 기독교 저술가들은 이것이 그의 이교신앙의 움직일 수 없는 증거라고 말했다. 죽음의 침상에서 치료의 신에게 희생을 바치라는 것이다. 그러나 그것은 소크라테스의 농담과 아이러니에 대한 변함없는 사랑의 표시인지 모른다. 그는 이 짜증 나는 인생으로부터 편안한 죽음으로 안전하게 건너가는 것에 대하여 신에게 감사하고자 했을 것이다. '아스클레피우스에 대한 닭 한 마리'는 그것을 표현하는 익살맞은 방법이었다. 그는 미소를 지으면서 저세상으로 갔다.

소크라테스는 무슨 생각을 가지고 한평생을 살았을까? 그는 세속적인 욕망이나 정치적 야심—'이상'이라고 해도 괜찮지만—을 갖고 살지 않았다. 그는 인간을 각성시키고 윤리적이고 선한 삶을 살도록 촉구하고 싶었다. 그래서 그는 거리의 철학자가 되었다. 소크라테스에게 철학은 그것이 인간과 관련되지 않는다면 아무 의미나 적절성을 갖지 못했다. 키케로가 소크라테스에 대하여 다음과 같이 한 말은 음미해볼 만한 가치가 있다. "그는 철학을 하늘로부터 지상으로 끌어내리고, 도시와 집으로 불러왔으며, 남녀의 인생, 윤리적 행위, 선과 악을 탐구하도록 만들었다."[105]

그는 사람들과 함께 살기를 원했다. 그리하여 혼자 있을 때는 안절부절못했다. 그는 고독한 단독자로서는 철학을 할 수 없었다. 그는 사람들이 필요했고 도시가 필요했다. 무엇보다도 그는 아테네를 필요로 했다. 그는 모든 연령과 계급, 직업의 사람들을 갖지 않으면 안 되었다. 그들을 불러세우고 긴 이야기를 하며, 질문하고 판단하고 그들을 동요시키고 분기시켰다. 그는 세상에 일찍이 볼 수 없었던, 인생에 자양을 공급함으로써 정신과 영혼의 성찬을 차리는 장인이었다. 소크라테스는 사람들을 좋아했지만, 그들을 학생이나 제자로 취급하지는 않았다. 그는 선생이나 학자가 아니었다. 그에게는 전문적인 것이 없었다. 그는 일(oeuvre)을 갖지 않았다. 키케로가 말한 것처럼, 그는 글을 쓰지 않았다. 소크라테스의 이론이라고 할 수 있는 어떤 실체도 없었다. 그는 교실에 가지 않았다. 아테네의 거리와 시장이 그의 거처였다. 플라톤이나 아리스토텔레스처럼 그는 아카데미나 뤼케움을 세우지 않았다. 교수와 학생, 강의와 지도, 학위와 도서관과 출판사가 있는 대학은 그와 아무런 상관이 없었다. 그는 도시생활의 한 부분, 생각하고 말하고 토론하는 한 부분이었다. 그것은 생선장수나 환전상, 또는 구두수선공, 호언장담하는 정치인, 가난한 시인, 교활한 법률가보다 더 도시생활과 분리되어 있지 않았다. 그는 도시에서는 마음이 편했지만, 캠퍼스에서는 이방인이었다. 그는 철학이 사람들의 생활과 분리되자마자, 활력을 잃고 그릇된 방향으로 나아간다는 것을 알고 있었다. 학문으로서의 철학은 그가 기여할 수 있는 어떤 가치를 가지고 있거나 그가 참여하기를 바라는 어떤 활동은 아니었다. 세계와 동떨어진, 학문적 고립 속에서만 존재하는 철학은 그를 두렵게 했을 것이며,

아마도 그의 경멸적인 실소를 자아냈을 것이다. 그것은 '내가 인정할 수 있는 철학의 죽음'이라고 말했을 것이다. 왜냐하면 소크라테스는 학자로서가 아니라 인간 활동으로서 철학을 보았고 실천했기 때문이다. 철학은 옳음과 그름, 선과 악 사이의 윤리적 선택에 직면한 실제적 인간에 관한 것이다. 그렇기 때문에 철학적 리더는 사상가 이상의, 좋은 사람(good man)이 되지 않으면 안 된다. 그에게 있어서 덕의 추구는 추상적 이념이 아니라 일상생활의 실천적 일이다. 그는 선택에 직면하고 그 결과에 따라서 사는 데 있어서 용감하지 않으면 안 된다. 결국 철학은 영웅주의의 한 형태(a form of heroism)다. 그리고 그것을 실천하는 사람은 정신의 탁월성을 추구함에 있어서 자신의 생명을 포함하여 모든 것을 희생할 용기를 가지지 않으면 안 된다. 그것이 바로 소크라테스 자신이 한 일이다. 그리고 그것이 우리가 그를 영광스럽게 아는 이유이고, 인격화된 철학(philosophy personified)을 한 사람으로서 그에게 경의를 표하는 이유다.[106]

소크라테스 사후

소크라테스가 감옥에서 독배를 마신 후 그의 시신과 가족의 운명이 어떻게 되었는지에 대한 기록은 남아 있지 않다. 기원전 1세기 마케도니아 출신의 천문학자 안드로니쿠스가 지은 키르호스의 호롤로기온(Horologion: 로만 아고라 남쪽의 8각 시계탑)을 그의 무덤이라고 생각하고 이곳을 찾는 방문객이 많이 있다. 그러나 이것은 그리스어로 '바람의 탑'이라는 의미의 시계탑일 뿐이다.

후대의 자료에 의하면 아테네 시민들은 곧 그들의 잘못을 깨달았다고 한다. 그들은 살해된 철학자를 위해 애도 기간을 정했고 그 기간 동안 김나시온과 훈련장의 문을 닫았다. 소크라테스를 고소한 사람들은 사라졌고 멜레토스는 사형을 당했다. 소크라테스가 철학자로서 처음 발걸음을 내디뎠던 케라메이코스에는 그의 청동상을 세웠다.[107] 기원전 399년 무렵의 아테네인들은 시간 속으로 사라졌지만, 소크라테스는 호롤로기온처럼 끝까지 살아남은 역사의 생존자가 되었다.

소크라테스가 죽고 5년이 지난 뒤 아테네는 한때 적이었던 페르시아와 동맹을 맺었다. 10년간 제해권을 장악했던 스파르타는 이 동맹에 의하여 다시 육지에 고립되었다. 페르시아는 스파르타에 의해서 무너졌던 아테네 성벽의 재건을 도왔다. 그 후 알렉산더의 제국과 로마, 오스만 제국과 초기 기독교 그리고 르네상스와 서구문명에 이르기까지 소크라테스는 '지혜의 근원'으로서 진리를 추구하는 인류의 영원한 이성의 등불이 되었다.

공자 연보

BC 551	9.22. 공자 탄생(夏曆 8.27)
549(3세)	아버지 숙양흘 돌아가심
535(17세)	어머니 돌아가심
533(19세)	송나라 견관씨의 딸과 혼인
532(20세)	아들 리(鯉)가 태어남. 위리를 시작으로 관직에 나감
517(35세)	계평자, 노소공을 몰아냄. 소공 제나라로 망명. 공자 제나라로 감
515(37세)	제나라에서 돌아옴
511(42세)	노정공 즉위
502(50세)	공산불요가 반란을 일으킨 후 공자를 초빙함
501(51세)	정공 9년, 중도의 재상으로 임명됨. 곧 이어 사공을 거쳐 사구가 됨
500(52세)	정공 10년, 노 · 제 협곡에서 회맹
498(54세)	정공 13년, 삼도성 타도 실패
497(55세)	정공 14년, 소종묘 처형. 관직을 버리고 노나라를 떠남, 14년간의 주류천하 시작

496(56세)	위나라 도착, 위 영공을 만남. 광(匡) 땅에서 5일 동안 고초를 겪음. 진(晉)나라로 가려다 다시 위나라로 돌아옴
495(57세)	노정공 죽음. 애공이 뒤를 이음
493(59세)	위나라 떠남. 위 영공이 죽고 그 뒤를 이어 출공이 즉위함
492(60세)	노나라 계환자 죽음. 계강자(季康子)가 후계자가 됨. 송나라로 가는 도중 환퇴에게 공격을 당함. 진(陳)나라로 감
490(62세)	노애공 5년 필힐이 중모에서 부름
489(63세)	오초(吳楚)가 진(陳)에서 대치. 진(陳)나라에서 채나라로 피난을 가는 도중 오초(吳楚)의 병사들에게 어려움을 겪음. 초에서 위나라로 돌아옴
485(67세)	부인 견관씨 죽음
484(68세)	애공 11년, 노나라로 돌아옴
483(69세)	아들 공리 죽음(50세)
481(71세)	애공 14년, 진항이 제나라 간공 시해, 춘추 절필. 안회 죽음
480(72세)	자로, 위나라에서 죽음
479(73세)	노애공 16년 4월 18일, 공자 죽음
372	맹자 탄생
289	맹자 죽음
221	진시황제, 중국 통일

소크라테스 연보

BC 495	페리클레스 탄생
490	페르시아 전쟁 발발, 마라톤 전투. 피디아스 출생
480	제2차 페르시아 전쟁
479	살라미스와 플라타이아이 전투
477	델로스 동맹
470 (혹은 469)	소크라테스 탄생
455	프로타고라스 출생
438	파르테논 신전 완성
437	암피폴리스 전투 참여
431	펠로폰네소스 전쟁 발발
430	포티다에아 전투 참여. 페리클레스의 유명한 연설이 있었음 아테네에서 흑사병 창궐, 크세노폰 출생
429	페리클레스 죽음
427/8	플라톤 출생, 미텔레네 반란 진압
423	아리스토파네스, 「구름」 공연

422	클레온, 트라스 침공
416~5	시켈리아 원정
406	아르기누사이에서 아테네 함대가 스파르파 함대를 전멸시킴
405	스파르타의 리산데르, 아에고스포타미에서 승전
404	알키비아데스 프리기아에서 살해됨. 펠로폰네소스 종전 아테네 항복. 30인 독재정권 들어섬. 크리티아스 권력 장악
403	민주정 회복. 사면법 제정
399	소크라테스 재판, 사형
354	크세노폰 죽음
347	플라톤 사망

주

제1부 공자와 소크라테스의 사상

1 카렌 암스트롱, 정영목 옮김, 『축의 시대』 머리말, 교양인 2010.
2 21세기정치연구회 엮음, 『정치학으로의 산책』, 한울아카데미 2006, p.25.
3 『정치학』, 1252a1.
4 『니코마코스 윤리학』, 1094a.
5 『논어』, 「옹야」 6-1.
6 『논어』, 「옹야」 6-4.
7 『논어』, 「술이」 7-7.
8 『논어』, 「위영공」 15-38.
9 『논어』, 「공야장」 5-1.
10 『논어』, 「이인」 4-17.
11 『논어』, 「공야장」 5-26.
12 『논어』, 「술이」 7-21.
13 에른스트 카시러, 최명관 역, 『인간이란 무엇인가?』, 전망사 1984, p.14.
14 『논어』, 「위정」 2-19.
15 『맹자』, 「공손추」 (상)-5.
16 『논어』, 「팔일」 3-3.
17 『논어집주』, 「팔일」 3-3.
18 『논어』, 「위영공」 15-23.
19 『논어』, 「공야장」 5-11.
20 『논어』, 「안연」 12-22.
21 『논어』, 「양화」 17-6.
22 『논어』, 「옹야」 6-28.
23 『논어』, 「이인」 4-15.
24 『논어』, 「이인」 4-15의 집주.
25 『논어』, 「옹야」 6-28의 집주.
26 『맹자』, 「이루」 (상)-2.
27 앞서 주자는 인을 '사랑의 이치, 마음의 덕'이라고 정의했다고 했는데, 그는 본성을 이성적인 것(性卽理)으로, 감정을 마음의 작용으로, 그리고 마음은 본성과 감정을 통합한 것이라고 설명했다. 『맹자』, 「공손추」 (상)-6의 집주 및 진순, 박완식

역, 『성리자의』, 여강 2005, p.49, 71. 결국 마음은 본체로서의 본성과 작용으로서의 감정을 가진 것을 말한다.

28 『논어』, 「공야장」 5-7, 18등.

29 『논어』, 「이인」 4-3.

30 『논어』, 「이인」 4-2.

31 『논어』, 「자로」 13-24.

32 『논어』, 「공야장」 5-12.

33 『맹자』. 「공손추」 (상)-6.

34 『논어』, 「팔일」 3-3.

35 칼 포퍼, 이한구 역, 『열린사회와 그 적들』 Ⅰ, 민음사 1985, p.259.

36 Paul Johnson, *Socrates*, Penguin Books 2011, p.186.

37 이에 관한 번역어는 박종현 역주, 『국가-정체』, 서광사 2005, p.302.에서는 '격정적인 부분'으로, 조우현 역, 『국가』, 삼성출판사 1982, p.167.에서는 '기개적 부분'이라고 되어 있는데, 나는 후자를 따랐다.

38 『국가』, 439d; 440e.

39 『논어』, 「위영공」 15-30.

40 『논어』, 「학이」 1-6.

41 『논어』, 「공야장」 5-27.

42 『논어』, 「태백」 8-8.

43 『논어』, 「술이」 7-6.

44 『논어』, 「옹야」 6-2의 집주.

45 『논어』, 「옹야」 6-2.

46 『논어』, 「학이」 1-14.

47 『논어』, 「헌문」 14-25.

48 『논어』, 「옹야」 6-9.

49 『논어집주』에 있는 정자의 주에 "내가 주무숙(주돈이) 선생께 수학할 때에 매번 중니와 안자가 즐거워한 바를 찾아보라고 명령하셨다. 과연 그 즐거워한 바가 무엇이었을까?"라며 학생들에게 문제를 내었다고 한다. 그러나 주 선생은 답을 주지 않았다. 주자도 주 선생이 활시위를 당겼지만 쏘지는 않은 것은 학자로 하여금 심사숙고하여 스스로 얻는 바가 있게 하도록 한 것이기에 자기도 함부로 이야기하지 않는다고 했다. 그러나 주자는 다른 곳에서 이에 대하여 자신의 견해를 피력한다. 「옹야」 6-10의 집주 참조. 『장자』 「양왕편(讓王篇)」에는 이런 기사가 있다. 안연이 말하기를 "나에게 성 밖에 밭 50 이랑쯤이 있으니 죽을 먹기는 넉넉하며, 성안의 밭 10 이랑은 실과 삼베를 넉넉하게 제공해주는 터전이니 가야금을 두드리며 스스로 즐길 수 있고 공자에게 배웠던 도로써 스스로 즐거움을 삼노라"라고 하였다. 전주대 호남학연구소, 『국역 여유당전서(與猶堂全書)』, 전주대학교 출판부 1989, p.235.

50 『논어』, 「학이」 1-15.

51 mousike라는 말은 mousai(학예의 여신들)가 주관하는 학술과 기예, 즉 넓게는 문학적 · 조형적 · 필사적(筆寫的) · 음악적 · 지적(철학적) 모든 기술(예술)을 말하며, 좁게는 음악과 시를 가리킨다. 플라톤, 조우현 역, 『국가』, 삼성출판사 1982, p.93의 각주 19.

52 박종현 역, 앞의 책, p.242.

53 앞의 책, p.228.

54 Pythian Games, 아폴로 축제로서 4년마다 Delphi에서 거행되었음. Isthmian Games, 코린트 지협에서 2년마다 개최. Nemean Games, 네메아에서 2년마다 개최. P. Johnson, 앞의 책, p.19.

55 P. Johnson, 앞의 책, p.20.

56 『논어』, 「양화」 17-8.

57 『논어』, 「위정」 2-15.

58 루치아노 데 크레첸조, 현준만 역, 『이야기 그리스 철학사』 2, 문학동네 1997, p.58.

59 『논어』, 「학이」 1-6.

60 『논어』, 「옹야」 6-20.

61 『논어』, 「안연」 12-22.

62 『논어』, 「위정」 2-19.

63 『논어』, 「안연」 12-22.

64 『논어』, 「계씨」 16-9.

65 『논어』, 「옹야」 6-24.

66 『논어』, 「옹야」 6-21.

67 『논어』, 「옹야」 6-28.

68 Bertrand Russell, *The problems of philosophy*, Oxford University Press, 1959, p.158; 버트란트 러셀, 황문수 역, 『철학이란 무엇인가』, 문예출판사, 1989, p.185, 188.

69 『논어』, 「이인」 4-15의 집주.

70 『논어』, 「팔일」 3-3의 집주.

71 2008. 5. 8. 당시 봉은사 주지 명진 스님과의 인터뷰.
http://article.joins.com/. 파스칼은 "이 무한한 공간의 영원한 침묵은 나를 전율케 한다."고 말한 바 있는데, 무한한 우주 속에서 여기가 어디인지, 영원한 시간의 흐름 속에서 지금이 언제인지, 그리고 나는 누구인가 하는 물음은 참다운 앎의 출발점일 뿐만 아니라 모름 그 자체가 궁극적인 앎, 즉 '진리', '참다운 공(空)', '묘유(妙有)'의 경지라는 것이다. 따라서 이러한 불교적 발언 속에서도 모름을 안다는 것이 참다운 앎을 촉발시키는 동기가 되고 있음을 알 수 있다.

72 『논어』, 「위정」 2-17.

73 『논어』, 「자한」 9-7.

74 『논어』, 「헌문」 14-13.

75 『논어』, 「계씨」 16-10.

76 지(知)에는 시사명(視思明) · 청사총(聽思聰) · 견득사의(見得思義)가, 인(仁)에는 색사온(色思溫) · 모사공(貌思恭) · 사사경(事思敬)이, 용(勇)에는 언사충(言思忠) · 의사문(疑思問) · 분사난(忿思難)이 해당된다.

77 덕(德)이란 도(道)를 닦아 마음에 얻는 것(德則行道而有得於心者)이라고 주자는 주석했다(『논어』, 「술이」 7-6의 집주). 덕으로 번역되는 그리스어 arete는 사물의 훌륭함 또는 훌륭한(좋은) 상태를 뜻하는 말로 사물의 '기능' 또는 '유용성'과 관련된 말이다. 박종현, 앞의 역서, p.74 각주. 덕이 마음이든 몸이든 후천적인 노력에 의해서 체득한 것이라는 점에서 그 의미는 비슷하다고 할 수 있다.

78 『논어』, 「자한」 9-28.

79 『국가』, 521c

80 이데아(idea)라는 말은 본다는 뜻의 idein이라는 말에서 유래하는 말로 사물의 본모습이라는 의미를 갖는다. 박종현, 앞의 역서, p.454의 각주 참조.

81 『국가』, 517bc.

82 『논어』, 「술이」 7-11.

83 다산은 이 말을 "만일 벼슬 함즉한 세상을 만난다면 비록 낮은 관직과 하찮은 직책이라도 내 마땅히 벼슬하려니와 벼슬할 수 없는 세상이라면 아무리 나를 삼공(三公)으로 부른다 하여도 도를 닦으면서 스스로 즐기는 것만 같지 못하다"는 뜻이라고 해석했다. 『국역 여유당전서』, 전주대학교 출판부, p.286.

84 『논어』, 「술이」 7-2.

85 『논어』, 「술이」 7-18 및 『사기세가』.

86 『논어』, 「술이」 7-3.

87 『논어』, 「술이」 7-13.

88 『논어』, 「술이」 7-7.

89 진순, 박완식 역, 『성리자의』, p.38.

90 『국가』, 423d.

91 『국가』, 415b.

92 『논어』, 「위영공」 15-38.

93 『논어』, 「자장」 19-13.

94 『논어』, 「태백」 8-12.

95 대표적인 표현 중에 「진종황제권학문(眞宗皇帝勸學文)」이 있다. 그 첫 구절은 "집을 부하게 함에는 양전을 살 것이 없도다. 글 가운데 스스로 천종의 곡식이 있는 것을."(富家不用買良田 書中自有千鍾粟)이라고 되어 있다.

96 『논어』, 「위영공」 15-31.

97 『논어』, 「헌문」 14-32.

98 『논어』, 「계씨」 16-9.

99 『논어』, 「술이」 7-19.

100 위의 집주. 옛날 신화의 시대에는 성인이나 제왕은 범인을 초월한 신비한 능력이 있었다고 그려지는 경우가 허다하다. 그러나 이러한 이야기들은 현실세계에서는 믿을 수 없는 것이다. 다산도 이렇게 말했다. 대대례(大戴禮)에 의하면 "황제(黃帝)는 태어나면서부터 신령스러워 어려서부터 말을 하였고, 제곡(帝嚳)도 태어나면부터 신령하여 스스로 그의 이름을 말하였다."고 하나, 이는 모두가 제국(齊國) 동부(東部)의 부질없는 야언(野言)이다. 공자는 서경에 이러한 말을 삭제하여 이러한 것들을 전혀 언급하지 않았다. 生而知之란 어려서부터 장성할 때까지 그의 몸을 닦음과 삼가는 행동이 하는 일마다 예법에 맞음으로써 배우지 않고도 알 수 있었다는 것을 말한다. 『여유당전서』, 전주대학교 출판부 1989, p.301.

101 『논어』, 「술이」 7-24.

102 『논어』, 「술이」 7-8.

103 서산(西山) 저(著), 법정(法頂) 역(譯), 『선가귀감(禪家龜鑑)』, 홍법원(弘法院) 1971, p.66.

104 「공자세가」, 『사기세가(史記世家)』 하(下), 까치 2002, p.443.

105 『논어』, 「공야장」 5-9.

106 『논어』, 「팔일」 3-21; 「양화」 17-21 참조.

107 크세노폰, 최혁순 옮김, 『소크라테스 회상』, 범우 2015, p.222.

108 앞의 책, p.256.

109 『논어』, 「태백」 8-8.

110 『논어』, 「계씨」 16-13.

111 플라톤, 박종현 역, 『국가-정체(政體)』, p.220.

112 『논어』, 「술이」 7-31.

113 『논어』, 「태백」 8-8의 주석.

114 『맹자』, 「등문공장구」(하)-2.

115 『맹자』, 「진심장구」(하)-25.

116 『논어』, 「학이」 1-1.

117 『논어』, 「학이」 1-16.

118 『논어』, 「위영공」 15-18.

119 『논어』, 「위영공」 15-20.

120 『논어』, 「이인」 4-14.

121 『논어』, 「위영공」 15-19.

122 『논어』, 「이인」 4-5.

123 『논어』, 「이인」 4-9.

124 『논어』, 「이인」 4-11.

125 『논어』, 「옹야」 6-9.

126 『논어』, 「술이」 7-15.

127 『논어』, 「안연」 12-4.

128 『맹자』, 「고자장구」(상)-16.

129 『맹자』, 「고자장구」(상)-17.

130 『논어』, 「이인」 4-10.

131 『논어』, 「이인」 4-16.

132 『논어』, 「이인」 4-12.

133 『논어』, 「양화」 17-15.

134 『논어』, 「양화」 17-23.

135 『논어』, 「위영공」 15-16.

136 『논어』, 「위영공」 15-17.

137 『맹자』, 「양혜왕장구」(상)-1.

138 사마천, 『사기열전』, 임동석 역주, 동서문화사 2011, 1권 p.299.

139 『논어』, 「위정」 2-12.

140 비탈리 에이 루빈, 임철규 옮김, 『중국에서의 개인과 국가』, 현상과인식 1985, p.55.

141 『논어』, 「위정」 2-12, 「공야장」 5-3의 집주 참조.

142 『논어』, 「자한」 9-6.

143 『논어』, 「헌문」 14-24.

144 『논어』, 「자로」 13-25.

145 『논어』, 「술이」 7-36.

146 『맹자』, 「이루장구」(하)-28.

147 『논어』, 「자로」 13-26.

148 『논어』, 「자로」 13-23.

149 『논어』, 「위정」 2-14.

150 『논어』, 「위영공」 15-21.

151 Walter Lippmann, *The public philosophy*, Mentor Book, 1955, p.82; 이극찬 역, 『민주주의의 몰락과 재건』, 대한기독교서회 1974, p.129

152 박종현, 앞의 역서, p.243; 조우현, 앞의 역서, p.129.

153 박종현, 앞의 역서, p.393.

154 『논어』, 「자한」 9-12.

155 『논어』, 「위정」 2-19.

156 『논어』, 「안연」 12-17.

157 『논어』, 「안연」 12-18.

158 『논어』, 「안연」 12-19.

159 『맹자』, 「이루장구」(상)-1.

160 『논어』, 「자로」 13-2.

161 『논어』, 「안연」 12-11.

162 『논어』, 「위정」 2-3.

163 『논어』, 「안연」 12-12.

164 『논어』, 「안연」 12-13.

165 『논어』, 「위정」 2-1.

166 『논어』, 「위영공」 15-4.

167 박종현, 앞의 역서, p.74.

168 아리스토텔레스, 최명관 역, 『니코마코스 윤리학』, 을유문화사 1966, p.200; 203.

169 조우현, 앞의 역서, p.150.

170 박종현, 앞의 역서, p.277.

171 조우현, 앞의 역서, p.152; 박종현, 앞의 역서, p.283. 『국가』, 432a.

172 박종현, 앞의 역서, p.287.

173 『논어』, 「안연」 12-7.

174 『맹자』, 「양혜왕장구」(상)-3.

175 『맹자』, 「공손추장구」(하)-1.

176 『논어』, 「자로」 13-16.

177 『논어』, 「안연」 12-14.

178 『논어』, 「자로」 13-1.

179 『논어』, 「자로」 13-17.

180 박종현, 앞의 역서, p.312; 조우현, 앞의 역서, p.172는 왕도정체를 '군주정체', 최선자정체를 '귀족정체'라고 번역했다.

181 『정치학』, 1262a25~1262b37.

182 칼 포퍼, 앞의 책, p.45, 59.

183 『국가』, 554b.

184 『국가』, 554a; 조우현, 앞의 역서, p.323, 주41) 부(富)의 신(Plutos)은 눈이 먼 것으로 되어 있다.

185 『국가』, 561a.

186 『국가』, 569c.

187 Ernest Barker, *The Politics of Aristotle*, Oxford 1952, p.158; 아리스토텔레스, 천병희 옮김, 『정치학』, 숲 2012, p.201,

188 참고로 아리스토텔레스의 『정치학』의 번역을 보면, 천병희(앞의 책 p.152)는 '정체 또는 혼합정체'로, 이병길 · 최옥수(박영문고 1977, p.117.)는 '입헌정체'로, 최명관(『니코마코스 윤리학』, 을유문화사 1966, p.354.)은 '유산자제 또는 공화제'라고 되어 있다. 나는 E.바아커의 번역서를 따랐다.

189 『논어』, 「학이」 1-3.
190 『논어』, 「공야장」 5-24.
191 『논어』, 「이인」 4-24.
192 『논어』, 「이인」 4-22.
193 『논어』, 「공야장」 5-4.
194 『논어』, 「자로」 13-15.
195 『맹자』, 「공손추」(상)-2.
196 『논어』, 「자로」 13-3.
197 『논어』, 「위영공」 15-26.
198 『논어』, 「양화」 17-18.
199 『논어』, 「헌문」 14-5.
200 『논어』, 「향당」 10-11.
201 『논어』, 「옹야」 6-23.
202 『논어』, 「위영공」 15-40.
203 『논어』, 「헌문」 14-5.
204 『논어』, 「향당」 10-1.
205 『논어』, 「위영공」 15-7.
206 『논어』, 「계씨」 16-6.
207 『맹자』, 「진심장」(하)-31.
208 『논어』, 「헌문」 14-21.
209 『맹자』, 「이루장」(상)-22.
210 『논어』, 「자한」 9-23.
211 『논어』, 「선진」 11-20.
212 『논어』, 「위영공」 15-22.
213 『논어』, 「양화」 17-19.
214 『논어』, 「안연」 12-6.
215 『논어』, 「양화」 17-12.
216 『논어』, 「양화」 17-13.
217 『맹자』, 「진심장구」(하)-37.
218 『논어』, 「위영공」 15-27.
219 『논어』, 「안연」 12-22.
220 『논어』, 「위영공」 15-39.
221 『논어』, 「태백」 8-10
222 『논어』, 「팔일」 3-13.
223 『논어』, 「위정」 2-5.
224 『논어』, 「팔일」 3-17.

225 『논어』, 「공야장」 5-9.
226 『논어』, 「학이」 1-15.
227 『논어』, 「팔일」 3-8.
228 『논어』, 「선진」 11-3.
229 『논어』, 「공야장」 5-8.
230 『논어』, 「술이」 7-10.
231 박종현 편저, 『플라톤』, 서울대 출판부 2006, p.196; 『라케스』, 199b.
232 카렌 암스트롱, 정영목 옮김, 앞의 책, p.441.
233 사구(司寇)에 해당함(집주).
234 『논어』, 「술이」 7-30.
235 P. Johnson, 앞의 책, p.85.
236 『논어』, 「이인」 4-10.
237 『논어』, 「이인」 4-12.
238 『논어』, 「자로」 13-18.
239 『논어』, 「양화」 17-23.
240 『논어』, 「위영공」 15-17.
241 C. C. Taylor, *Socrates: A Very Short Introduction*, Oxford University Press 1998, p.64.
242 P. Johnson, 앞의 책, p.189.
243 『맹자』, 「등문공장구」(하)-1.
244 『맹자』, 「고자장구」(상)-10.
245 『맹자』, 「고자장구」(하)-4.
246 『논어』, 「팔일」 3-4.
247 『논어』, 「양화」 17-11.
248 『논어』, 「이인」 4-13.
249 『논어』, 「팔일」 3-3.
250 『논어』, 「태백」 8-2.
251 『논어』, 「자한」 9-11.
252 『논어』, 「선진」 11-1.
253 『논어』, 「자한」 9-3.
254 『논어』, 「팔일」 3-12.
255 『논어』, 「술이」 7-29.
256 『논어』, 「팔일」 3-3.
257 『논어』, 「안연」 12-1.
258 『논어』, 「안연」 12-2.
259 『논어』, 「위정」 2-3.

260 『성리자의』, p.152~153.
261 『논어』, 「안연」 12-13.
262 『맹자』, 「공손추」(상)-2.
263 『맹자』, 「공손추」(상)-6.
264 『맹자』, 「공손추」(상)-4.
265 『맹자』, 「공손추」(상)-5.
266 「공자세가」.
267 『논어』, 「위정」 2-19.
268 『맹자』, 「고자장구」(하)-13.
269 풍우란, 박성규 옮김, 『중국철학사』(상), 까치 2011, p.507.
270 『좌전』, 앞의 책, p.500.
271 풍우란, 박성규 옮김, 앞의 책, p.502.
272 박종현 역, 『국가-정체』, p.267.
273 『국가』, 425b.
274 『국가』, 519b~520a.
275 『국가』, 462a.
276 박시인 역, 『플루타크 영웅전』 Ⅰ, 을유문화사 1961, p.125.
277 『국가』, 484c.
278 박종현 역, 『국가-정체』, p.496.
279 정(鄭)나라 대부 공손교(公孫僑).
280 『맹자』, 「이루」(하)-2.
281 『맹자』, 「등문공」(상)-4.
282 범순부(范淳夫)[名 조우(祖禹)].
283 『맹자』, 「양혜왕」(하)-9.
284 『국가』, 374e.
285 『국가』, 435b.
286 『논어』, 「선진」 11-23.
287 『논어』, 「헌문」 14-1.
288 『논어』, 「헌문」 14-23.
289 『논어』, 「위영공」 15-6.
290 『맹자』, 「만장」(하)-5.
291 『맹자』, 「고자」(상)-17. 조맹은 진(晉)나라의 경(卿).
292 『맹자』, 「고자」(하)-14.
293 『맹자』, 「만장」(하)-4.
294 『논어』, 「위영공」 15-6.
295 김용옥, 『도올논어』 3, p.439.

296 『논어』, 「술이」 7-10.

297 『논어』, 「헌문」 14-27.

298 『논어』, 「헌문」 14-28.

299 베터니 휴즈, 강경이 옮김, 『아테네의 변명』, p.470 이하.

300 이성구, 「춘추시대의 국가와 사회」, 『강좌 중국사 I -고대문명과 제국의 성립』, 지식산업사 2013, p.94.

301 예컨대 아테네는 1천 평방미터였으며, 그것은 중국의 사방 1백 리인 소국에 비견될 수 있다. 이중톈, 심규호 옮김, 『국가를 말하다』, 라의눈 2015, p.49.

302 앞의 책, p.55.

303 토마스 R. 마틴, 이종인 옮김, 『고대 그리스의 역사』, 가람기획 2003, p.91.

304 앞의 책, p.116.

305 『논어』, 「위정」 2-4.

306 본장의 주자 주.

307 『논어』, 「술이」 7-19.

308 「공자세가」; 『논어』, 「술이」 7-18.

309 『논어』, 「이인」 4-8.

310 『논어』, 「술이」 7-21.

311 『논어』, 「술이」 7-5.

312 예표기 소아(禮表記 小雅); 『논어』, 「술이」 7-18, 소주(小註); 『중용(中庸)』 11.

313 크세노폰, 『소크라테스 회상』, p.201-202.

314 앞의 책, p.200.

315 전주대 호남학연구소 역, 『국역 여유당전서』 3, p.353.

316 『논어』, 「팔일」 3-9.

317 『논어』, 「위정」 2-23.

318 『논어』, 「자로」 13-7.

319 주공과 강숙(康叔)은 모두 문왕의 아들이다.

320 『논어』, 「옹야」 6-22.

321 『논어』, 「공야장」 5-17.

322 『논어』, 「위영공」 15-13.

323 위 장절의 주석.

324 『논어』, 「술이」 7-20.

325 위 장절의 주석.

326 『논어』, 「옹야」 6-20.

327 천자는 천신(天神)을 제사지내고, 제후는 지기(地祇)를 제사지내고, 사대부 · 서인은 선조의 영혼을 제사지냈다. 장기근(張基槿), 『논어』, 명문당 1970, p.86.

328 『논어』, 「위정」 2-24.

329 크세노폰, 『소크라테스 회상』, p.17.
330 『논어』, 「술이」 7-22.
331 『논어』, 「자한」 9-5.
332 『논어』, 「자로」 13-10.
333 『논어』, 「헌문」 14-32; 「위영공」 15-18.
334 『논어』, 「헌문」 14-37.
335 『논어』, 「위영공」 15-19.
336 『논어』, 「자한」 9-12.
337 『논어』, 「양화」 17-5.
338 『논어』, 「양화」 17-7.
339 『논어』, 「미자」 18-6.
340 『논어』, 「헌문」 14-22.
341 『맹자』, 「고자장구」(하)-6.
342 『파이돈』, 96, 97c, 99d.
343 크세노폰, 오유석 옮김, 『경영론 · 향연』, 부북스 2015, p.41, 61.
344 앞의 책, p.45.
345 크세노폰, 『소크라테스 회상』, p.29~30.
346 베터니 휴즈, 『아테네의 변명』, p.277.
347 앞의 책, p.293, 298.
348 앞의 책, p.294.
349 루치아노 데 크레첸조, 『이야기 그리스 철학사』 2, p.21~22.
350 P. Johnson, 앞의 책, p.172.
351 P. Johnson, 앞의 책, p.174.
352 베터니 휴즈, 앞의 책, p.389.
353 『향연』, 207c
354 『논어』, 양화17-25.
355 베터니 휴즈, 앞의 책, p.276.
356 크세노폰, 『경영론 · 향연』, p.40~41.
357 『소크라테스의 변명』, 27d.
358 앞의 책, 32a.
359 『파이돈』, 116c~d.
360 『파이돈』, 64c.
361 『파이돈』, 80b.
362 『파이돈』, 81a.
363 『소크라테스의 변명』, 42a.
364 『논어』, 「선진」 11-11.

365 『공자가어』, 임동석 역주, 동서문화사 2011, p.261.

366 『파이돈』, 64a.

367 P. Johnson, 앞의 책, p.187.

368 칼 후리드리히, 이병훈 역, 『역사적 관점에서 본 법철학』, 교육과학사 1996. p.67.

369 Socrates, *The New Encyclopædia Britanika.*

제2부 공자와 소크라테스 평전

1 『논어』, 「위정」 2-4.

2 풍우란, 박성규 옮김, 『중국철학사』 상, 까치 2011, p.90.

3 「공자세가」, 『사기세가(史記世家)』 하, 까치 2002, p.420.

4 임동석 역주, 『사기열전』 1권, 동서문화사 2011, p.45.

5 춘추시대 후기 노나라에서 실질적으로 정권을 장악한 계씨(季氏), 맹씨(孟氏), 숙손씨(叔孫氏)의 삼가(三家)의 세족(勢族)을 말한다. 이들은 모두 노 환공(魯桓公)의 아들들의 후예이므로 3환(三桓)이라고도 부른다.

6 『논어』, 「안연」 12-11.

7 소(韶): 우순(虞舜)시대의 음악으로 순임금이 요임금의 미덕을 능히 계승할 수 있음을 노래한 것이다. 「공자세가」, 앞의 책, p.423.

8 『논어』, 「술이」 7-13.

9 치(雉)는 고대에 성벽의 면적을 계산하는 단위로서 1치는 길이가 3자(丈), 높이가 1장(丈)이다.

10 천웨이핑 지음, 신창호 옮김, 『공자평전』, 미다스북스 2005, p.72.

11 풍우란, 앞의 책, p.86.

12 『논어』, 「안연」 12-19.

13 왕숙 찬(王肅 撰), 임동석 역주(譯註), 『공자가어』 1권, 동서문화사 2011, p.98.

14 남쪽 교외에서 하늘에 지내는 제사.

15 『사기세가』, 앞의 책, p.431.

16 사마천의 「중니제자열전」에 '염유(冉孺)는 자가 자로(子魯)이며, 공자보다 50세 아래이다'라고 되어 있다. 그렇다면 여기서의 염유는 염옹(중궁) 또는 염구(자유)인지 모른다. 그들은 똑같이 공자보다 29세 아래이다.

17 『논어』, 「자로」 13-9.

18 천웨이 핑, 『공자평전』, p.81.

19 앞의 책, p.83.

20 『논어』, 「팔일」 3-13.

21 『시경』, 패풍(邶風), 포유고엽(匏有苦葉)의 일절. 이 해석은 여러 가지인데, 여기서는 성백효, 『논어집주』(민족문화연구회 1994)의 번역에 따랐다.

22 『논어』, 「헌문」 14-42.

23 『논어』, 「위영공」 15-1.

24 『논어』, 「자로」 13-10.

25 천웨이핑, 앞의 책, p.92.

26 『사기세가』, p.434.

27 이 사건이 일어난 시기는 김용옥, 『논어한글역주 3』, 통나무 2009, p.507의 다음 설명에 따랐다. "청나라 학자들은 『좌전』의 기사에 의거하여(애공 5년, 공자 62세 때), 필힐이 조간자의 신하가 아니라, 조간자와 필적하는 가로(家老), 범씨(范氏)·중행씨(中行氏)의 가신이었는데 조간자가 이들 범씨·중행씨를 토벌하는 상황에서 중모의 읍재였던 필힐은 진으로부터 독립하여 중모읍을 위나라에 귀속시키고 조간자에게 항거하였다는 것이다."

28 『논어』, 「양화」 17-7.

29 『논어』, 「태백」 8-13.

30 『논어』, 「술이」 7-3.

31 『논어』, 「공야장」 5-21.

32 천웨이핑, 앞의 책, p.95.

33 『논어』, 「위영공」 15-1.

34 「공자세가」, 앞의 책, p.443.

35 『논어』, 「미자」 18-5.

36 『논어』, 「자로」 13-16.

37 『논어』, 「술이」 7-18.

38 최현, 『공자의 생애』, 범우사 2010, p.88~9.

39 서사(書社): 당시 25가(家)를 1리(里)로 하여 리마다 사(社)를 만들었는데 사인(社人)들의 성명을 사적부(社籍簿)에 적어 이를 서사(書社)라고 불렀다. 『사기세가』, p.443.

40 앞의 책, p.444.

41 천웨이핑, 앞의 책, p.105.

42 『논어』, 「미자」 18-6.

43 『논어』, 「미자」 18-7.

44 「공자세가」, 앞의 책, p.445.

45 「공자세가」, 앞의 책, p.439.

46 「공자세가」, 앞의 책, p.445~6.

47 위대부 공문자 어는 영공의 사위이고, 괴외의 매부이다. 대숙은 남자의 옛날 애인 송자조의 사위이다. 송자조가 망명하자 공어는 강제로 대숙의 부인(송자조의 딸)을 쫓아내고 자신의 딸과 대숙을 결혼시킨다. 그러나 대숙은 전처를 몰래 만나며 이중생활을 했다. 이를 알게 된 공어가 크게 분노하여 대숙을 공격하기 위해 공자를 찾아왔다. 공문자의 아들 공회는 나중에 자로의 주군이 된다. 자로는 공회를 지키려

다 목숨을 잃는다. 왕건문 지음, 이재훈 · 은미영 옮김, 『공자 최후의 20년』, 글항아리 2010, p.84.

48 『논어』, 「위정」 2-19.

49 「공자세가」, 앞의 책, p.446; 『논어』, 「안연」 12-18.

50 『논어』, 「위영공」 15-19.

51 『논어』, 「양화」 17-9.

52 『논어』, 「위정」 2-2

53 『논어』, 「팔일」 3-14.

54 사마천, 임동석 역주, 「태사공자서」, 『사기열전』 4권, 동서문화사 2009, p.1699.

55 「공자세가」, 앞의 책, p.448.

56 『논어』, 「태백」 8-8.

57 『논어』, 「자한」 9-14.

58 『논어』, 「자한」 9-21.

59 『논어』, 「술이」 7-10.

60 『논어』, 「자한」 9-10.

61 『논어』, 「선진」 11-12.

62 『논어』, 「안연」 12-12.

63 『논어』, 「술이」 7-10.

64 『논어』, 「공야장」 5-6.

65 『논어』, 「계씨」 16-1.

66 신하들을 대동하여 명산에 가서 제사를 지내는 일. 이는 원래 제후의 일이지만 계씨가 월권하여 행동을 함. 왕건문, 앞의 책, p.179.

67 『논어』, 「옹야」 6-10.

68 『논어』, 「선진」 11-16.

69 『논어』, 「옹야」 6-6.

70 『논어』, 「선진」 11-23.

71 『논어』, 「헌문」 14-22.

72 「공자세가」, 앞의 책, p.450.

73 『논어』, 「자한」 9-8.

74 『논어』, 「헌문」 14-37.

75 「공자세가」, 앞의 책, p.453.

76 앞의 책, p.455.

77 풍우란, 앞의 책, p.82.

78 왕건문, 앞의 책, p.235.

79 루치아노 데 크레첸조, 현준만 옮김, 『이야기 그리스 철학사』 2, 문학동네 1997, p.12.

80 Paul Johnson, *Socrates*, Penguin Books 2011, p.11.
81 앞의 책, p.23-4.
82 앞의 책, p.25.
83 크세노폰, 오유석 옮김, 『경영론 · 향연』, 부북스 2015.
84 앞의 책, p.30.
85 M. I. 핀리 엮음, 이용찬 · 김쾌상 옮김, 『그리스의 역사가들』, 대원사 1991, p.263.
86 Paul Johnson, 앞의 책, p.40.
87 앞의 책, p.44.
88 앞의 책, p.49.
89 앞의 책, p.66.
90 프로타고라스는 "신들에 관한 한 나는 그것이 존재하는지 안하는지를 알 길이 없다"고 말했다는 이유로 고발되어 피신하는 중에 그가 탄 배가 침몰하는 바람에 죽었다. 아낙사고라스는 '정신(Nous)'이 자연에 존재한다고 말했다고 하며, 태양을 에테르의 회전에 따라 움직이는 빨갛게 달아오른 돌덩어리에 불과하다는 등의 말을 했다고 하여 불경죄로 기소당했고 추방되었다. 『이야기 그리스 철학사』 1, 해당 부분.
91 P. Johnson, 앞의 책, p.78.
92 앞의 책, p.107.
93 플라톤, 『국가』 2권.
94 플라톤, 최명관 옮김, 『플라톤의 대화』, 종로서적 1982, p.101.
95 P. Johnson, 앞의 책, p.118.
96 베타니 휴즈, 앞의 책, p.445.
97 칼 포퍼, 앞의 책, p.261~2.
98 황광우, 『사랑하라』, 생각정원 2013, p.251~4.
99 P. Johnson, 앞의 책, p.156.
100 앞의 책 P.159~160
101 앞의 책, p.164.
102 베터니 휴즈, 앞의 책, p.494.
103 제임스 A. 콜라이아코, 김승욱 옮김, 『소크라테스의 재판』, p.303.
104 p. Johnson, 앞의 책, p.170.
105 앞의 책, p.192.
106 앞의 책, p.194.
107 베터니 휴스, 앞의 책, p.535.

참고문헌

21세기정치연구회 엮음, 『정치학으로의 산책』, 한울아카데미, 2006.

M. I. 핀리 엮음, 이용찬 · 김쾌상 옮김, 『그리스의 역사가들』, 대원사, 1991.

김용옥, 『도올논어』 1 · 2 · 3, 통나무, 2001.

, 『논어한글역주』 2 · 3, 통나무, 2009.

루치아노 데 크레첸조, 현준만 옮김, 『이야기 그리스 철학사』 1, 2, 문학동네, 1997.

박시인 옮김, 『플루타루크 영웅전』 I, 을유문화사, 1961.

박종현 편저, 『플라톤』, 서울대학교 출판부, 2006.

버트란트 러셀, 황문수 옮김, 『철학이란 무엇인가』, 문예출판사, 1989 ; Bertrand Russell, *The Problem of Philosophy*, Oxford University Press, 1959.

베터니 휴즈, 강경이 옮김, 『아테네의 변명』, 옥당, 2012.

비탈리 에이 루빈, 임철규 옮김, 『중국에서의 개인과 국가』, 현상과인식, 1985.

사마천, 林東錫 역주, 『사기열전』, 동서문화사, 2011.

_____, 정범진 외 옮김, 『사기세가』(하), 까치, 2011.

西山, 法頂 옮김, 『禪家龜鑑』, 홍법원, 1971.

서울대 東洋史學硏究室 편, 『講座 中國史』 I, 지식산업사, 2013.

成白曉 譯註, 『論語集註』, 傳統文化硏究會, 1994.

__________, 『孟子集註』, 傳統文化硏究會, 1995.

__________, 『大學 · 中庸集註』, 傳統文化硏究會, 2004.

아리스토텔레스, 이병길 · 최옥수 공역, 『정치학』, 박영사, 1977.

____________, 천병희 옮김, 『정치학』, 도서출판 숲, 2012.

____________, 최명관 옮김, 『니코마코스 윤리학』, 을유문화사, 1966.

_________________________, 『정치학』, 을유문화사, 1966.

에른스트 카시터, 최명관 옮김, 『인간이란 무엇인가?』, 전망사, 1984.

왕건문, 이재훈 · 은미영 옮김, 『공자 최후의 20년』, 글항아리, 2010.

王肅 撰, 임동석 역주, 『공자가어』, 동서문화사, 2011.

월터 리프맨, 이극찬 옮김, 『민주주의의 몰락과 재건』, 대한기독교서회, 1974 ; Walter Lippmann, *The Public Philosophy*, Mentor Book, 1955.

이중톈, 심규호 옮김, 『국가를 말하다』, 라의눈 2015 ; 易中天, 帝國的 終結, 復旦大學出版社, 2007.

張基槿, 『논어』, 명문당, 1970.

전주대학교 호남학연구소, 『국역 여유당전서』, 전주대학교 출판부, 1989.

제임스 A. 콜라이아코, 김승옥 옮김, 『소크라테스의 재판』, 작가정신, 2005.
진순, 박완식 옮김, 『성리자의』, 여강, 2005.
천웨이핑, 신창호 옮김, 『공자평전』, 미다스북스, 2005.
최현, 『공자의 생애』, 범우사, 2010.
카렌 암스트롱, 정영목 옮김, 『축의 시대』, 교양인, 2010.
칼 포퍼, 이한구 옮김, 『열린사회와 그 적들』 I, 민음사, 1985.
칼 후리드리히, 이병훈 옮김, 『역사적 관점에서 본 법철학』, 교육과학사, 1996.
크세노폰, 오유석 옮김, 『경영론 · 향연』, 부북스, 2015.
______, 최혁순 옮김, 『소크라테스 회상』, 범우, 2015.
토마스 R. 마틴, 이종인 옮김, 『고대 그리스역사』, 가람기획, 2003.
풍우란, 박성규 옮김, 『중국철학사』(상), 까치, 2011.
플라톤, 박종현 역주, 『국가-政體』, 서광사, 1997.
______, 조우현 옮김, 『국가』, 삼성출판사, 1982.
______, 최명관 옮김, 『플라톤의 대화』, 종로서적, 1982.
황광우, 『사랑하라』, 생각정원 2013.
C. C. Taylor, *Socrates : A Very Short Introduction*, Oxford University Press, 1998.
Ernest Barker, *The Politics of Aristotle*, Oxford University Press, 1962.
Paul Johnson, *Socrates*, Penguin Books, 2011 ; 이경아 옮김, 『그 사람, 소크라테스』, 이론과실천, 2013.
Socrates, *The New Encyclopaedia*, Britannica.

이병훈
저자 이병훈은 헌법학자로서 전주대학교에서 헌법학을 강의했으며, 지금은 동 대학교 명예교수이다.
저서로는 『헌법: 이론과 사례』『문화적 관점에서 본 법의 이해』『의회주의란 무엇인가』가 있으며 역서로는 『역사적 관점에서 본 법철학』 등이 있다.

:: 산지니 · 해피북미디어가 펴낸 큰글씨책 ::

문학

북양어장 가는 길 최희철 지음
지리산 아! 사람아 윤주옥 지음
지옥 만세 임정연 지음
보약과 상약 김소희 지음
우리들은 없어지지 않았어 이병철 산문집
닥터 아나키스트 정영인 지음
팔팔 끓고 나서 4분간 정우련 소설집
실금 하나 정정화 소설집
시로부터 최영철 산문집
베를린 육아 1년 남정미 지음
유방암이지만 비키니는 입고 싶어 미스킴라일락 지음
내가 선택한 일터, 싱가포르에서 임효진 지음
내일을 생각하는 오늘의 식탁 전혜연 지음
이렇게 웃고 살아도 되나 조혜원 지음
랑(전2권) 김문주 장편소설
데린쿠유(전2권) 안지숙 장편소설
볼리비아 우표(전2권) 강이라 소설집
마니석, 고요한 울림(전2권)
페마체덴 지음 | 김미헌 옮김
방마다 문이 열리고 최시은 소설집
해상화열전(전6권) 한방경 지음 | 김영옥 옮김
유산(전2권) 박정선 장편소설
신불산(전2권) 안재성 지음
나의 아버지 박판수(전2권) 안재성 지음
나는 장성택입니다(전2권) 정광모 소설집
우리들, 킴(전2권) 황은덕 소설집
거기서, 도란도란(전2권) 이상섭 팩션집
폭식광대 권리 소설집
생각하는 사람들(전2권) 정영선 장편소설
삼겹살(전2권) 정형남 장편소설
1980(전2권) 노재열 장편소설
물의 시간(전2권) 정영선 장편소설
나는 나(전2권) 가네코 후미코 옥중수기
토스쿠(전2권) 정광모 장편소설
가을의 유머 박정선 장편소설
붉은 등, 닫힌 문, 출구 없음(전2권) 김비 장편소설
편지 정태규 창작집
진경산수 정형남 소설집
노루똥 정형남 소설집
유마도(전2권) 강남주 장편소설
레드 아일랜드(전2권) 김유철 장편소설
화염의 탑(전2권) 후루카와 가오루 지음 | 조정민 옮김
감꽃 떨어질 때(전2권) 정형남 장편소설
칼춤(전2권) 김춘복 장편소설
목화-소설 문익점(전2권) 표성흠 장편소설
번개와 천둥(전2권) 이규정 장편소설
밤의 눈(전2권) 조갑상 장편소설
사할린(전5권) 이규정 현장취재 장편소설
테하차피의 달 조갑상 소설집
무위능력 김종목 시조집
금정산을 보냈다 최영철 시집

인문

범죄의 재구성 곽명달 지음
역사의 블랙박스, 왜성 재발견
신동명 · 최상원 · 김영동 지음
깨달음 김종의 지음
공자와 소크라테스 이병훈 지음
한비자, 제국을 말하다 정천구 지음
맹자독설 정천구 지음
엔딩 노트 이기숙 지음
시칠리아 풍경 아서 스탠리 리그스 지음 | 김희정 옮김
고종, 근대 지식을 읽다 윤지양 지음